edition suhrkamp 2224

W0247503

Die weltpolitischen Umbrüche am Ende des 20. Jahrhunderts und die Neuformierung des Staatensystems haben auch Konsequenzen für die Lehre von den Internationalen Beziehungen. Während in der Phase des Ost-West-Konflikts ein realistisches Politikverständnis das Fach beherrschte, sind seitdem die idealistisch inspirierten Theorien wieder auf dem Vormarsch. In der gegenwärtigen Phase der weltpolitischen Neuorientierung ist theoretische Reflexion über das, was in der Welt passiert, daher notwendiger denn je.

Der vorliegende Band gibt einen profunden Überblick über die Theorie und Geschichte der Disziplin von der Etablierung des Fachs zu Beginn des 20. Jahrhunderts bis zur aktuellen Phase der Neuorientierung. Er ist aber mehr als eine bloße Ideengeschichte und bietet mehr als nur eine Gesamtschau dieses Wissenschaftszweigs, da auch der historisch-politische Kontext, in den der weltanschauliche und methodologische Wandel des Fachs jeweils eingebettet war, sowie die zentralen theoretischen Diskurse über Krieg und Frieden im 20. Jahrhundert thematisiert werden. Damit liefert der Band auch eine in dieser kompakten Präsentation bislang nicht verfügbare Einführung in die Thematik.

Ulrich Menzel ist Professor für Internationale Beziehungen und Vergleichende Regierungslehre an der TU Braunschweig. Zuletzt erschienen u. a.: (Hg.): *Vom Ewigen Frieden und vom Wohlstand der Nationen* (2000); (Koautor) *Die Neue Weltwirtschaft* (1999); *Globalisierung versus Fragmentierung* (1998); *Das Ende der Dritten Welt und das Scheitern der Großen Theorie* (1997); (Hg.) *Im Schatten des Siegers: Japan.* 4 Bde. (1993); (Hg.) *Nachdenken über China* (1990).

Ulrich Menzel
Zwischen Idealismus
und Realismus

*Die Lehre von den
Internationalen Beziehungen*

Suhrkamp

edition suhrkamp 2224
Erste Auflage 2001
© Suhrkamp Verlag Frankfurt am Main 2001
Erstausgabe
Satz: Jung Crossmedia, Lahnau
Druck: Druckhaus Nomos, Sinzheim
Umschlag gestaltet nach einem Konzept
von Willy Fleckhaus: Rolf Staudt
Printed in Germany

5 6 7 8 9 10 – 16 15 14 13 12 11

Inhalt

IV. Postpositivismus

Vorwort

Die erste Fassung des vorliegenden Buches diente ursprünglich als Grundlage einer viersemestrigen Vorlesung zur »Theorie der Internationalen Beziehungen«, die der Verfasser in den Jahren 1997-1999 an der Technischen Universität Braunschweig gehalten hat. Absicht war dabei nicht nur, einen Überblick über die theoretischen Grundlagen der Lehre von den Internationalen Beziehungen[1] zu liefern, sondern auch deren ideengeschichtliche Entwicklung seit der Wende vom 19. zum 20. Jahrhundert bis zum heutigen Tag herauszuarbeiten. Deutlich wird auf diese Weise, daß sich die gesamte Theorie der Internationalen Beziehungen auf die vier großen Paradigmen Idealismus, Institutionalismus, Strukturalismus und Realismus zurückführen läßt, wobei sich alle Lehrmeinungen zwischen den Polen Idealismus und Realismus bewegen. Die Konkurrenz der weltanschaulichen Perspektiven, unter denen das Fach betrachtet werden kann, waren und sind bis heute auch mitverantwortlich für die »großen Debatten«, die den akademischen Fortgang der Disziplin bestimmt haben. Damit soll aber nicht behauptet werden, daß dieser Prozeß allein wissenschaftsimmanent erklärt werden kann. Ein ideengeschichtlicher Zugang muß immer auch bedeuten, daß die historische Bedingtheit der jeweiligen Theorien, also der zeitgenössische Kontext ihrer Entstehung, Ausbreitung, Durchsetzung und Infragestellung und die damit verbundenen Interessen und Absichten, zumindest in groben Zügen herauszuarbeiten ist, soll dem Thema mit einem kritischen Verständnis – konstruktiv wie dekonstruktivistisch – begegnet werden.

Die Lehre von den Internationalen Beziehungen war aber immer auch Teil der wissenschaftstheoretischen Strömungen, die die sozialwissenschaftlichen Disziplinen insgesamt bewegt haben. Auch dieser Umstand ist zu berücksichtigen. Hier ist insbesondere der in Deutschland sog. »Positivismusstreit« zu nennen, der

---

[1] Wenn von der akademischen Disziplin die Rede ist, heißt es in Großschreibung »Internationale Beziehungen« bzw. im abgekürzten Jargon à la Tübingen IB (im Englischen International Relations bzw. IR), wenn der Gegenstand dieser Disziplin gemeint ist, heißt es in Kleinschreibung »internationale Beziehungen«.

in den USA mit der Hinwendung zu einem szientistischen, d. h. aus den Naturwissenschaften übernommenen, Wissenschaftsverständnis unter der Bezeichnung »Behavioralismus-Kontroverse« firmierte. Die heftige und bisweilen sehr polemische Debatte zwischen den Traditionalisten bzw. Hermeneutikern auf der einen und den Szientisten bzw. Behavioralisten auf der anderen Seite prägte die Disziplin in den 1960er Jahren, so wie der aktuelle Positivismusstreit zwischen den Rational-choice-Theorien jeglicher Couleur und den diversen postpositivistischen Ansätzen den Fortgang der Disziplin in den 1990er Jahren auszeichnete. Daraus ergaben sich bislang vier große Debatten, die entweder weltanschaulicher oder methodologischer Art waren und das eigentliche, das innere Band der akademischen Disziplin Internationale Beziehungen (IB) wie auch der vorliegenden Arbeit ausmachen. Es geht hier also um nichts geringeres als darum, die Vielfalt der Theorien und »Ansätze« der Lehre von den Internationalen Beziehungen in einen systematischen Zusammenhang zu bringen und dabei deren jeweilige historische Bedingtheit herauszuarbeiten. Der hier gewählte methodische Zugang entspricht dem Muster, daß die einzelnen Theorien anhand exemplarischer oder für das Fach wegweisender Bücher bzw. Aufsätze vorgestellt und diskutiert werden und die weitere wichtige deutsche oder angelsächsische Literatur jeweils im Text genannt oder in den Fußnoten zitiert wird. Daraus folgt eine sehr dichte Darstellung, die ein konzentriertes Lesen verlangt. Die reichlich zitierte Referenz- und weiterführende Literatur sollte im Zweifelsfalle konsultiert werden. Das Literaturverzeichnis ist deshalb gleichzeitig als ausführliche Auswahlbibliographie zu verstehen.

Der eigentliche Berichtszeitraum erstreckt sich in diesem Band auf das gesamte 20. Jahrhundert. Die klassischen Vorläufer der Disziplin, die sich bis zur Renaissance, ja, sogar bis in die Antike zurückverfolgen lassen, finden nur kursorische Erwähnung. Der hieran interessierte Leser sei auf die vorzügliche zweibändige *Geschichte des weltpolitischen Denkens* von Heinz Gollwitzer (1972, 1982) verwiesen oder auf die Darstellungen von Kees van der Pijl, *Vordenker der Weltpolitik* (1996), Torbjørn Knutsen, *A History of International Relations Theory* (1992), David Boucher, *Political Theories of International Relations: From Thukydides to the Present* (1998), und Ernst-Otto Czempiel, *Friedensstrategien. Eine systematische Darstellung außenpolitischer Theorien von Ma-*

chiavelli bis Madariaga (Czempiel 1998). Eine ausgezeichnete Edition klassischer Texte zur idealistischen Tradition der Disziplin bietet der Band von Kurt von Raumer, *Ewiger Friede. Friedensrufe und Friedenspläne seit der Renaissance* (1953). Einen Überblick über den eigentlichen (kleingeschriebenen) Gegenstand des Fachs bieten Harald Kleinschmidt, *Geschichte der internationalen Beziehungen* (1998), und Andreas Osiander, *The State System of Europe, 1640-1990* (1994).

Und schließlich soll hier am Rande auch noch eine kursorische Disziplinkunde geliefert werden.[2] Zumindest für die Vereinigten Staaten, Großbritannien und Deutschland werden die wichtigsten Institutionen, also die Forschungsinstitute, Lehrstühle und Zeitschriften sowie die für das Fach einschlägigen Theoretiker und deren Hauptwerke seit der Etablierung der Disziplin als akademisches Fach im Jahre 1920 vorgestellt.

Theoriegeschichtliche Gesamtdarstellungen für die neuere Zeit im engeren Sinne gab es im deutschsprachigen Raum bis zum Jahre 1999 nur wenige. Genannt seien die Monographien von Meyers (1977) und Behrens/Noack (1984), deren Berichtszeitraum naturgemäß Ende der 1970er Jahre endet. Erwähnt werden muß auch das von Volker Rittberger herausgegebene Sonderheft 21 der *Politischen Vierteljahresschrift* »Theorien der Internationalen Beziehungen« (1990), das allerdings nicht als theoriegeschichtliche Monographie zu lesen ist.[3] Erst in jüngster Zeit sind einige, allerdings eher systematisch als ideengeschichtlich angelegte Einführungen in die Disziplin IB erschienen, die auf ein verstärktes theoretisches Interesse, aber auch einen besonderen

---

2 Auch zu diesem Thema gibt es eine große Auswahl. Für die angelsächsischen Länder seien genannt Dyer/Mangasarian 1989, Fox 1968, Girard/Eberwein/Webb 1994, Jarvis/Crawford 1998, Kent/Nielsson 1980, Manning 1954, Olson/Groom 1992 und zuletzt Crawford/Jarvis 2001. Für die Bundesrepublik Deutschland fehlt noch eine disziplinkundliche Monographie. Es gibt lediglich Monographien zur Entwicklung des Fachs Politikwissenschaft insgesamt (z. B. Arndt 1978, Beyme 1986, Mohr 1988, Göhler/Zeuner 1991, Buchstein 1992, Bleek/Lietzmann 1999) oder zu Teildisziplinen und Einzelaspekten (Hauswedell 1989, 1990, Kühnlein 1978, Rittberger/Hummel 1990, Rittberger/Zürn 1990, Gantzel 1983, Gantzel-Kress/Gantzel 1980, Schweigler 1975, Söllner 1996, Wasmuth 1998).

3 Als deutschsprachige Sammelbände sei auf die Editionen von Nerlich 1966, Czempiel 1969, Frei 1973, Haftendorn 1975 und Lehmkuhl 1996 verwiesen, die nicht nur Beiträge deutscher, sondern auch Übersetzungen angelsächsischer Autoren bringen.

Nachholbedarf gegenüber den angelsächsischen Vertretern des Fachs hinweisen. Gemeint sind neben dem letzten Lexikon-Artikel von Meyers (2000) die drei im Jahre 2000 erschienenen Monographien von Gert Krell, *Weltbilder und Weltordnung* (Krell 2000), Christiane Lemke, *Internationale Beziehungen. Grundkonzepte, Theorien und Problemfelder* (Lemke 2000), und Xuewu Gu, *Theorien der Internationalen Beziehungen* (Gu 2000).[4]

Die Zahl der englischsprachigen älteren und neueren Gesamtdarstellungen ist demgegenüber umfänglich. Neben dem Klassiker von Dougherty/Pfaltzgraff, *Contending Theories of International Relations*, der 1997 in der vierten Auflage erschienen ist und für viele Jahre den Rang eines Lehrbuchs eingenommen hat, seien zur Einführung die älteren Aufsätze von Banks (1984) und Bull (1972) empfohlen.[5] Hinzu kommen zahlreiche Sammelbände, unter denen stellvertretend der von Ken Booth und Steve Smith herausgegebene Band *International Relations Theory Today* (1995) hervorgehoben werden sollte, sowie die drei Sammelbände, die auf Tagungen des renommierten »Department of International Politics« der Universität in Aberystwyth zurückgehen: *The Aberystwyth Papers: International Politics 1919-69* (Porter 1972), *International Theory: Positivism and Beyond* (Smith/Booth/Zallwski 1996) und *Human Rights in Global Politics* (Dunne/Wheeler 1999).[6] Eine ausführliche Bibliographie zum Thema hat der Autor zusammen mit Katharina Varga unter dem Titel *Theorie und Geschichte der Lehre von den Internationalen Beziehungen* (1999) veröffentlicht, in der etwa 6 000 Titel, systematisch gegliedert und durch einen Index erschlossen, verzeichnet sind. Hier finden sich zu allen nachfolgenden Kapiteln zahlreiche, über die in diesem Band zitierte Literatur weit hin-

---

4 Alle drei Bände sind dem Autor allerdings erst nach Fertigstellung dieses Manuskripts bekannt geworden, so daß sie hier nicht mehr verarbeitet werden konnten.

5 Aus der Vielzahl weiterer Monographien sollen Brown 1997, Burchill/Linklater 1996, Crawford 1999, Doyle 1997, Ferguson/Mansbach 1988, Gabriel 1994, Hollis/Smith 1990, Morgan 1987, Schmidt 1998, Thompson 1996, Vasquez 1998, Viotti/Kauppi 1993 und Wight 1991 genannt werden.

6 Die beiden letztgenannten Sammelbände dokumentieren die beiden ersten sog. »Cadogan-Konferenzen«, die 1994 und 1995 unter prominenter internationaler Beteiligung in Aberystwyth stattgefunden haben und jeweils den »state of the art« des Faches markieren. Die dritte »Cadogan-Konferenz« von 1996 wird in einem von Roger Tooze und Richard Wyn Jones edierten Band publiziert.

ausgehende Hinweise.[7] Bei allen theoriegeschichtlich wichtigen Autoren wurden, soweit zu ermitteln, bei ihrer ersten systematischen Nennung auch die Lebensdaten aufgeführt.

Der Band ist als Fortsetzung gedacht zu *Das Ende der Dritten Welt und das Scheitern der großen Theorie* (Menzel 1992, [4]1997), wo die Ideengeschichte der Entwicklungstheorie und der Nord-Süd-Beziehungen abgehandelt wird.[8]

Der Verfasser dankt allen Kolleginnen und Kollegen, die das Buch in den einzelnen Stadien seiner Entstehung kommentiert oder Einzelhinweise beigesteuert haben – insbesondere Hartwig Hummel, Volker Rittberger und Michael Zürn. Nuria Okfen, Sascha Ulbricht und Katharina Varga haben bei der Recherche von einzelnen Hinweisen tatkräftige Unterstützung geleistet. Bettina Kolodziej ist nicht müde geworden, die zahlreichen Fassungen des Manuskripts in eine ordentliche Fasson zu bringen. Auch die Studierenden am Institut für Sozialwissenschaften der TU Braunschweig haben durch ihre kritischen Fragen und Kommentare in den die Vorlesungsreihe begleitenden Seminaren zur Präzisierung und Weiterentwicklung des Manuskripts beigetragen. Es wurde im März 2001 abgeschlossen.

7 Die von Menzel verfaßte Einleitung zu dieser Bibliographie diente für einen Teil des nachfolgenden Textes als erste Fassung.
8 Die dazugehörige Bibliographie mit ebenfalls etwa 6 000 Titeln findet sich in Menzel 1995.

I.

Menschenbilder, Weltanschauungen und Methodenstreit

1. Sicherheit oder Frieden?

Im Jahre 1795 verfaßte Immanuel Kant in Königsberg einen klassischen Text der europäischen Aufklärung mit dem Titel *Zum Ewigen Frieden. Ein philosophischer Entwurf*, der bis heute für die Lehre von den Internationalen Beziehungen paradigmatische Bedeutung hat. Im »ersten Definitivartikel« dieses »philosophischen Entwurfs« lautet eine immer wieder zitierte Passage:

»Nun hat aber die republikanische Verfassung, außer der Lauterkeit ihres Ursprungs, aus dem reinen Quell des Rechtsbegriffs entsprungen zu sein, noch die Aussicht in die gewünschte Folge, nämlich den ewigen Frieden; wovon der Grund dieser ist. Wenn (wie es in dieser Verfassung nicht anders sein kann) die Beistimmung der Staatsbürger dazu erfordert wird, um zu beschließen, ›ob Krieg sein solle, oder nicht‹, so ist nichts natürlicher, als daß, da sie alle Drangsale des Krieges über sich selbst beschließen müßten (als da sind: selbst zu fechten; die Kosten des Krieges aus ihrer eigenen Habe herzugeben; die Verwüstung, die er hinter sich läßt, kümmerlich zu verbessern; zum Übermaße des Übels endlich noch eine, den Frieden selbst verbitternde, nie (wegen naher immer neuer Kriege) zu tilgende Schuldenlast selbst zu übernehmen); sie sich sehr bedenken werden, ein so schlimmes Spiel anzufangen.«

Und weiter formuliert Kant im Umkehrschluß:

»Da hingegen in einer Verfassung, wo der Untertan nicht Staatsbürger, die also nicht republikanisch ist, es die unbedenklichste Sache von der Welt ist, weil das Oberhaupt nicht Staatsgenosse, sondern Staatseigentümer ist, an seinen Tafeln, Jagden, Lustschlössern, Hoffesten u. d. gl. durch den Krieg nicht das mindeste einbüßt, diesen also wie eine Art von Lustpartie aus unbedeutenden Ursachen beschließen, und der Anständigkeit wegen dem dazu allezeit fertigen diplomatischen Korps die Rechtfertigung desselben gleichgültig überlassen kann« (Kant 1970, S. 205-206).

Mit dieser Passage nimmt Kant Stellung zu einem zentralen Problem der internationalen Politik, nämlich der Frage, wie der Krieg zu vermeiden und der Frieden zu gewinnen ist. Als Vertreter der europäischen Aufklärung gibt er eine idealistische Antwort. Die republikanische, heute würde man sagen die demokratische, Verfassung eines Staates ist der Garant gegen den Krieg, weil die Entscheidungsprozeduren in demokratischen Staaten (»die Beistimmung der Staatsbürger«) einen wesentlichen Hinderungsgrund bilden, Kriege vom Zaun zu brechen, während despotische, heute würde man sagen autoritäre, Systeme, die nur Untertanen, aber keine Staatsbürger kennen, diese Bremse gegen leichtfertiges Kriegführen nicht besitzen.

Die Kantsche These wurde später zur »Theorie des demokratischen Friedens« weiterentwickelt. Diese besagt etwas eingeschränkter, daß Demokratien zumindest *untereinander* keine Kriege führen, nicht zuletzt deshalb, weil sie eine Wertegemeinschaft bilden, die den Krieg als Mittel zur zwischenstaatlichen Konfliktaustragung ausschließt. Die sich an diese Theorie anschließende akademische Debatte wurde sowohl kategorisch wie empirisch geführt und drehte sich um die Frage, ob sich Gegenbeispiele finden lassen, die diese Aussage falsifizieren. Kontrovers war dabei insbesondere die Substanz der Begriffe »Demokratie« und »Frieden«. Wo liegt die Grenze zwischen einem regelrechten Krieg und einer bloßen Militäraktion? Ab wann und aufgrund welcher Indikationen kann ein politisches System als demokratisch bezeichnet werden?[1] Läßt sich die demokratische Verfaßtheit eines Staates eher qualitativ bestimmen oder ist, wie etwa Huntington vorschlägt, die Verwendung quantitativer Kriterien, etwa eine Mindestquote der Bevölkerung, die wahlberechtigt ist, ein geeignetes Kriterium? Folgt man Huntington, dann hätte sich die »erste Welle der Demokratisierung« erst 1828 in Bewegung gesetzt und wäre in den 1920er Jahren sogar wieder rückläufig gewesen. Für das Jahr 1922 identifiziert Huntington zwar 24 demokratische gegenüber 35 nichtdemokratischen Staaten, 1942 war die Relation aber auf nur noch 12 zu 49 geschrumpft. Im Jahre 1990, auf dem Höhepunkt der »dritten Welle der Demokratisierung«, betrug sie immerhin 59 zu 71 (Huntington 1993, S. 16ff.). Die aus der Kantschen Idee ableitbare normative Schlußfolgerung lautet jedenfalls, daß die Ausbreitung der Demokratie über die Welt, ob wellenförmig oder nicht, auch zur Ausbreitung des Friedens führen muß. Ist die Zahl der Demokratien rückläufig, wächst die Kriegsgefahr, wie zumindest die Vorgeschichte des Zweiten Weltkriegs deutlich gemacht hat. Eine Politik zur Förderung von Demokratisierungsprozessen ist demnach Friedenspolitik. Folgt man der Kantschen These und der Huntingtonschen

---

1 Aus der kaum überschaubaren Zahl von Literatur zu diesem Thema vgl. Gowa 1999, Levy 1988, Lutz-Bachmann/Bohmann 1996, MacMillan 1998, Ray 1995, Rummel 1997, Russett 1990, 1993, Small/Singer 1976.

Analyse, müßte die Welt, jedenfalls langfristig gesehen, immer friedlicher werden.

Etwa 150 Jahre nach Kant, im Jahre 1950, verfaßte der aus Düsseldorf stammende Emigrant Hans Hermann Herz (John H. Herz) auf dem ersten Höhepunkt des Ost-West-Konflikts zu Beginn des atomaren Wettrüstens zwischen den USA und der Sowjetunion einen Aufsatz mit dem Titel »Idealistischer Internationalismus und das Sicherheitsdilemma«, der eine klassische Gegenposition zu Kant formuliert und dazu beigetragen hat, das mit dem Idealismus seit Jahrhunderten konkurrierende Paradigma des Realismus wiederzubeleben. Herz beginnt seinen Aufsatz mit den Worten:

»Die tragische Lage, in der sich eine zwiegespaltene und mit Atombomben gesegnete Welt derzeit befindet, spiegelt lediglich in äußerster Zuspitzung ein Dilemma wider, mit dem sich menschliche Gesellschaften von Anbeginn ihrer Geschichte auseinanderzusetzen hatten. Das Dilemma entspringt einer grundlegenden sozialen Konstellation, derzufolge eine Vielzahl untereinander verflochtener Gruppen politisch letzte Einheiten darstellen, d. h. nebeneinander bestehen, ohne in ein noch höheres Ganzes integriert zu sein. Wo und wann auch immer eine solche ›anarchische‹ Gesellschaft existiert hat [...] ergab sich für Menschen, Gruppen, Führer eine Lage, die sich als ›Sicherheitsdilemma‹ bezeichnen läßt. Gruppen oder Individuen, die in einer derartigen, eines Schutzes ›von oben‹ entbehrenden Konstellation leben, müssen um ihre Sicherheit vor Angriffen, Unterwerfung, Beherrschung oder Vernichtung durch andere Gruppen oder Individuen fürchten, eine Besorgnis, die sich aus der Sachlage selber ergibt. Und in dem Streben nach Sicherheit vor solchen Angriffen sehen sie sich gezwungen, immer mehr Macht zu akkumulieren, nur um der Macht der anderen begegnen zu können. Dies wiederum macht die anderen unsicherer und zwingt sie, sich auf ›das Schlimmste‹ vorzubereiten. Da sich in einer Welt derart konkurrierender Einheiten niemand je ganz sicher fühlen kann, ergibt sich ein Wettlauf um die Macht, und der Teufelskreis von Sicherheitsbedürfnis und Machtanhäufung schließt sich« (Herz 1974, S. 39).

Herz liefert mit seiner klassischen Formulierung des Sicherheitsdilemmas, das später in bester szientistischer Manier spieltheoretisch in dem sog. Gefangenendilemma modellhaft abgebildet wurde, nicht nur eine Erklärung für den beginnenden Rüstungswettlauf der Supermächte, er eröffnet auch einen anderen Blick auf die große Frage von Krieg und Frieden als Kant. Während Kant als Fortschrittstheoretiker auf die Aufklärung setzt, die den finsteren Naturzustand der Völker überwindet, zur Ausbreitung der Demokratie, einer entsprechenden Wertegemeinschaft und zum Friedensbund der Völker führt, geht Herz von einer unveränderlichen, prinzipiell anarchisch strukturierten Welt aus, die kein internationales Gewaltmonopol, keine Hegemonialmacht oder eine andere ordnende Instanz kennt, die den souveränen Staaten übergeordnet ist. Die Sicherheit eines Staates kann deshalb nur durch das Prinzip der Selbsthilfe garantiert werden. Die eigene Rüstung soll potentielle Angreifer abhalten, die Unversehrtheit eines Staates zu beeinträchtigen. Dahinter steht im Gegensatz zum Kantschen Idealismus, der auf das Gute, die Vernunft und die Lernfähigkeit des Menschen baut, die realistische Vorstellung, daß die Welt durch das Schlechte beherrscht wird. Nicht das hehre Ziel Frieden, sondern das bescheidenere Ziel Sicherheit ist anzustreben. An die Stelle der Friedenspolitik tritt die Sicherheitspolitik. Den sichersten Weg dahin verspricht aus dieser Sicht das Vertrauen auf die eigene Kraft, auf die eigene Rüstung. Aufrüstung und daraus resultierende Abschreckung ist somit ein verantwortungsethisch legitimierbares Instrument der Sicherheitspolitik.

Eher eine Variante des realistischen Denkens als ein eigenes Paradigma bilden die Hegemonietheorien. Ihnen liegt die Vorstellung zugrunde, daß es doch, zumindest phasenweise und periodisch, eine Art internationales Gewaltmonopol gibt, das durch eine Abfolge von Hegemonialmächten mit regionaler oder weltweiter Reichweite ausgeübt wird. Da die so erreichte hegemoniale Stabilität des internationalen Systems aber immer nur von begrenzter Dauer ist und immer wieder von der Rivalität und den Ausscheidungskämpfen der um die Hegemonie ringenden Mächte abgelöst wird, lassen sich die daraus resultierenden Zyklen von Krieg und Frieden durchaus im Lichte der realistischen Theorie interpretieren.[2]

Der Pferdefuß bzw. das Dilemma realistischer Politik liegt nur darin, daß alle Staaten angesichts der Übervorteilsdrohung durch andere das gleiche Verhalten zeigen und so aus dem individuellen Streben nach Sicherheit wachsende Unsicherheit für alle erwächst. Daraus ergibt sich die Notwendigkeit, das Sicherheitsdilemma einzuhegen, nämlich institutionelle Vorkehrungen zu treffen, die

---

2 Vgl. dazu die Klassiker Dehio 1996 [1948] und Triepel 1974 [1938] sowie Doyle 1986, Gadzey 1994, Gilpin 1981, Kennedy 1989, Kupchan 1994 und Modelski 1987b.

den Rüstungswettlauf begrenzen. Damit haben wir ein drittes Paradigma in der Lehre von den Internationalen Beziehungen identifiziert, den Institutionalismus. Anders als Kant, der auf den Friedensbund der Republiken aus Einsicht in das Vernunftprinzip baut, argumentiert der Institutionalismus, daß zwischenstaatliche Kooperation nur dann zustande kommt, wenn der Nutzen der Kooperation für den einzelnen Staat erkennbar und meßbar und gegenüber dem Vertrauen auf die Selbsthilfe von Vorteil ist.

Das dem Rüstungswettlauf zugrundeliegende Sicherheitsdilemma läßt allerdings auch noch eine vierte Sichtweise zu, nämlich daß Rüstung bzw. daß Vertrauen auf die Selbsthilfe bzw. das Vertrauen auf die hegemoniale Ordnung nicht immer zu mehr Sicherheit, sondern auch zum Krieg führen kann. Bei dieser Argumentation werden die materiellen Interessen, auf denen der Rüstungswettlauf oder die hegemoniale Konkurrenz basieren, gleichermaßen berücksichtigt wie die ungleiche politische und ökonomische Machtverteilung im internationalen System und der mögliche Vorteil, der aus einem gewonnenen Krieg zu ziehen ist. Hinzu kommt die Betonung der ökonomischen Aspekte der internationalen Beziehungen (Handel, Kapitalverkehr, internationale Arbeitsteilung, Preisentwicklungen auf den Weltmärkten) und deren Konsequenzen für die ungleiche Verteilung von Macht und Wohlstand und die Motive außenpolitischen und außenwirtschaftlichen Handelns.

Wenn allerdings der Ökonomie, also dem Markt bzw. der internationalen Arbeitsteilung, eine wesentliche Strukturierungsfunktion für das internationale System beigemessen wird, dann erscheint hier der Weltmarkt als eigentliche Ordnungsinstanz jenseits der Rivalitäten und Konflikte der einzelnen Staaten, Imperien oder Hegemonialmächte. Diese können aus dieser Sicht entstehen oder vergehen, auf- oder absteigen, ohne daß sich das internationale System, hier verstanden als Weltwirtschaft, in seiner Struktur verändert. Platz und Funktion im internationalen System werden ihnen letztlich durch ihre internationale Wettbewerbsfähigkeit zugewiesen. Dieses Paradigma wird folglich Strukturalismus genannt, da es die politischen, militärischen und ökonomischen Strukturen (z. B. Machtverteilung oder Anteile am Welthandel), die das internationale System prägen, zum Ausgangspunkt seiner Überlegungen nimmt. Eine gewisse Nähe zum Realismus ist unverkennbar.

2. Idealismus, Realismus, Institutionalismus und Strukturalismus: Die vier Paradigmen in der Lehre von den Internationalen Beziehungen

Die theoretische Beschäftigung mit den Ursachen von Krieg und Frieden führt also zu vier Paradigmen oder Idealtypen, in die sich die gesamte Theorie der Internationalen Beziehungen gliedern läßt: Idealismus, Realismus, Institutionalismus und Strukturalismus.[1] Entsprechend dem jeweiligen paradigmatischen Verständnis werden anstelle des gebräuchlichen disziplinkundlichen Begriffs »Internationale Beziehungen« aber auch andere Begriffe verwendet. So sprechen Realisten auch von »Internationaler Politik«, Idealisten von »Weltpolitik«, Institutionalisten von »Weltordnungspolitik« bzw. neuerdings von »Global Governance« und Strukturalisten von »Internationaler Politischer Ökonomie« (IPÖ) – bzw. »International Political Economy« (IPE).[2]

Allen Paradigmen ist allerdings die axiomatische Annahme gemeinsam, daß das internationale System anarchisch strukturiert ist und sich ursprünglich, wie Kant sich ausdrückte, im Naturzustand befunden hat. Im Unterschied zum Nationalstaat, in dessen Grenzen sich das staatliche Gewaltmonopol herausbildet und die staatlichen Behörden bzw. das Militär die Ordnungsfunktion wahrnehmen, ist das internationale System durch die Abwesenheit eines entsprechenden internationalen Gewaltmonopols gekennzeichnet. Oberste Instanz sind die souveränen Nationalstaaten. Hegemoniale Ordnungen, die einem internationalen Gewaltmonopol nahekommen, sind zwar möglich und von der Antike bis heute auch immer wieder errichtet worden, waren aber stets nur von vorübergehender Natur und nie wirklich umfassend und von globaler Reichweite. Das mit einer hegemonialen Situa-

---

1 Auch wenn die Lehre von den Internationalen Beziehungen im wesentlichen von westlichen Theoretikern geprägt wird, so lassen sich auch in anderen Kulturen, etwa in der Politischen Philosophie der chinesischen Klassiker, ähnliche Argumentationsmuster finden.
2 Die deutsche und englische Bezeichnung ist nicht deckungsgleich, da der deutsche Begriff eine marxistische Konnotation besitzt.

tion konkurrierende ordnungsstiftende Prinzip zur Einhegung der Anarchie der Staatenwelt war immer wieder ein »Gleichgewicht der Kräfte«, das ggf. durch entsprechende Bündniskonstellationen herzustellen war (Dehio 1996, Triepel 1974). Einen Weltstaat, der eine solche Ordnungsfunktion dauerhaft wahrnehmen könnte, gab es nicht und gibt es nicht; ein solcher ist allenfalls in sehr ferner Zukunft aus einer sehr idealistischen Perspektive vorstellbar.

Wie nun unter den Bedingungen von Anarchie nationale oder internationale Politikziele wie die Sicherung der staatlichen Existenz, der Frieden, die nationale Wohlfahrt, der Schutz der Umwelt oder die Durchsetzung der Menschenrechte erreicht und dauerhaft gewährleistet werden können, darin unterscheiden sich die paradigmatischen Geister. Dieses ist der eigentliche Gegenstand und Streitpunkt der Lehre von den Internationalen Beziehungen und umreißt damit auch den Kern des Fachs.

Der *Idealismus* ist vom Glauben an den Fortschritt durchtränkt. Er setzt auf das Gute im Menschen oder zumindest darauf, daß der Mensch vernunftbegabt ist. Vernunftbegabt heißt, daß der Mensch rationalen Argumenten zugänglich und damit lernfähig ist. Langfristig muß demnach die Durchsetzung des Vernunftprinzips zu einer besseren Welt führen, in der alle Konflikte und Interessengegensätze auf kooperative Weise durch Kompromiß und Ausgleich lösbar sind. Der ewige Frieden, der Wohlstand der (aller) Nationen, die weltweite Demokratie, die Wahrung von universalistisch verstandenen Menschenrechten, der Schutz der Umwelt und andere idealistische Ziele sind prinzipiell erreichbar.[3] In der Sprache der Spieltheorie ausgedrückt heißt das: Paretooptimale, d. h. gerechte, Interaktionsergebnisse zwischen Spielern (z. B. politischen Akteuren) sind prinzipiell erzielbar, also solche, die keinem Akteur eine Positionsverbesserung ermöglichen, ohne einem anderen Akteur zu schaden. Die Anarchieproblematik kann also aus der Sicht des Idealismus durch Aufklärung und rationales Handeln gelöst werden.

Der *Realismus* in seiner klassischen Version geht demgegenüber vom gegenteiligen Menschenbild aus. Der Mensch ist nicht nur gut, sondern auch schlecht, er ist nicht nur vernunftbegabt,

---

3 Vgl. dazu den in der Tradition der universalistischen Klassiker stehenden Sammelband Menzel 2000a.

sondern auch triebgesteuert. Seiner Lernfähigkeit sind Grenzen gesetzt. Damit sind auch den idealistischen Vorstellungen über die Möglichkeit kooperativen und rationalen Verhaltens enge Grenzen gesetzt. Realistischer ist es deshalb, das Selbsthilfeprinzip zu verfolgen. Sicherheit wird durch Aufrüstung bzw. (in der neorealistischen Variante) durch eine Politik des Gleichgewichts und Frieden, hier verstanden als Nichtkrieg, wird durch Abschreckung garantiert. Das daraus resultierende Sicherheitsdilemma ist prinzipiell nicht aufhebbar. Es sei denn, ein Staat ist in der Lage, so viel Macht zu akkumulieren, daß er eine absolute Dominanz, d. h. eine umfassende Hegemonie, im internationalen System erringen kann. In der Regel erreichbar ist in der Sprache der Spieltheorie lediglich eine Maximin-Lösung. Die realistische Devise lautet deshalb »Maximiere dein Minimum«, d. h. setze auf die am wenigsten schlechte Lösung eines Problems, die du aus eigener Kraft erreichen kannst. Gleiches gilt analog für das Ziel Wohlfahrt. Eine merkantilistische oder neomerkantilistische, auf jeden Fall interventionistische Politik ist der beste Garant, die wirtschaftlichen Interessen eines Landes zu verfolgen, und nicht das universalistische Vertrauen auf die wohlfahrtssteigernde Wirkung von Freihandel und internationaler Arbeitsteilung nach Maßgabe komparativer Kosten, wie von seiten des ökonomischen Idealismus (Liberalismus) empfohlen wird.

Der *Institutionalismus* nimmt eine Mittelposition zwischen Idealismus und Realismus ein. Kooperation ist prinzipiell denkbar, nur muß sie realistisch und nicht idealistisch fundiert sein. Eine realistische Begründung für kooperatives Verhalten ist aber der Eigennutz, den die Kooperationspartner aus diesem Verhalten ziehen können. Rüstungskontrollvereinbarungen z. B. haben dann eine Chance, wenn sie nicht nur zur Überwindung des Sicherheitsdilemmas führen, sondern auch helfen, militärisch gebundene Ressourcen zu sparen, die einer zivilen Nutzung zugeführt werden können und damit den jeweiligen Wohlstand der Partner mehren. Sind solche Institutionen friedensstiftender, wohlstandsmehrender, menschenrechtewahrender oder umweltschonender Art erst einmal etabliert und sind sie auch erfolgreich, entwickeln sie eine Eigendynamik und können somit normative Wirkung entfalten. An diese Überlegung sollte später der Sozialkonstruktivismus anknüpfen.

Der *Strukturalismus* nimmt auf eine andere Weise eine Mittelposition zwischen Idealismus und Realismus ein. Realistisch ist er insofern, als er von der materiellen Basis der internationalen Beziehungen ausgeht. Das internationale System ist aus strukturalistischer Sicht durch Ungleichheit in der Macht- und Wohlstandsverteilung und in Wechselwirkung damit einhergehend durch Krieg, Kolonialismus und Imperialismus geprägt. Die Verfolgung des Selbsthilfeprinzips führt nicht nur zu Dominanz, Sicherheit und Wohlstand für die einen, sondern auch zu Abhängigkeit, Ausbeutung und Unterentwicklung für die anderen. Kooperation ist deshalb nur möglich, wenn es zu einer radikalen Aufhebung von internationaler Ungleichheit und Ausbeutung, wenn es zu einer gerechten Welt gekommen ist. Erst dann sind die Ursachen für Interessenkonflikte und Kriege beseitigt, haben die idealistischen Vorstellungen der einen Welt, in der das Solidaritätsprinzip herrscht, die Chance der Verwirklichung. Dabei lehnt der Strukturalismus nicht per se den Krieg ab. Unterschieden wird nämlich zwischen »emanzipatorischen« Kriegen (z.B. gegen Kolonialmächte oder sonstige Unterdrücker) und »reaktionären« Kriegen, die zwischen imperialistischen Eliten oder zur Behauptung von Kolonialbesitz ausgetragen werden.

Auf diese Weise läßt sich eine Vierfeldertafel konstruieren (vgl. Abb. 1). Die Spalten markieren die leitenden Prinzipien des internationalen Systems, nämlich »Ideen« oder »materielle Strukturen« wie die Verteilung von wirtschaftlicher oder militärischer Macht. Die Zeilen markieren, an welchen Interessen sich die Akteure orientieren, ob am nationalen Eigeninteresse oder an einem universalistisch verstandenen Allgemeinwohl.

Abb. 1: Die vier Traditionen in der Lehre von den Internationalen Beziehungen

		Leitende Prinzipien	
		Ideen	materielle Strukturen
Interessen-orientierung	Allgemein-wohl	**Idealismus**	**Struktura-lismus**
	Eigen-interesse	**Realismus**	**Institutiona-lismus**

Eine Variante dieser Klassifikation lautet, daß Idealismus, Realismus, Institutionalismus und Strukturalismus sich danach unterscheiden, ob die Ideen, die menschlichen Triebe, die internationalen Institutionen oder die Strukturen als wesentliche Determinanten des Handelns der Akteure im internationalen System angesehen werden oder nicht. Diese vier Paradigmen oder auch »Traditionen« (Wight 1991) verhelfen jedenfalls zu einem Gliederungsschema, anhand dessen sich die Ideengeschichte der Lehre von den Internationalen Beziehungen mit ihren gesamten Verästelungen darstellen läßt.

3. Die Etablierung der Disziplin als eigenständige Wissenschaft

Eine andere Herangehensweise an die Gliederung des Themas orientiert sich an der Geschichte der akademischen Disziplin »Internationale Beziehungen«, wobei sich hier zunächst die Frage stellt, wann die Geschichte dieser Disziplin eigentlich beginnt. Dabei ist es notwendig, zwischen dem eigentlichen Gegenstand der Disziplin, den internationalen Beziehungen, der politisch-philosophischen Beschäftigung mit diesem Gegenstand, also der Theorie der Internationalen Beziehungen, und der Etablierung eines diesbezüglichen eigenständigen akademischen Fachs, der Lehre von den Internationalen Beziehungen, zu unterscheiden. Letzteres wirft zudem die Frage auf, ob die Lehre von den Internationalen Beziehungen nur ein Teilgebiet der Politikwissenschaft oder eine völlig eigenständige sozialwissenschaftliche Disziplin ist, was sich im universitären Bereich etwa an der Existenz eigener Institute, Studiengänge, Standesorganisationen oder Zeitschriften für Internationale Beziehungen ablesen läßt.

Der Gegenstand des Fachs setzt die Existenz souveräner politischer Gebilde voraus, die dem Verständnis der heutigen Nationalstaaten nahekommen. Als Beginn der Herausbildung des modernen Staatensystems wird aus einer europäischen Perspektive gemeinhin der Westfälische Friede von Münster und Osnabrück im Jahre 1648 am Ende des Dreißigjährigen Krieges angesehen.[1] Seitdem bildete sich sukzessive das sog. »Westfälische Staatensystem« heraus.[2] Dieses ist durch drei grundlegende Prinzipien gekennzeichnet:

1. Staaten haben klare territoriale Grenzen, innerhalb deren sie das uneingeschränkte Gewaltmonopol ausüben, eine Rechtsordnung erlassen und über die Steuerhoheit verfügen. Im Idealfall,

---

1 Vgl. dazu Osiander 1994, insbesondere Kap. 2 »The Peace of Westphalia«, Kleinschmidt 1998, S. 127 ff., sowie Gehl 1999.
2 Zu dessen Prinzipien vgl. Held 1995, S. 74 ff., oder Krasner 1993, Kim 1992, Falk 1969, Gross 1968, Ferguson/Mansbach 1996, Zacher 1992, die alle den Begriff bereits im Titel führen.

der allerdings nirgendwo völlig erreicht wurde, kommt es am Ende eines langen historischen Prozesses zu einer Deckungsgleichheit von Territorium, Staat, Volk, Nation und im Sinne des »cuius regio, eius religio« sogar Bekenntnis, gleichgültig, ob die Nation ethnisch wie in Deutschland oder zivilgesellschaftlich wie in Frankreich definiert ist. Das ist das sog. *Territorialprinzip*.

2. Staaten sind die einzigen relevanten Akteure im internationalen System. Sie sind souverän nach außen in dem Sinne, daß sie keiner höheren Instanz untergeordnet sind. Es gibt kein internationales Gewaltmonopol. Im Unterschied zum nationalen System, wo die Anarchie durch die Herausbildung des staatlichen Gewaltmonopols aufgehoben wird, bleibt das internationale System anarchisch strukturiert. Die Interessenvertretung der Staaten nach außen basiert folglich auf dem Grundsatz der Selbsthilfe. Deshalb wird jeder Staat zur bestmöglichen Wahrnehmung seiner Interessen und zur Behauptung seiner staatlichen Existenz sein Machtpotential maximieren. Nach außen erscheinen Staaten aus dieser Perspektive als homogene Einheit. Die Staaten sind aber auch souverän nach innen in dem Sinne, daß sie frei sind in der Wahl ihres politischen Systems und keiner äußeren Instanz Rechenschaft über ihre inneren Angelegenheiten ablegen müssen. Das ist das sog. *Souveränitätsprinzip*.

3. Souveräne Staaten sind untereinander gleichberechtigt, unabhängig von ihrer Größe und ihrer Macht. Soweit die Beziehungen zwischen Staaten durch Verträge oder Völkerrecht geregelt werden, beruht dieses immer auf dem Grundsatz der Freiwilligkeit. Jeder zwischenstaatliche Vertrag ist auch wieder kündbar. Zwischenstaatliche Kooperation erfolgt aus Eigeninteresse und nicht aufgrund einer höheren Idee. Auch die Respektierung diplomatischer Regeln beschneidet nicht das Recht zur Kriegführung (ius ad bellum) als letztes Mittel zur Wahrung staatlicher Interessen. Es ist vielmehr sogar der legitime Ausdruck staatlicher Souveränität. Das ist das sog. *Legalitätsprinzip*.

Die Definition von Staatsangehörigkeit, die Ausstellung von Pässen, die Errichtung von Schlagbäumen und Grenzkontrollen, die Einführung nationaler Symbole wie Hauptstädte, Flaggen, Staatswappen, Stempel, nationale Feiertage, Paraden, Denkmäler, Hymnen, Orden oder Uniformen oder die schöpferische Erfindung von historisch möglichst weit zurückliegenden Gründungsmythen waren und sind Ausdruck der staatlichen Abgrenzung nach außen. Mit dieser Abgrenzung nach außen korrespondierte die Integrationsleistung des Staates nach innen. Der Staat wurde Verwaltungsstaat mit einer sich seit dem 18. Jahrhundert auf alle Lebensbereiche ausdifferenzierenden Zuständigkeit seiner Bürokratie. Er wurde Entwicklungsstaat, indem er öffentliche Güter wie inneren Frieden und Rechtssicherheit, aber auch Infrastruktur, Geld, Normen, Maße und Gewichte oder Bildungseinrichtungen zur Verfügung stellte und indem er gezielte Wirtschaftsförderung und protektionistische Absicherung gegenüber dem konkurrierenden Ausland betrieb. Er wurde Steuerstaat, um diesen wachsenden Aufgaben gerecht werden zu können. Er wurde Nationalstaat, indem er dafür sorgte, daß die Kongruenz von Territorium, Bevölkerung und Staat durch eine kollektive Identitätsbildung gefestigt wurde. Man spricht in diesem Zusammenhang von Nationalstaatsbildung durch »vorgestellte Gemeinschaften«, die gleichermaßen der kollektiven Abgrenzung gegenüber anderen Gemeinschaften zu dienen hatten (Anderson 1993). Er wurde ferner durch Verfassungen, Gewaltenteilung und allgemeines Wahlrecht demokratisch legitimierter Rechtsstaat. Und er wurde schließlich auch Sozialstaat, d. h., er betrieb nicht nur Wirtschaftsförderung, sondern über seine fiskalische Kompetenz auch Umverteilung, und sorgte so für die soziale Stabilität des demokratischen Rechtsstaats.

Folgt man diesem Verständnis, dann kann man erst seit dem Westfälischen Frieden von internationalen Beziehungen zwischen Staaten sprechen, während zuvor eher der Begriff »interdynastische Beziehungen« angemessen scheint, wie etwa die Spanischen und Österreichischen Habsburger zuvor auf eindrucksvolle Weise durch Heiraten und Erbschaften demonstriert hatten. Es läßt sich allerdings nicht leugnen, daß es Vorläufer gab. So hatten etwa die Beziehungen zwischen den oberitalienischen Stadtrepubliken der Renaissance oder zwischen den Stadtrepubliken des klassischen Griechenlands durchaus viele Aspekte, die mit Hilfe einer Theorie der Internationalen Beziehungen analysierbar sind. Ob dieses auch für die Außenbeziehungen antiker Großreiche wie Ägypten, Persien, China, Rom, das Azteken- oder das Inkareich gilt, die in der Lage waren, Hegemonialordnungen oder gar Weltsysteme zu etablieren, mag dahingestellt bleiben.[3]

---

3 Vgl. dazu die aus einer antieurozentrischen Perspektive geschriebene Dar-

Soweit sich die Politische Philosophie oder Staatslehre zurückverfolgen läßt, hat sie sich deshalb auch immer, wenn auch eher am Rande, mit der Frage der Außenbeziehungen von Staaten[4] befaßt, wobei hier das realistische Denken die längste Tradition aufweist (vgl. Boucher 1998). Im europäischen Kontext gilt deshalb Thukydides (~ 460-395 v. Chr.) mit seiner *Geschichte des Peloponnesischen Krieges* (~ 404 v. Chr.) als Stammvater des *Realismus* und damit des außenpolitischen Denkens überhaupt (vgl. Kauppi/Viotti 1992, Parkinson 1977, van der Pijl 1996). Weitere einflußreiche Texte stammen von Niccolò Machiavelli (1469-1527), *Der Fürst* (1592) (vgl. Butterfield 1940), Thomas Hobbes (1588-1679), *Leviathan* (1651) (vgl. Bull 1981, Vincent 1981, Navari 1982), Edmund Burke (1729-1797), *Betrachtungen über die Französische Revolution* (1790) (vgl. Vincent 1984), und Carl von Clausewitz (1780-1831), *Vom Kriege* (1832) (vgl. Dill 1980, Howard/Paret 1976). All diese Autoren setzten zur Wahrnehmung staatlicher Interessen auf das Selbsthilfeprinzip. Das Recht zum Kriege (ius ad bellum) wurde als Inbegriff staatlicher Souveränität betrachtet. Ausdruck dieses Denkens war die auf Clausewitz zurückgehende Abschreckungsdoktrin, die sich in dem Satz bündeln läßt »Si vis pacem, para bellum« (Wenn du den Frieden willst, bereite den Krieg vor!).

Das wirtschaftspolitische Pendant zum Realismus war der *Merkantilismus*.[5] So wie Macht als ein relatives Gut verstanden wird, weil der Machtzuwachs des einen Staates zwangsläufig zu einem Machtverlust des anderen Staates führen muß und umgekehrt, wird auch nationaler Wohlstand, quantitativ ausgedrückt im Edelmetallvorrat eines Landes, als etwas Relatives betrachtet. Die positive Handelsbilanz eines Landes, die zum Zustrom von Edelmetall (heute Devisen) zum Ausgleich der Bilanz führt, bedeutet den Abfluß von Edelmetall aus solchen Ländern, die eine negative Handelsbilanz aufweisen, und führt damit zu de-

stellung von Fernández-Armesto 1998. Frank 1998, Abu-Lughod 1989 und Chaudhuri 1990 thematisieren sogar explizit die Existenz von Weltsystemen, die nicht in Europa bzw. später im Atlantik, sondern in China, Indien oder der islamischen Welt und damit im Indischen Ozean schon vor Ankunft der Portugiesen ihr Zentrum hatten.

4 Vgl. dazu den Sammelband von Chwaszcza/Kersting 1998.

5 Vgl. dazu das Standardwerk von Heckscher 1932. Der prominente Text zum Neomerkantilismus des 19. Jahrhunderts ist List 1920 [1841].

ren Wohlstandsverlust. Staatliche Gewerbe- und Exportförderung, Zölle, Importverbote, Vergabe von Monopolrechten an Handelskompanien oder Kolonialgesellschaften, Navigationsakten, ferner der Edelmetallbergbau, die Plünderung von Kolonien, selbst die Suche nach dem »El Dorado« oder der »Bonanza«, ein immer wiederkehrendes Motiv der ersten »Entdecker« und Konquistadoren, sowie die »Goldmacherei« der Alchimisten dienten alle dem gleichen Ziel: die Staatskasse zu füllen. Nationaler Wohlstand im Sinne des klassischen Merkantilismus war nämlich kein Selbstzweck, sondern sollte den staatlichen Machtanspruch unterfüttern. Hohe Staatseinnahmen als Folge merkantilistischer Politik ermöglichten es, große stehende Heere (miles perpetuum) oder Flotten und Arsenale zu unterhalten, denn Macht wurde letztlich als militärische Macht verstanden.

Jünger als das realistische ist demgegenüber das *institutionalistische* Denken, das in dem Niederländer Hugo Grotius (de Groot) (1583-1645) seinen Stammvater hat. Einflußreich war seine erste bedeutende Schrift *Über die Freiheit der Meere* (1609 bzw. 1633), die das liberale Denken in der Wirtschaftspolitik begründete und den damaligen niederländischen Handelsinteressen entsprach. Die Niederlande verfolgten nämlich während ihrer Blütezeit im 17. Jahrhundert im Gegensatz zu Spanien, Frankreich oder England aufgrund ihrer überragenden Handels- und Finanzmacht als einziger großer weltwirtschaftlicher Akteur keine merkantilistische Politik. Grotius' während des Dreißigjährigen Krieges entstandenes Hauptwerk *Vom Recht des Krieges und des Friedens* (1625) zielt darauf ab, die Anarchieproblematik durch die Begründung von Vertragsverhältnissen und das Völkerrecht einzuhegen. Ein wichtiger erster Schritt dahin war die Relativierung des »ius ad bellum«, durch das »ius in bello«, also die Verrechtlichung des Krieges (Bull/Kingsburg/Roberts 1990, Cutler 1991).

Auch die *idealistische* Tradition hat viele Vorläufer. Besonders prominent sind hier John Lockes (1632-1704) *Zweite Abhandlung über die Regierung* (1689), als liberales Gegenstück zu Hobbes' *Leviathan* zu lesen, William Penns (1644-1718) *Essay zum gegenwärtigen und zukünftigen Frieden in Europa durch Schaffung eines europäischen Reichstags, Parlaments oder Staatenhauses* (1693), *Der Traktat zum Ewigen Frieden* (1713) des Abbé de St. Pierre (1658-1743),[6] Jeremy Benthams (1748-1832) *Grundsätze für Völkerrecht und Frieden* (1786/89), der bereits eingangs zitierte Immanuel Kant (1724-1804) mit dem klassischen Text *Zum Ewigen Frieden* (1795)[7] oder Friedrich Gentz' (1764-1832) kleine Schrift *Über den Ewigen Frieden* (1800). Die Überwindung des Naturzustands der Völker, also der Anarchieproblematik des internationalen Systems, soll durch Aufklärung, Friedenserziehung, republikanische Verfassungen und deren Kooperation, durch die Vereinigten Staaten von Amerika bzw. Europa oder durch einen Friedens- bzw. Völkerbund erfolgen, Aktivitäten, die wiederum zivilisierend auf die Außenbeziehungen der Staaten einwirken. Letztere Idee wurde erstmals nach dem Ersten Weltkrieg auf Initiative des amerikanischen Präsidenten Woodrow Wilson durch die Gründung des Völkerbundes praktisch umgesetzt. Auch der mit den Römischen Verträgen von 1957 beginnende europäische Einigungsprozeß hat demnach bis ins 17. Jahrhundert zurückreichende idealistische Wurzeln. An die Stelle der realistischen Para-bellum-Strategie wird in allen genannten Texten die idealistische Para-pacem-Strategie gesetzt. Wenn du den Frieden willst, bereite den Frieden vor! (Senghaas 1995) Die Friedensbewegungen des 19. und des 20. Jahrhunderts, aber auch die zeitgenössische Friedens- und Konfliktforschung gehen auf diesen Gedanken zurück (vgl. Czempiel 1998).

Das wirtschaftspolitische Pendant zum Kantschen Idealismus (Oncken 1877) und Gegenstück zum Merkantilismus ist die auf Adam Smiths (1723-1790) *Untersuchung über Natur und Wesen des Volkswohlstands* (1776) und David Ricardos (1772-1823) *Grundsätze der politischen Ökonomie und Besteuerung* (1817) zurückgehende Freihandelsbewegung des 19. Jahrhunderts, die eine liberale und damit demokratische Verfassung voraussetzt. In den Engländern Richard Cobden und John Bowring hatte sie ihre prominenten Vertreter. Sicherheit, hier verstanden als Frieden, und Wohlstand der Nationen werden im Gegensatz zum Realismus nicht als relative Güter, in der Terminologie der Spieltheorie als Nullsummenspiel, verstanden, sondern als Zuwachs, an dem alle Akteure partizipieren können. Verknüpft waren die Frie-

6 Der vollständige Name lautet Charles Irenée Castel de Saint Pierre. Bibliographisch ist der Text deshalb unter Castel de Saint Pierre zu finden.
7 Über Text und Kontext, methodische Grundlagen und die Konsequenzen für das Völkerrecht dieser Schrift informiert Merkel/Wittmann 1996.

dens- und die Freihandelsbewegung durch ein doppeltes Argument. Wer arbeitsteilig durch Außenhandel miteinander verflochten ist, der führt keine Kriege untereinander, da die Kosten des Krieges für alle Beteiligten die möglichen Gewinne bei weitem übersteigen. Eine friedliche Welt ist umgekehrt die beste Voraussetzung für florierenden Handel und wachsenden Wohlstand aller Beteiligten.[8]

Die *strukturalistische* Argumentation beginnt mit den Schriften von Karl Marx (1818-1883) (z. B. *Manifest der Kommunistischen Partei* von 1848), der sich kritisch auf die klassischen Politischen Ökonomen bezieht, und wurde fortgesetzt mit den Texten der Imperialismustheoretiker seit Beginn des 20. Jahrhunderts. Dazu gehören John Atkinson Hobson *Imperialism* (1902), Rudolf Hilferding *Das Finanzkapital* (1910) oder Wladimir Iljitsch Lenin *Der Imperialismus als höchstes Stadium des Kapitalismus* (1916). Die Neoimperialismus-, Dependenz- und Weltsystemtheorie sollte seit den 1960er Jahren an diese Tradition anknüpfen.

Wenn wir unter der Lehre von den Internationalen Beziehungen allerdings die Etablierung eines akademischen Fachs verstehen, dann beginnt diese erst im Kontext des Ersten Weltkriegs (Schmidt 1998). In dessen Vorfeld bündelten sich alle vier Traditionen. Der Realismus lieferte in Gestalt der Geopolitik (Kjellén, Mackinder, Mahan, Ratzel) Rechtfertigungen für den Imperialismus der Vorkriegszeit. Der Idealismus lieferte die geistigen Wurzeln der pazifistischen Friedensbewegung und Friedenserziehung (Angell, Bloch, Delaisi, Woolf, Zimmern), der Strukturalismus die Kritik am Imperialismus in Form der Imperialismustheorie (Hobson, Hilferding, Bucharin, Lenin, Luxemburg, Kautsky, Schumpeter) und der Institutionalismus die Vorlage für die frühen Vertreter des Völkerrechts (Erzberger, Liszt, Reinsch, Sinzheimer) und zur »Organisation der Welt« durch einen Weltstaatenbund zur Wahrung des Weltfriedens (Schücking 1909, Dickinson 1917).

Am Ende des Krieges stellte sich dann die Frage: Wie kann in Zukunft ein neuer Weltkrieg verhindert werden? Die idealistische Antwort lieferte der amerikanische Präsident Woodrow Wilson

8 Der klassische Text für dieses Argument ist Angell 1909 bzw. 1910/11, dt. 1910 mit zahlreichen Neuauflagen, zuletzt 1972. Vgl. dazu auch Gantzel 2000.

(1856-1924) mit seinen berühmten »Vierzehn Punkten« vom
8. Januar 1918, deren 14. Punkt die Gründung eines Völkerbunds
vorsah: »Es muß zum Zwecke wechselseitiger Garantieleistung
für politische Unabhängigkeit und territoriale Unverletzlichkeit
der großen wie der kleinen Staaten unter Abschluß spezieller Ver-
einbarungen eine allgemeine Gesellschaft von Nationen gebildet
werden.« Flankiert werden sollte der Völkerbund durch akademische Forschung über die Ursachen von Krieg und Frieden. Zu
diesem Zweck kam es am 30. Mai 1919 zu einer Verabredung zwischen der amerikanischen und der britischen Delegation auf der
Pariser Friedenskonferenz, in beiden Ländern je ein entsprechendes Forschungsinstitut zu gründen. Dieses Datum ist deshalb als
der eigentliche Gründungsakt der akademischen Disziplin »Internationale Beziehungen« zu verstehen. Das Fach war also ursprünglich als idealistisch konzipierte und durch das Völkerrecht
institutionalistisch modifizierte Friedenswissenschaft gedacht.
Heute setzt die Friedens- und Konfliktforschung diese Tradition
fort.

Auch wenn die USA paradoxerweise dem Völkerbund nicht
beitraten, weil eine isolationistische Mehrheit im Kongreß Wilson
desavouierte und die Ratifizierung des Völkerbundsvertrages
verweigerte, kam es dennoch im Jahre 1920 zur Gründung des
»American Institute of International Affairs«, aus dem 1922 der
»Council on Foreign Relations« entstanden ist. In der Folgezeit
wurden erste Lehrstühle für Internationale Beziehungen an den
Universitäten von Harvard, Yale, Princeton und Chicago, den
»großen vier« für das Fach in den USA, eingerichtet, aus denen
wiederum universitäre Forschungsinstitute wie das »Institute for
Advanced Studies« in Princeton (gegr. 1930), das »Institute of
International Studies« in Yale (gegr. 1934) und das erst 1958 gegründete »Center for International Affairs« in Harvard hervorgegangen sind. Diese frühen Gründungen sind bis heute die renom-
miertesten Einrichtungen für Internationale Beziehungen in den
USA geblieben, die sich dort als regelrechtes eigenes Fach aus der
Politikwissenschaft herausentwickelt haben (Fox 1968, Kirk
1947, Somit/Tanenhaus 1964, 1982). Die Etablierung der Politikwissenschaft insgesamt geht in den USA nämlich bis auf die Jahrhundertwende zurück. Bereits 1903 wurde die »American Political Science Association« ins Leben gerufen.

In Großbritannien wurde parallel zum »American Institute«

im Juni 1920 das »British Institute of International Affairs« gegründet, aus dem 1926 das »Royal Institute of International Affairs« (Chatham House) hervorgegangen ist. Der weltweit erste Lehrstuhl für Internationale Beziehungen wurde bereits 1919 an der University of Wales in Aberystwyth als Stiftungsprofessur eingerichtet und nach Woodrow Wilson benannt.[9] Der erste Inhaber des Wilson-Lehrstuhls bis 1921 war Alfred Zimmern (1879-1957), der vierte Inhaber von 1936 bis 1947 kein geringerer als Edward Hallett Carr (1892-1982), der als Gründer der »Englischen Schule« in der Lehre von den Internationalen Beziehungen angesehen wird. Weitere Lehrstühle folgten kurz darauf an der »London School of Economics and Political Science« (LSE, gegr. 1895) und in Oxford. Im Unterschied zu den USA wurde die »Political Studies Association of the United Kingdom« erst später, nämlich 1950, ins Leben gerufen.

Auf die Gründung von Forschungsinstituten, die vorrangig der Politikberatung, und Professuren, die der Lehre und damit der Friedenserziehung zu dienen hatten, folgte die Herausgabe von Zeitschriften und Schriftenreihen. Die älteste Tradition haben in den USA die vom »Council on Foreign Relations« seit 1922 herausgegebenen *Foreign Affairs* und in Großbritannien die vom Chatham House ebenfalls seit 1922 herausgegebene *International Affairs*. Weitere, heute wichtige IB-Zeitschriften in den USA erschienen allerdings erst seit dem Zweiten Weltkrieg, so *World Politics* (1946), *International Organization* (1947), *International Studies Quarterly* bzw. dessen Vorläufer *Current Background* (1956), *Orbis* (1957) und *International Security* (1976). *Foreign Affairs* repräsentiert den Mainstream der amerikanischen Außenpolitik und kann als ein Organ betrachtet werden, in dem die außenpolitische Elite der USA zu Wort kommt. *World Politics* ist akademisch die mit Abstand renommierteste IB-Zeitschrift überhaupt. *Orbis* und *International Security* sind Organe der Realisten, während in *International Organization* auch neoliberale oder institutionalistische Beiträge vertreten sind. Hier wurden in den 1970er und 1980er Jahren die verschiedenen Ansätze der Regimetheorie diskutiert. *International Studies Quarterly* hat einen stark szientistischen Einschlag und ist das Organ der »In-

---

9 Vgl. dazu die Broschüre »History of the Department of International Politics 1919-1997«, ferner John/Wright/Garnett 1972.

ternational Studies Association«, einer amerikanisch dominierten Standesorganisation für die Lehre von den Internationalen Beziehungen.

Die renommierteste IB-Zeitschrift auf britischer Seite ist *Review of International Studies* (1974), sozusagen das »Flaggschiff« der erst 1975 gegründeten »British International Studies Organization« und editorisch vom »Department of International Politics« in Aberystwyth verantwortet. Zu nennen sind ferner *Millennium* (1971), von der LSE herausgegeben, *British Journal of International Studies* (1975) und *The Cambridge Review of International Affairs* (1986). Diese Hinweise machen deutlich, daß auch in Großbritannien die institutionelle Verselbständigung der Lehre von den Internationalen Beziehungen stattgefunden hat.

Die führende IB-Zeitschrift in Frankreich ist *Politique Étrangère*, die bereits in der Zwischenkriegszeit, nämlich 1935, gegründet wurde und vom »Centre d'Études de Politique Étrangère«, dem französischen Pendant zum »Council on Foreign Relations«, herausgegeben wird.

Von kaum zu überschätzender Bedeutung für die Gründungsphase der Disziplin waren die Zuwendungen der großen amerikanischen Stiftungen, so etwa der Carnegie- oder der Rockefeller-Foundation, die auch die Gründungsphase auf dem europäischen Kontinent unterstützten, indem diese 1925 in Paris und 1928 in Berlin je einen Lehrstuhl für Internationale Beziehungen stifteten.

Am Anfang des Fachs Politikwissenschaft in Deutschland,[10] allerdings außer- bzw. unterhalb des etablierten Universitätsbetriebs, stand die am 24. Oktober 1920 gegründete »Deutsche Hochschule für Politik« (DHfP) in Berlin, die in der Schinkelschen Bauakademie (vgl. Abb. auf S. 36) untergebracht war[11] und im wesentlichen auf private Initiative zurückging. Ihr dritter Direktor zwischen 1930 und 1933 war Arnold Wolfers (1892-1968), der in der Emigration zu einem der Mitbegründer des Realismus in den USA wurde. Einer ihrer berühmtesten Hörer war zeitweilig George F. Kennan. Nach der nationalsozialistischen Gleich-

---

10 Vgl. dazu die knappen Überblicke bei Czempiel 1965, 1986, Rittberger/ Hummel 1990.
11 Ähnlich dem Berliner Stadtschloß wurde dieses nur leicht beschädigte und schon wieder teilrestaurierte Gebäude am Schinkelplatz 6 im Jahre 1961 leider abgetragen.

schaltung der DHfP wurde diese in »Hochschule für Politik« umbenannt und 1940 als »Auslandswissenschaftliche Fakultät« der Berliner Universität eingegliedert. Viele Dozenten der DHfP, aber auch der anderen Institutionen, an denen sich das noch junge Fach Politikwissenschaft zu etablieren begann, gingen aus politischen Gründen oder aufgrund ihrer jüdischen Abstammung ins (überwiegend) amerikanische Exil. Die deutsche Politikwissenschaft war deshalb von 1933 bis 1945 Exilwissenschaft bzw. Wissenschaft im Exil (Söllner 1996). Ihre eigentliche Professionalisierung erfuhren die Emigranten in den USA. Erst dort wurden die ehemaligen Völkerrechtler, Staatsrechtler, Zeithistoriker, Soziologen oder Nationalökonomen zu Politikwissenschaftlern im eigentlichen Sinne. 1949 wurde die DHfP neu gegründet und mit einer Binnengliederung versehen, die auch eine Abteilung »Außenpolitik und Auslandskunde« vorsah. Ob es sich hierbei um einen völligen Neuanfang oder um die Wiederanknüpfung an die Weimarer Tradition von 1920 bis 1933 handelte (Jäckh/Suhr 1952) oder ob trotz Emigration und NS-Zeit doch Kontinuitäten sichtbar werden (Eisfeld 1991, Göhler/Zeuner 1991) bzw. erst durch den Einfluß der Remigranten im akademischen Sinne die eigentliche Neugründung der Hochschule erfolgte, darüber wird gestritten. Die neue DHfP wurde 1959 als interfakultatives »Otto-Suhr-Institut« in die Freie Universität Berlin eingegliedert, aus dem 1970 der heutige Fachbereich 15 für Politische Wissenschaft hervorgegangen ist (von Greiff u. a. 1989).

Ein ähnliches Schicksal erlitt das 1923 von der Hamburger Bürgerschaft gegründete »Institut für Auswärtige Politik«, nach den bereits erwähnten amerikanischen und englischen Gründungen das weltweit dritte IB-Forschungsinstitut. In dieser Gründung schlug sich das liberale Interesse der Handelsmetropole Hamburg nach friedlichen internationalen Beziehungen nieder. Insofern kann es sogar als der eigentliche Beginn der Friedensforschung in Deutschland angesehen werden. Nach nationalsozialistischer Gleichschaltung und Wiederherstellung ist aus diesem 1973 das »Institut für Internationale Angelegenheiten« der Universität Hamburg hervorgegangen (Gantzel 1983, 1986). Zu erwähnen ist schließlich die Gründung des »Institut Universitaire des Hautes Études Internationales« in Genf im Jahre 1927 in unmittelbarer Nachbarschaft zum Sitz des Völkerbunds.

Festzuhalten bleibt, daß die akademische Forschung und Lehre

Das alte Gebäude der Deutschen Hochschule für Politik

Quelle: Jäckh 1930.

der Zwischenkriegszeit weltweit weitgehend, wie von den idealistischen Gründern beabsichtigt, der Friedenswissenschaft verpflichtet blieb.[12] Dieses änderte sich erst schrittweise Ende der 1930er Jahre, als die realen politischen Entwicklungen, nämlich das Aufkommen des Faschismus, die Weltwirtschaftskrise und in deren Folge die Rückkehr zu einer neomerkantilistisch-protektionistischen Politik sowie das Scheitern des Völkerbunds anläßlich der Mandschurei-Krise von 1937 auch den Liberalismus in die Krise führten und die Zeit reifen ließ für einen Paradigmenwechsel. Der Ausbruch des Zweiten Weltkriegs und der anschließende Ost-West-Konflikt stellten die Sinnhaftigkeit einer idealistischen Politik dann grundsätzlich in Frage. Diese Ereignisse bildeten den Hintergrund zu einer akademischen Gegenbewegung, nämlich der Renaissance des Realismus, die durch Edward Hallett Carrs *The Twenty Years Crisis* von 1939 ausgelöst wurde. Insbesondere deutsche oder deutschsprachige Emigranten der er-

---

12 Diese Feststellung gilt für Deutschland nur mit Einschränkungen, da hier die Geopolitik einen starken Einfluß gewann.

sten oder zweiten Generation, wie Reinhold Niebuhr (1892-1971), Hans Joachim Morgenthau (1904-1980), Hans Hermann Herz, Arnold Wolfers, Klaus Knorr, Georg Schwarzenberger, später auch Henry Kissinger (vgl. dazu Söllner 1996), begründeten seit den 1940er Jahren das realistische Paradigma,[13] das im Zeichen des eskalierenden Ost-West-Konflikts rasch zur herrschenden Lehre in den USA und damit auch zur herrschenden Lehre weltweit aufsteigen konnte. Die Parallele zu den deutschen bzw. europäischen emigrierten Naturwissenschaftlern, die maßgeblich am Manhattan-Projekt zum Bau der Atombombe mitwirkten, ist offensichtlich.

In Deutschland kam es zur eigentlichen regelrechten Gründungswelle politikwissenschaftlicher Lehrstühle erst 1949/50 im Zuge der amerikanischen Entnazifizierungs- und Demokratisierungspolitik. Eigentlicher Gründungsakt waren die Konferenzen von Waldleiningen (1949) und Königstein (1950), auf denen die Weichen zur universitären Etablierung des Fachs nach amerikanischem Muster gestellt wurden. Dabei kam der Anstoß eher von der Politik, während die Universitäten, nicht zuletzt aufgrund der Abwehrhaltung der etablierten Nachbardisziplinen wie Staatsrechtslehre oder Zeitgeschichte, eher bremsend wirkten. Dieses läßt sich sehr schön illustrieren anhand der Kontroverse, ob das neue Fach »Politikwissenschaft« (Singular) oder »Politikwissenschaften« (Plural) heißen sollte. Der Singular annonciert die Behauptung eines eigenständigen Kerns des Faches, wie von den neuen, insbesondere remigrierten Vertretern des Fachs gefordert, der Plural hingegen die Addition von Teilgebieten der Nachbarfächer. Bis heute hat sich, ob bewußt oder unbewußt, die Verwendung des Singulars immer noch nicht völlig im Sprachgebrauch durchsetzen können. In dieser Kontroverse spiegelt sich die grundsätzliche Problematik, wenn ein neues Fach den Gegenstand seiner wissenschaftlichen Beschäftigung definieren und damit seinen Platz im Spektrum der etablierten Disziplinen erobern will. Insbesondere die Landesregierungen von Hessen, Baden-Württemberg und Nordrhein-Westfalen wurden bei den Grün-

---

13 In gewisser Weise können dazu auch die Begründer der Spieltheorie, John von Neumann und Oskar Morgenstern, gezählt werden, da die Spieltheorie ihre erste praktische Anwendung im Zweiten Weltkrieg (z. B. im U-Boot-Krieg) fand und später für die Abschreckungstheorie fruchtbar gemacht wurde.

dungsprofessuren initiativ. Bis 1961 gab es aber erst 26 Professuren für Politikwissenschaft in Deutschland, von denen allein zehn
auf Berlin entfielen. Lediglich eine davon, ab 1961 besetzt mit
Richard Löwenthal,[14] wies die Denomination »Theorie und Geschichte der Auswärtigen Politik« auf, so daß von einer Binnen-
differenzierung des Fachs und damit von einer Etablierung der
Lehre von den Internationalen Beziehungen in Deutschland bis
Anfang der 1960er Jahre keine Rede sein kann.[15]

Feststellen läßt sich aber, daß die Einführung des Fachs in
Deutschland ein hochgradig politischer Akt war. Die amerikanische Reeducation-Politik, die eigenen Bestrebungen um einen
demokratischen Neuanfang und der Einfluß der zurückgekehr-
ten Emigranten, die im Exil der amerikanischen Universitäten
erst zu professionellen Politikwissenschaftlern geworden waren,
wirkten hier Hand in Hand. Also läßt sich durchaus argumentieren, daß nicht nur die deutschen Emigranten Einfluß auf die realistische Wende der amerikanischen Zukunft hatten, sondern dieser Einfluß auch später nach Deutschland zurückstrahlte. Die
großen Themen der Gründergeneration waren die Aufarbeitung
der NS-Vergangenheit und der demokratische Aufbau in
Deutschland, später als Folge des Ost-West-Konflikts und der
deutschen Teilung auch Osteuropaforschung. Für das Thema
»Internationale Beziehungen« bestand Anfang der 1950er Jahre
kaum Interesse und angesichts der nur sehr eingeschränkten Souveränität der Bundesrepublik auch keine vordringliche Notwendigkeit. Politikwissenschaft war vielmehr gedacht als Demo-
kratiewissenschaft und sollte ursprünglich eher dem Studium
Generale für Studierende anderer Fächer dienen. Auffällig ist, daß
viele Remigranten aus den USA, wie Arnold Bergstraesser (1896-

14 Der Vorgänger von Löwenthal war Walter Hofer. Dessen Vorgänger noch
an der DHfP war Eugen Fischer-Baling (1881-1967). Fischer-Baling veröffentlichte 1960 mit seinem Buch *Theorie der auswärtigen Politik* (Fischer-
Baling 1960), als Band 6 der vom Otto-Suhr-Institut verantworteten Reihe
»Die Wissenschaft von der Politik« das erste einschlägige Werk in
Deutschland. Diese Reihe hatte die Aufgabe, erstmals in deutscher Sprache
grundlegende Werke der einzelnen Teildisziplinen des Faches herauszu-
bringen.
15 Vgl. dazu *Politikwissenschaft: Gesamtprotokoll der Konferenz vom Sept.
1949/Juli 1950* mit einem Überblick über die politischen Wissenschaften
an den deutschen Hochschulen (= Bd. 1) und einem Überblick über Lehre
und Forschung (Bd. 2).

1964), Richard Löwenthal (1908-1991), Ossip K. Flechtheim (1909-1998), Karl Loewenstein (1891-1973), Ernst Fraenkel (1898-1975) oder Ferdinand Hermens (1906-1998), die Politikwissenschaftler der »ersten Stunde« wurden (Söllner 1996). Aus dieser Gründungsphase sind neben dem späteren »Otto-Suhr-Institut« in Berlin das »Seminar für Politische Wissenschaft« in Köln, das »Arnold-Bergstraesser-Institut« als außeruniversitäre Forschungseinrichtung in Freiburg (1964), zuvor seit 1960 »Arbeitsstelle für Kulturwissenschaftliche Forschung«, und das »Geschwister-Scholl-Institut« in München (1968), zuvor seit 1958 »Institut für Politische Wissenschaft« hervorgegangen. Daneben sollten die früh eingerichteten Lehrstühle in Frankfurt, Marburg, Darmstadt und Tübingen genannt werden.

Die eigentliche Expansion des Fachs Politikwissenschaft, damit seine Binnengliederung und somit auch die Etablierung der Disziplin Internationale Beziehungen setzte erst in den späten 1960er Jahren ein. 1962 hatte der Wissenschaftsrat empfohlen, jeweils die »dritte Professur« an jedem universitären Standort für Internationale Politik (neben Politische Theorie und Innenpolitik) vorzusehen, eine Forderung, die zuvor auch von der DFG (Lepsius 1961) erhoben worden war. Dieses Ziel konnte aber nicht in allen Universitäten, an denen das Fach etabliert wurde, erreicht werden. Die Zahl der Professuren für Politikwissenschaft stieg jedenfalls beträchtlich auf 68 (1969) und 168 (1976).[16] Aber auch in der Expansionsphase war ein deutlicher, diesmal szientistisch gewendeter, Einfluß der USA unverkennbar, da etliche der vielen neu eingerichteten Professuren mit Nachwuchskräften besetzt werden mußten, die während des Studiums oder als Postgraduierte Studien- und Forschungsaufenthalte an den renommierten amerikanischen IB-Departments absolviert hatten und den Szientismus in die deutsche Diskussion einführten. Während sich die eingangs dieses Kapitels aufgeworfene Frage, ob es eine eigenständige sozialwissenschaftliche Disziplin Internationale Beziehungen gibt, für die angelsächsischen Länder eindeutig positiv beantworten läßt,[17] lautet die Antwort für Deutschland, daß es sich hier (noch) um ein Teilgebiet der Politikwissenschaft handelt, wobei allerdings die Tendenzen zur Verselbständigung klar erkennbar sind.

16 Vgl. dazu die Angaben bei Arndt 1978, S. 138.
17 Dieses kommt auch ganz selbstverständlich in einschlägigen Buchtiteln wie z. B. Jarvis/Crawford 1998 oder Crawford/Jarvis 2001 zum Ausdruck.

Die erste außeruniversitäre Gründung der Nachkriegszeit war das Forschungsinstitut der 1955 ins Leben gerufenen »Deutschen Gesellschaft für Auswärtige Politik« (DGAP), dem deutschen Pendant zum »Council on Foreign Relations«. Die Mitgliedschaft in der DGAP, die sich auf ausgewählte Vertreter der politischen und wirtschaftlichen Elite beschränkt und mit handverlesenen Politikwissenschaftlern garniert ist, ist auf Exklusivität angelegt. Ihre weitgehende Finanzierung von seiten der Wirtschaft soll die (partei)politische Unabhängigkeit gewährleisten (Eisenmann 1999). Die realistische, d. h. sicherheitspolitische, eher praxisbezogene Forschung und die damit einhergehende Politikberatung außerhalb der Universitäten wird in der »Stiftung Wissenschaft und Politik« (SWP), Ebenhausen (gegr. 1962), und im »Bundesinstitut für Internationale und Ostwissenschaftliche Studien« (BIOST), Köln (seit 1961), betrieben. Alle drei Institutionen haben im Gefolge des Hauptstadtwechsels mittlerweile ihren Sitz nach Berlin verlegt, wobei das BIOST mit der SWP zusammengelegt wurde. Die Gründung dieser Institute war Ausdruck der gewachsenen internationalen Bedeutung der Bundesrepublik, wobei die DGAP die Aufgabe des Agenda-setting grundsätzlicher Fragen im Vorfeld von Entscheidungsprozessen innerhalb der außenpolitischen Elite wahrnehmen sollte, der SWP die Rolle der außenpolitischen »Denkfabrik« der Bundesregierung zukam und das BIOST als klassisches Produkt des Kalten Krieges mit Akzent auf politikberatende »Ostforschung« anzusehen ist.

Erwähnt werden muß schließlich noch der Institutsverbund des Deutschen Übersee-Instituts in Hamburg (seit 1964) mit den vier Regionalinstituten (Institut für Afrika-Kunde, gegr. 1963; Institut für Asienkunde, gegr. 1958; Institut für Iberoamerika-Kunde, gegr. 1962; Deutsches Orient Institut, gegr. 1960) und dem Institut für Allgemeine Überseeforschung (gegr. 1964), wobei hier Fragen der Nord-Süd-Beziehungen im Vordergrund stehen. Diese Institute knüpfen mit dem Forschungsinstitut des Hamburger Weltwirtschaftsarchivs (HWWA) an die liberale Tradition der Überseehandelsmetropole Hamburg an.

Anfang der 1970er Jahre kam es zu einer zweiten außeruniversitären Gründungswelle, die ganz der deutschen idealistischen Tradition entsprach, als 1970 in Frankfurt (»Hessische Stiftung für Friedens- und Konfliktforschung« – HSFK) und 1971 in Hamburg (»Institut für Friedensforschung und Sicherheitspoli-

tik an der Universität Hamburg« – IFFS) Institute für Friedens-
und Konfliktforschung errichtet wurden, die durch spätere
Gründungen in Duisburg (»Institut für Entwicklung und Frieden« – INEF, 1990), Kiel (»Schleswig-Holsteinisches Institut für
Friedensforschung« – SCHIFF, 1995) und Bonn (»Bonn International Center for Conversion« – BICC, 1994) ergänzt wurden.[18]
Es ist sicherlich kein Zufall, daß diese eher der kritischen Friedensforschung zuzurechnenden Institute allesamt von sozialde-
mokratisch geführten Landesregierungen ins Leben gerufen wurden und damit die pazifistische Tradition der Sozialdemokratie
seit der Jahrhundertwende fortsetzen. Eine gemeinsame Publikation der deutschen Friedensforschungsinstitute ist das seit 1987
jährlich erscheinende *Friedensgutachten.*

Das deutsche Pendant zu *Foreign Affairs* ist das 1946 von Wilhelm Cornides (1920-1966) gegründete *Europa-Archiv,* das seit
1995 unter dem Titel *Internationale Politik* firmiert und von der
DGAP herausgegeben wird. Zusammen mit dem zugehörigen
Archiv war die Zeitschrift die Vorläuferinstitution des For-
schungsinstituts der DGAP, bei dessen Gründung und Aufbau-
phase Cornides eine wesentliche Rolle gespielt hat. Deren zweite
periodische Publikation ist das seit 1955 erscheinende Jahrbuch
Die Internationale Politik. Erwähnt werden sollten auch die Forschungsinstitute der Politischen Stiftungen, die ebenfalls entsprechende Zeitschriften herausgeben. Erst seit 1994 existiert allerdings mit der *Zeitschrift für Internationale Beziehungen* (ZIB)
eine deutsche IB-Zeitschrift im strengen akademischen Sinne, die
von der »Sektion Internationale Politik«[19] der 1951 gegründeten
»Vereinigung für die Wissenschaft von der Politik« herausgegeben wird. Letztere wurde später in »Deutsche Vereinigung für
Politische Wissenschaft« (DVPW) umbenannt und gibt seit 1960
die *Politische Vierteljahresschrift* als eigentliches Standesorgan
heraus, in der Beiträge zu den internationalen Beziehungen allerdings nur eine untergeordnete Rolle spielen.

Diese Hinweise dürfen aber nicht darüber hinwegtäuschen,

18 Hierzu gehört auch noch die bereits 1958 gegründete »Forschungsstätte
der Evangelischen Studiengemeinschaft« in Heidelberg. Zur Geschichte
der deutschen Friedensforschung vgl. Wasmuht 1998.
19 Erwähnt werden sollte noch *S+F. Vierteljahresschrift für Sicherheit und
Frieden* (1983), *WeltTrends* (1993) und die inzwischen eingestellte *Außenpolitik* (1950-1999).

daß trotz etlicher Monographien zu einzelnen Aspekten des Fachs, insbesondere über die DHfP, das Institut für Internationale Angelegenheiten, die DGAP oder die Friedensforschung insgesamt eine umfassende Gesamtdarstellung zur Etablierung und Entwicklung der Lehre von den Internationalen Beziehungen in Deutschland noch nicht geschrieben worden ist.

All diese skizzierten kontinentaleuropäischen Anstrengungen haben aber nicht verhindern können, daß die Zunft bis heute ganz eindeutig angelsächsisch dominiert ist. Schätzungsweise 70% aller wichtigen Beiträge stammen von amerikanischen und weitere 20% von britischen Autoren. Den Rest teilt sich die übrige Welt.[20] Eine quantitative Auswertung der 20 führenden IB-Zeitschriften über die Jahrgänge 1990 bis 1997 bestätigt diesen Eindruck. Demnach wurden in den sieben führenden amerikanischen IB-Zeitschriften,[21] die allesamt sehr theorielastig sind, sogar zwischen 80 und 90% der Aufsätze von amerikanischen Autoren verfaßt (Aydinli/Mathews 2000). Die kategorische Feststellung von Stanley Hoffmann aus dem Jahre 1977 »An American Social Science: International Relations« (Hoffmann 1977), die 1993 von Miles Kahler erstmals mit einem Fragezeichen versehen wurde (Kahler 1993) und jüngst von Crawford/Jarvis in Richtung einer internationalen Diversifizierung modifiziert wurde, läßt sich meines Erachtens auch im Jahre 2001 ganz eindeutig wiederholen,[22] auch wenn die »Englische Schule« ihren Platz behauptet.

Selbst die wichtigen Verlage, in denen IB-Literatur erscheint, sind entweder amerikanisch (Columbia University Press, Princeton University Press, St. Martin's Press, Sage, Westview und Lynne Rienner) oder britisch (Cambridge University Press, deren Serie »Studies in International Relations« die weltweit umfang-

---

20 Diese Schätzung ist nicht das Resultat einer strikten empirischen Erhebung, sondern der subjektive Eindruck des Autors, der durch diese Arbeit sowie die vorangegangene Bibliographie (Menzel/Varga 1999) entstanden ist, in der ca. 6 000 Titel zur Theorie der IB verzeichnet sind.

21 Nämlich *Journal of International Affairs, Mershon International Studies Review, International Organization, International Studies Quarterly, International Security, Journal of Conflict Resolution, World Politics.*

22 Die amerikanische Prägung der Disziplin wurde erstmals 1969 (Neal/Hamlet 1969) konstatiert und seitdem immer wieder thematisiert. Vgl. dazu neben den genannten Beiträgen auch Palmer 1980, Alker/Biersteker 1984, Krippendorff 1987, Holsti 1989, Strange 1995, Jarvis/Crawford 1998 und Weaver 1998.

reichste für das Fach überhaupt ist, ferner MacMillan, Routledge, Pinter und Polity Press).[23]

Die akademische Diskussion in Deutschland zeichnet sich bis heute nach wie vor durch einen Nachvollzug der amerikanischen Diskussion aus, wobei jede Welle, Windung und Wendung, jede Mode mit Zeitverzögerung in Deutschland rezipiert, verbreitet und angewendet wird.[24] Jüngstes Beispiel ist der Konstruktivismus. Lediglich die deutsche Friedensforschung ist als eigenständige Disziplin zu betrachten, die auf eine lange idealistische und pazifistische Tradition zurückblicken kann. Diese Feststellungen gelten nicht für zwei andere Teildisziplinen der IB, die in der Vor- und Zwischenkriegszeit in Deutschland prominent vertreten waren, nämlich die Geopolitik und die Imperialismustheorie. Die Geopolitik war und ist in Deutschland trotz ihrer derzeitigen Renaissance diskreditiert durch ihre Instrumentalisierung von seiten des Imperialismus der Wilhelminischen Ära wie von seiten des Nationalsozialismus. Der Marxismus hat in Deutschland in der IB-Theorie im Unterschied zur Entwicklungstheorie oder zur Internationalen Politischen Ökonomie nie eine besondere Rolle gespielt.

---

23 Unter den deutschen Verlagen sind an erster Stelle Nomos sowie Westdeutscher Verlag, Leske und Budrich, Campus und Suhrkamp zu nennen.
24 Vgl. dazu die Kontroverse zwischen Hellmann 1994 und Zürn 1994.

4. Der Methodenstreit: Traditionalismus versus Szientismus/ Positivismus versus Postpositivismus

Eine weitere Möglichkeit zur Gliederung der Ideengeschichte ist methodologischer Art. So wie andere sozialwissenschaftliche Disziplinen war und ist auch die Lehre von den Internationalen Beziehungen den allgemeinen sozialwissenschaftlichen Paradigmenwechseln ausgesetzt. Von den Anfängen der Disziplin bis in die 1950er Jahre hatten die Vertreter der einzelnen Richtungen, gleichviel ob Idealisten oder Realisten, ob Institutionalisten oder Strukturalisten, eines gemeinsam: Sie waren dem, allerdings erst später so genannten, *Traditionalismus* verpflichtet. Traditionalismus heißt, daß die IB-Theoretiker sich als Geisteswissenschaftler verstanden, die sich von der Politischen Theorie und Ideengeschichte, der Diplomatiegeschichte und dem Völkerrecht inspirieren ließen und sich hermeneutischer Methoden bedienten. Dieses ist auch nicht verwunderlich, da die erste Generation derjenigen, die die Lehrstühle und Positionen in den neu gegründeten Forschungseinrichtungen bekleideten, aus den verwandten und bereits länger etablierten Nachbardisziplinen rekrutiert wurden. Das galt für die angelsächsischen Länder in der Zwischenkriegszeit gleichermaßen wie in Deutschland für die Gründungsphase nach dem Zweiten Weltkrieg. Insofern nimmt es nicht wunder, wenn die ersten Fachvertreter in der Regel entweder Zeithistoriker mit der Spezialisierung auf Diplomatiegeschichte oder Juristen mit der Spezialisierung auf Völkerrecht waren. Oder sie rekrutierten sich aus der Praxis und hatten zuvor eine Karriere als Diplomaten bzw. Politikberater durchlaufen oder waren gar Parteipolitiker oder Aktivisten in der Friedensbewegung gewesen.

Die Professionalisierung des Fachs ging seit den späten 1950er Jahren einher mit dem Aufkommen eines szientistischen Wissenschaftsverständnisses. Dahinter stand die Idee, daß das Instrumentarium der Naturwissenschaften auf andere Wissenschaften, namentlich die Wirtschafts- und Sozialwissenschaften, und damit auch auf die Lehre von den Internationalen Beziehungen übertragen werden könne (Singer 1972, 1973-74). Der amerikanische Sammelbegriff für diese Strömung lautete *Behavioralismus* (Falter 1979, 1982), der deutsche Begriff *Positivismus*. Die bislang verwendeten geisteswissenschaftlich-hermeneutischen Methoden wurden als »unwissenschaftlich« abgetan. Behavioralismus bedeutete einerseits die Einführung quantitativer Methoden in die Lehre von den Internationalen Beziehungen und damit auch das Bemühen um die Striktheit der aus den Naturwissenschaften übernommenen wissenschaftstheoretischen Kriterien der Hypothesenbildung, der Datensammlung, der Verifizierung und Falsifizierung von Aussagen und andererseits die Anwendung der Prinzipien der formalen Logik. Insbesondere die Universität Chicago mit Charles Merriam und Harold Lasswell wurde zum Ausgangspunkt der neuen Richtung.

Die neue Begrifflichkeit, die ihren theoretischen Niederschlag in diversen Teildisziplinen fand, lautete Behavioralismus (im engeren Sinne), Systemtheorie, Kybernetik, Spieltheorie, Integrationstheorie. Die neuen quantitativen Methoden und strikten wissenschaftstheoretischen Regeln stießen umgekehrt auf den Widerstand der »Traditionalisten«, die argumentierten, daß der Bereich des »Politischen« sich nicht mit quantitativen Methoden erschließen lasse und daß die Behavioralisten zwar einen großen empirischen Aufwand trieben, aber nur banale Ergebnisse produzieren würden.[1] Aus dieser Kontroverse resultierte der sog. Behavioralismusstreit, der in Deutschland zeitgleich als Positivismusstreit (Adorno u. a. 1969) bekannt wurde. Während sich der Behavioralismus in den 1960er und 1970er Jahren in den USA weitgehend durchzusetzen vermochte, war seine Durchsetzungskraft in Europa eher bescheiden. In Großbritannien konnte sich die sog. »Englische Schule« behaupten, die bis heute traditionalistische Verfahren beibehalten hat. In Deutschland wurde der Streit eher in der Soziologie als in der Politikwissenschaft geführt. Soweit der Positivismus sich überhaupt durchsetzte, galt das eher für die Wahlforschung als für die Internationalen Beziehungen. Sehr viel mehr als die Rezeption der Systemtheorie (z. B. Gantzel 1972, 1973, Simonis 1973, Busse-Steffens 1980) oder der Kybernetik (Senghaas 1966, 1968) war damals nicht zu verzeichnen. Erst

---

1 Vgl. dazu die Beiträge in Knorr/Rosenau 1969, insbesondere von Bull und Kaplan.

die viel später einsetzende Rezeption der Regimetheorie und deren spieltheoretische Modelle führte in den 1980er Jahren auch in Deutschland zur Verbreitung des Szientismus in den Internationalen Beziehungen.

Bemerkenswert ist immerhin, daß die neuen Methoden von allen weltanschaulichen Richtungen aufgegriffen und auch tatsächlich angewendet wurden. Aus Realismus wurde so Neorealismus, aus Idealismus Neoliberalismus, aus Funktionalismus Neofunktionalismus, aus Institutionalismus Neoinstitutionalismus und aus Strukturalismus Neostrukturalismus, wobei das Präfix »Neo« jeweils die szientistische Wende zum Ausdruck bringen sollte. Dieses ließ auch die Fortsetzung der weltanschaulichen Debatte zwischen Idealisten und Realisten der 1940er/50er Jahre zu. Neorealisten versuchten z. B. das Machtpotential eines Staates oder den Verlauf von Hegemoniezyklen quantitativ zu erfassen, indem sie Schlachtschiffe oder Raketen zählten; Neoliberale hingegen versuchten empirisch-quantitativ zu belegen, daß Demokratien untereinander keine Kriege führen bzw. geführt haben. Neofunktionalisten betrieben quantitative Integrationsforschung, indem sie z. B. die Zu- oder Abnahme in der Intensität von Handelsbeziehungen als Indikator für Integrationsprozesse heranzogen. Neostrukturalisten maßen der Verteilung von Direktinvestitionen, der Partnerkonzentration im Außenhandel oder der Entwicklung der Terms of Trade als Indikatoren für Abhängigkeit und Ausbeutung im internationalen System große Bedeutung bei.[2]

Seit den späten 1980er Jahren deutet sich allerdings ein neuer methodologischer Wandel an, der mit dem Etikett *Postpositivismus* belegt werden kann. Die modernen (szientistischen), der Rational-choice-Theorie verpflichteten Ansätze der 1960er bis 1980er Jahre werden durch postmodernes, (de)konstruktivistisches, poststrukturalistisches oder kritisches Denken in Frage gestellt (Der Derian/Shapiro 1989, Smith/Booth/Zalewski 1996, Sjolander/Cox 1994). Die neuen Trends oder Ansätze lauten: Sozialkonstruktivismus, Feminismus, Kritische Internationale

---

2 Insofern ist Meyers 2000, S. 426, nicht zuzustimmen, daß das Weltbild des Szientismus weitgehend realistischen Prämissen verpflichtet sei: Auf der szientistischen Seite der Zweiten Debatte waren sowohl realistische (Kaplan) wie liberale (Singer) Positionen vertreten.

Beziehungen oder Postmoderne Internationale Beziehungen. Gleichzeitig ist aber auch eine Renaissance klassischer realistischer (Postrealismus) oder idealistischer (Neoidealismus)[3] Ansätze, sogar der Geopolitik (Neue Geopolitik) und der Imperialismustheorie (Postimperialismus, Postkolonialismus, Postdependenz) zu konstatieren. Auf diese Weise wird das gesamte etablierte szientistische Instrumentarium dem Ideologieverdacht ausgesetzt und eine Belebung ideologiekritischer und hermeneutischer Verfahren betrieben, wobei insbesondere die Analyse und Interpretation der einschlägigen Diskurse eine prominente Rolle spielt. Alexander Wendt hat mit seinem Aufsatz »Anarchy Is What States Make of It: The Social Construction of Power Politics« (Wendt 1992) das neue Denken auf den Begriff gebracht.

Damit haben wir ein weiteres Gliederungsschema umrissen. Die genannten weltanschaulichen und methodologischen Kontroversen haben neben den vielen kleinen zu bislang vier großen Debatten in der Lehre von den Internationalen Beziehungen geführt. Die *Erste Debatte*[4] wurde in den 1940er und frühen 1950er Jahren ausgetragen.[5] Sie war eine weltanschauliche zwischen Idealismus und Realismus, wobei der Realismus als eindeutiger Sieger daraus hervorging. Der amerikanische Mainstream der Lehre von den Internationalen Beziehungen war seit den 1950er Jahren dem Realismus verpflichtet, wenn auch der Idealismus als Minderheitenposition weiterlebte.

Die *Zweite Debatte* (Knorr/Rosenau 1969, Hoffmann 1960) wurde in den 1960er Jahren zwischen (realistischen) Traditionalisten und Szientisten verschiedener weltanschaulicher Richtungen ausgetragen. Nicht alle Szientisten waren gleichzeitig auch Realisten. Wiederum für die amerikanische Zunft läßt sich konstatieren, daß sich der Szientismus weitgehend durchsetzte, wenngleich der Klassische Realismus bis hin zur klassischen Geo-

---

3 Der Begriff »Postidealismus« ist bislang noch nicht verwendet worden.
4 Im Unterschied zur Zweiten und Dritten Debatte gibt es zur Ersten Debatte keine zusammenfassenden Sammelbände. Vgl. die Aufsätze von Angell 1940, Butterfield 1951, Morgenthau 1952, Rommen 1944, Tannenbaum 1952, Tucker 1952, Wolfers 1949, Woolf 1940, Wright 1952. Kritisch dazu Wilson 1998, der die Frage stellt, ob es überhaupt eine Erste Debatte gab.
5 Einen Vorlauf hatte die Erste Debatte offenbar schon vor dem Ersten Weltkrieg. Vgl. dazu die Kritik des Geopolitikers Mahan (1912) an dem Pazifismus Angells und dessen Antikritik (Angell 1912).

politik, z. B. in den Personen von Henry Kissinger und Zbigniew Brzezinski, bis heute erhalten blieb.[6]

Innerhalb des Szientismus kam es dann seit Mitte der 1970er Jahre bis Ende der 1980er Jahre zur *Dritten Debatte* (Baldwin 1993, Kegley 1995, Magroori/Ramberg 1982), in der sich Neorealismus, Neoliberalismus (Globalismus) bzw. Neoinstitutionalismus und Neostrukturalismus gegenüberstanden. Bis 1989 war der Mainstream eher neorealistisch orientiert. Mit Ende des Ost-West-Konflikts haben Neoliberalismus bzw. Neoinstitutionalismus wieder an Boden gewonnen. Gemeinsam war diesen Ansätzen allerdings die Annahme, daß sich Staaten als eine Art Homo oeconomicus, also zweckrational, verhalten. Sowohl neorealistisch wie neoinstitutionalistisch motivierte Politik läßt sich demzufolge mit Hilfe spieltheoretischer Modelle abbilden. Deshalb könne sie auch unter den Oberbegriff »Rational-choice-Theorien« subsumiert werden.

Die *Vierte oder Postpositivistische Debatte*, auch wenn sich der Begriff noch nicht allgemein durchgesetzt hat,[7] ist demgegenüber eine Art Neuauflage des Positivismusstreits, also eine erkenntnistheoretische Debatte, bei der die Hermeneutik, die Diskursanalyse, die Ideologiekritik, aber auch die neue normative Theorie auf dem Vormarsch sind, ohne daß sich derzeit eindeutig sagen läßt, in welche Richtung der neue Mainstream sich bewegt. Postmoderne oder poststrukturalistische bzw. dekonstruktivistische Theoretiker stellen den Erkenntniswert der »grand theories«, gleichgültig welcher Couleur, sogar ganz grundsätzlich in Frage. Es spricht einiges dafür, daß der Sozialkonstruktivismus auf liberaler Seite zum herrschenden Paradigma wird (Finnemore, Katzenstein, Lapid, Kratochwil, Onuf, Risse, Ruggie, Wendt). Einige der neuen Zeitschriftengründungen wie *Ethics and International Affairs* (1987), *Alternatives* (1975), *Review of International Political Economy* (1994), *Political Geography Quarterly* (1982), *Zeitschrift für Internationale Beziehungen*, aber auch *Millennium*

---

6 Vgl. dazu die Klassiker Kissinger 1986 (von 1957) und 1959 bzw. jüngst Brzezinski 1999.
7 Manche Autoren sprechen weiterhin von der Dritten Debatte, betrachten sie aber aus anderen Blickwinkeln (George 1989); vgl. dazu ferner Katzenstein/Keohane/Krasner 1998 mit kontroversen Beiträgen zur Vierten Debatte sowie Hoffman 1987, Lapid 1989, Nicholson 1996, Sjolander/Cox 1994, Smith 1996, Schaber/Ulbert 1994, Vasquez 1995.

und *Review of International Studies* haben sich den neuen Trends ganz besonders verschrieben. In dem Maße, wie die diversen postpositivistischen Ansätze untereinander in Gegensatz geraten, läßt sich bereits der Keim einer »Fünften Debatte« erkennen, die dann wieder analog zur Ersten und Dritten Debatte eine weltanschauliche zu sein hätte. Eigentliche Antipoden müßten dann der Postrealismus auf der einen und der Sozialkonstruktivismus auf der anderen Seite sein.

Diese Debatten lassen sich allerdings unter den europäischen Vertretern der Zunft nur mit Mühe nachweisen. Wenn überhaupt, dann werden die inneramerikanischen Debatten, wie immer, eher mitvollzogen als geführt. In Großbritannien ist durchgängig die sog. »Englische Schule« das herrschende Paradigma geblieben, die weltanschaulich dem Institutionalismus zuzurechnen ist und die methodologisch eher traditionalistisch verfährt. In Deutschland ist derzeit die Vierte Debatte, die v. a. in der *Zeitschrift für Internationale Beziehungen* ausgetragen wird, ein großes Thema. Dabei stehen sich die Rational-choice-Theorien und der Versuch, Habermas' Theorie des Kommunikativen Handelns für die IB-Theorie fruchtbar zu machen, gegenüber.[8]

8 Vgl. dazu Schneider 1994 und Keck 1995 versus Müller 1994, 1995, 1996 und Risse-Kappen 1995, im Überblick Jaeger 1996.

5. Globale Trends, historische Umbrüche und die Paradigmenwechsel in der Lehre von den Internationalen Beziehungen

Schließlich ist auch ein Gliederungsprinzip denkbar, das chronologisch vorgeht und den Aufstieg und Niedergang der einzelnen Paradigmen, Großtheorien und Ansätze außerwissenschaftlich mit geistesgeschichtlichen Strömungen, einschneidenden historischen Ereignissen, welthistorischen Krisen oder globalen Konflikten in Verbindung bringt. So wie Thukydides mit dem Peloponnesischen Krieg, Machiavelli mit den Konflikten der oberitalienischen Stadtrepubliken zur Zeit der Renaissance, Locke und Kant mit der europäischen Aufklärung oder Clausewitz mit den deutschen Befreiungskriegen gegen das napoleonische Frankreich in Verbindung gebracht werden können, so gilt das auch für die theoretischen Beiträge seit Beginn des 20. Jahrhunderts. Das Zeitalter des Imperialismus und die Vorgeschichte des Ersten Weltkriegs waren der Nährboden für den frühen pazifistischen Idealismus wie für die Geopolitik, wie für die Imperialismustheorie. Die Erfahrung des Ersten Weltkriegs und die Gründung des Völkerbunds beförderten die Durchsetzung von Idealismus und Funktionalismus. Das Aufkommen des Faschismus, die Weltwirtschaftskrise, der Zweite Weltkrieg und der Beginn des Ost-West-Konflikts verhalfen dem Realismus und der Abschreckungstheorie zum Durchbruch. Dessen weitere Eskalation und die Eigendynamik des Rüstungswettlaufs eröffneten den Blick für die Erklärungskraft der Systemtheorie. Der Prozeß der europäischen Integration lieferte die Folie für den Neofunktionalismus und die Integrationstheorie. Der seit Mitte der 1970er Jahre als solcher erfahrbare relative wirtschaftliche Abstieg der USA, der Aufstieg Japans und der zeitweise Erfolg der OPEC ließen wirtschaftliche Fragen gegenüber sicherheitspolitischen an Boden gewinnen. Neorealismus, Hegemonietheorie, Zyklentheorien aber auch die Regimetheorie waren die Folgen. Das Ende des Ost-West-Konflikts sorgte für die neuerliche Konjunktur des Neoliberalismus. Das Ende der Bipolarität und die »neue Hegemonie« der USA zu Beginn des 21. Jahrhunderts (Krauthamer 1990/91, Nye 1990, Brzezinski 1999) bedeutete aber auch die Rückkehr zu den klassischen Gleichgewichts- und Hegemonietheorien, mit denen das System der Großmächte im 19. Jahrhundert erklärt worden war (z. B. Dehio 1996). Die wachsende Interdependenz im Zeichen der Globalisierung läßt auch den Neofunktionalismus, die Theorie der Weltgesellschaft[1] und die Interdependenztheorie unter dem Begriff »Global Governance« wieder aufleben. Neue Zeitschriftengründungen wie *Global Society* (1996, bereits 1987 u. d. T. *Paradigms* gegründet) und *Global Governance* (1995) unterstreichen dieses bereits durch ihren Namen. Jedenfalls ist der Neorealismus, sind die Rational-choice-Theorien insgesamt, nicht aber der Klassische Realismus, in der akademischen Debatte aus allen diesen Gründen in die Defensive geraten. Ähnliches ließ sich übrigens auch für verwandte sozialwissenschaftliche Disziplinen, etwa die Entwicklungstheorie oder die Internationale Politische Ökonomie, nachweisen.

Ungeachtet dieser möglichen Gliederungsprinzipien ist eine weitere Frage anzusprechen. Viele Teilgebiete der IB verwenden zwar den Begriff Theorie, meinen damit aber kein eigenständiges Paradigma oder keinen Ansatz (Approach), sondern nur einen besonderen methodischen Zugang (z. B. Spieltheorie, Systemtheorie, Kybernetik, Außenpolitische Entscheidungstheorie), der auch auf andere Disziplinen wie z. B. die Wirtschaftswissenschaften anwendbar ist. Oder sie befassen sich mit einzelnen Politikfeldern (z. B. Regimetheorie, Theorie der Internationalen Organisationen, Abschreckungstheorie) bzw. politischen Prozessen (z. B. Hegemoniezyklentheorie, Theorie des amerikanischen Niedergangs, Theorie der hegemonialen Stabilität, Theorie des demokratischen Friedens). Selbst der Bezeichnung von ganzen Teildisziplinen wie Security Studies, International Political Economy, Friedens- und Konfliktforschung wird manchmal fälschlicherweise das Etikett »Theorie« beigemessen (z. B. bei Haftendorn 1975), was natürlich nicht ausschließt, daß auf diesen Feldern auch Theoriebildung betrieben wird.

Die anschließende kursorische Abhandlung der Theoriegeschichte der Lehre von den Internationalen Beziehungen versucht allen genannten Gliederungsmöglichkeiten und Gesichts-

---

1 Diese Diskussion setzte nämlich bereits Anfang der 1970er Jahre mit Burton (1972) und Luhmann (1971) ein, ohne zunächst ein besonderes Echo hervorzurufen.

punkten gerecht zu werden, wobei das hier präsentierte Schema (Abb. 2) den Versuch einer paradigmatischen Systematik des Fachs über das gesamte 20. Jahrhundert darstellt. Die Randspalte der Abbildung markiert die vier Traditionen Strukturalismus, Idealismus, Institutionalismus und Realismus mit den jeweiligen Stammvätern Marx, Kant, Grotius und Hobbes. Die Kopfzeile folgt im Zeitverlauf der methodologischen Abfolge von Traditionalismus (ca. 1900-1960) über den Szientismus/Positivismus (1960-1990) bis zum Postpositivismus (seit 1990), wobei in jeder Spalte das jeweils dominante, aber nicht ausschließliche methodologische Verständnis zugrunde gelegt wird. Für die akademische Entwicklung der Disziplin wird im Gegensatz zu Meyers (2000) der Methodenstreit als die wesentliche Variable angesehen. Der so gebildeten Zwölffeldertafel lassen sich dann die einzelnen Theorien oder Ansätze zuordnen, wobei Grenzfälle zwischen den Paradigmen oder problematische zeitliche Zuordnungen zu konzedieren sind. Manche Begriffe *innerhalb* der einzelnen Felder sind dabei nahezu synonym, werden hier aber aufgeführt, da sie in der Literatur nebeneinander Verwendung finden. In gewisser Weise sprengt die postmoderne Theorie in den IB dieses Schema, da von ihren Vertretern die Erklärungskraft von Paradigmen oder großen Theorien (»großen Erzählungen«) grundsätzlich in Frage gestellt wird.[2]

2 Vgl. dazu Lyotard 1994, Rosenau 1992, Sarup 1993, Berman 1983. Kritisch dazu Rose 1991, Callinicos 1989.

Abb. 2: Paradigmatische Systematik der Theorie der Internationalen Beziehungen

	Traditionalismus ca. 1900-1960	Szientismus/ Positivismus 1960-1990	Postpositivismus seit 1990
Struktu-ralismus (Marx)	Imperialismus-theorie Strukturalismus	Neoimperia-lismustheorie Weltsystemtheorie Neostrukturalismus Dependenztheorie Internationale Politische Ökonomie	Postimperialismus-theorie Postkolonialismus Kritische Internationale Beziehungen Postmodernismus/ Poststrukturalismus Feminismus
Idealismus (Kant)	Klassischer Idealismus Völkerrecht	Interdependenz-theorie Transnationalismus Theorie des Demokratischen Friedens Neoliberalismus/ Globalismus	Neoidealismus Ethik und Internationale Beziehungen
Institutio-nalismus (Grotius)	Englische Schule[a] Funktionalismus	Neoinstitutiona-lismus Regimetheorie Neofunktionalismus Interdependenz-theorie Integrationstheorie Theorie internationaler Organisationen	Sozialkonstruk-tivismus Global Governance Theorie der Weltgesellschaft
Realismus (Hobbes)	Klassischer Realismus Geopolitik	Systemtheorie Spieltheorie Außenpolitische Entscheidungs-theorie Abschreckungs-theorie Neorealismus/ struktureller Realismus Hegemonietheorie Theorie der hegemonialen Stabilität	Postrealismus Neoklassischer Realismus Neue Geopolitik

a) Bleibt durchgängig über alle drei Phasen.

II.
Traditionalismus

6. Das Zeitalter des Imperialismus, Geopolitik und Imperialismustheorie

Auch wenn die Etablierung der Lehre von den Internationalen Beziehungen als akademische Disziplin erst nach dem Ersten Weltkrieg erfolgte, so ist es zum Verständnis dieses Gründungsvorgangs doch notwendig, die Vorgeschichte des Ersten Weltkriegs, nämlich das Zeitalter des Imperialismus und die drei sich affirmativ oder kritisch zu imperialistischer Politik herausbildenden theoretischen bzw. weltanschaulichen Strömungen der Geopolitik, der Imperialismustheorie und des Idealismus bzw. Pazifismus in eine Überblicksdarstellung mit einzubeziehen. Als »Zeitalter des Imperialismus« wird in der Geschichtswissenschaft das letzte Viertel des 19. Jahrhunderts bis zum Ende des Ersten Weltkriegs bezeichnet.

Für unseren Kontext sind dabei die folgenden Faktoren von besonderer Bedeutung: Der nachholende Industrialisierungsprozeß in den kontinentaleuropäischen Kernländern und in den USA läuft auf Hochtouren. In Rußland und Japan beginnt die erste große Industrialisierungswelle. Damit schwindet der Industrialisierungsvorsprung Großbritanniens, der seit Beginn der industriellen Revolution bis Mitte des 19. Jahrhunderts immer noch weiter zugenommen hatte, und es beginnt dort ein Prozeß, der später als »British Decline« (vgl. z.B. Kennedy 1976) bezeichnet wurde. Getragen wird diese Industrialisierung neben der klassischen Schwerindustrie und dem Eisenbahnbau von den damals neuen Branchen wie der Chemischen Industrie und der Elektrotechnischen Industrie. Kennzeichen ist auch die Herausbildung von Großbetrieben, deren Zusammenschluß zu Trusts, die Kartellbildung ganzer Branchen und die Rolle von Aktiengesellschaften und Großbanken zur Finanzierung der notwendigen Investitionen. Begleiterscheinung ist auch die rasche Verstädterung, die Alphabetisierung, die politische Mobilisierung weiter Kreise der Bevölkerung und nicht zuletzt die Herausbildung eines massenhaften Industrieproletariats, die damit verbundene soziale Frage und die massenhafte Auswanderung aus Europa nach Übersee – Tendenzen, die sich in der langen weltwirtschaftlichen

Rezession der Jahre 1873 bis 1896 (Große Depression) noch zusätzlich dramatisieren. Die meisten Staaten reagieren mit der Rückkehr zu einer protektionistischen Politik, die die Ära des von Großbritannien propagierten und durch entsprechende Verträge seit Mitte des 19. Jahrhunderts auch durchgesetzten Freihandels ablöst.

Das industrielle Aufholen der Nachzügler der ersten Generation hat Konsequenzen für das machtpolitische Gleichgewicht. Die etablierten Großmächte mit stattlichem Kolonialbesitz wie Großbritannien und Frankreich sehen sich herausgefordert durch Deutschland (Kindleberger 1978) und die USA, aber auch durch Rußland und Japan, die ihrerseits einen Großmachtanspruch erheben und diesen durch entsprechende Rüstungsprogramme, z. B. Schlachtflottenbau, durch geopolitisch inspirierte Eisenbahnprojekte (Transsibirische Eisenbahn, Bagdadbahn) und Kanalbauten (Panamakanal) sowie den Erwerb von Kolonien und Flottenstützpunkten (»Kohlenstationen«) zu untermauern suchen. Daraus resultiert ein Wettlauf um die noch nicht kolonisierten Länder und Territorien, wobei insbesondere Afrika südlich der Sahara, aber auch China und seine Nachbarn die Schauplätze imperialistischer Politik abgeben. Tatsächliche oder vermeintliche geostrategische Überlegungen, tatsächliche oder vermeintliche Rohstoffinteressen, die Erschließung von Absatzmärkten, die Eroberung von »Siedlungsraum« als Ventil für die soziale Frage, Rüstungswettlauf, Nationalismus und Protektionismus in der Absicht, im Verbund mit den Kolonien möglichst autarke Wirtschaftsräume zu schaffen, vermischen sich so zu einem Amalgam wachsender Rivalitäten und Konflikte zwischen den Großmächten, die schließlich aus einem eher nichtigen Anlaß, der Ermordung des österreichischen Thronfolgers in Sarajevo, zum Ersten Weltkrieg führen. Dieser läßt sich folglich wie schon 100 Jahre zuvor die Napoleonischen Kriege als ein hegemonialer Ausscheidungskampf zwischen den etablierten und den emporgekommenen Großmächten interpretieren. Der Zweite Weltkrieg war aus dieser Sicht nach einer 20jährigen Atempause nur die zweite Runde dieses Kampfes, wobei durch die japanische Expansion die Arena um den Pazifik erweitert wurde.

Dies alles mußte natürlich Konsequenzen für die analytische und normative Beschäftigung mit Fragen der internationalen Beziehungen haben. Der bis dato herrschende liberale Mainstream, der auf die integrierende und friedensstiftende Wirkung des Freihandels gesetzt hatte, wurde abgelöst durch eine aus der Geschichtswissenschaft und der Politischen Geographie erwachsene Disziplin, die später Geopolitik genannt wurde und als das bürgerliche Gegenstück zum Vulgärmarxismus betrachtet werden kann. Auch wenn diese von dubioser akademischer Qualität war, so lieferte sie doch die theoretische Begründung und Legitimierung für imperialistische Politik.

Grundsätzlich läßt sich *Geopolitik* als eine besondere Form der Machtpolitik definieren, wobei ganz im territorialen Verständnis des Westfälischen Modells unter Macht die Kontrolle von politisch definierten Räumen verstanden wird. Die Verwandtschaft zum realistischen Denken ist augenscheinlich. Räume werden dadurch kontrolliert, daß den Raum und die Zeit überwindende und zugleich komprimierende Infrastrukturen, nämlich Transport- und Kommunikationssysteme, geschaffen werden, die gleichzeitig die Abhängigkeit von Wind und Wetter, etwa saisonal bedingte vorherrschende Windrichtungen (z. B. Monsun), reduzieren. Daneben geht es aber auch um die Beherrschung von militärstrategisch wichtigen Orten und Grenzen wie Meerengen, Flußmündungen, Landengen, Landspitzen, Inseln, Pässen, Höhenzügen und Oasen sowie um die Kontrolle von Rohstoff- und Energievorkommen, Wasser(läufen) und Böden zur Nahrungsmittelproduktion. Und schließlich geht es um die Beherrschung, Umformung und Kontrolle der Natur durch Brücken und Tunnels, Deiche, Schleusen, Staudämme, Eisbrecher, Kanäle, Straßen, Eisenbahnen und Flugplätze. Bis weit ins 19. Jahrhundert hatte dabei die Beherrschung des Meeres durch Flotten und Flottenstützpunkte, durch die Kontrolle von Meerengen und den Bau von Kanälen (Suezkanal, Panamakanal, Nord-Ostseekanal) den Vorrang im strategischen Denken. Erst die Fortschritte im Eisenbahnbau, später im Automobilbau, ließen auch die Landmassen ins strategische Blickfeld geraten, lieferten sogar die Theorie, warum der Aufstieg der Landmächte gegenüber den Seemächten so viel später erfolgt sei. Die von Deutschland finanzierte Bagdadbahn sollte die Alternative zum britisch beherrschten Suezkanal sein, die Transsibirische Eisenbahn verschaffte dem europäischen Teil Rußlands einen Zugang zum Pazifik. Das Flugzeug und noch später der Flugzeugträger, das U-Boot, die Rakete, die U-Boot-gestützten Raketen, die Satelliten, die Raumfahrt und ganz zuletzt die Antiraketen-Raketen des National Missile Defense-Project (NMD) beeinflußten das geostrategische Denken des 20. Jahrhunderts immer wieder aufs neue, wobei nur widerstrebend konzediert wird, daß sich mit der Beschleunigung des technologischen Wandels die Bedeutung des Geofaktors allmählich reduziert.

Die Lehre von der Geopolitik untersucht also den Zusammenhang von Natur(raum) und Macht, wobei dieser Zusammenhang durch technologischen Wandel gleichermaßen wie durch politische Handlungen beeinflußbar ist. Frühe führende Vertreter der Geopolitik waren der amerikanische Admiral Alfred Thayer Mahan (1840-1914) mit seinem Hauptwerk *The Influence of Seapower upon History* (1890), der deutsche Geograph Friedrich Ratzel (1844-1904) mit seiner *Politischen Geographie oder die Geographie der Staaten, des Verkehrs und des Krieges* (1897), der englische Geograph Halford Mackinder (1861-1947) mit einem bloßen Aufsatz »The Geographical Pivot of History« (1940), der schwedische Geograph und Politiker Rudolf Kjellén (1864-1922) mit *Der Staat als Lebensform* (1917), der auch den Begriff Geopolitik geprägt hat, und der italienische Luftwaffengeneral Giulio Douhet (1869-1930) mit *The Command of the Air* (ital. 1921).

In Deutschland wurde unter Führung des bayerischen Offiziers und Geographen Karl Haushofer (1869-1946) in den 1920er bis 1940er Jahren der Versuch gemacht, die Geopolitik als regelrechtes akademisches Fach zu etablieren.[1] Haushofer selber veröffentlichte zahlreiche geopolitische Schriften, die gerade während der NS-Zeit hohe Auflagen erlebten (z. B. Haushofer 1924, 1927, 1931, 1932, 1937), und hatte mit Erich Obst (1886-1981), Hermann Lautensach (1886-1971), Otto Maull (1887-1957) (z. B. Haushofer/Obst/Lautensach/Maull 1928), Gustav Fochler-Hauke (1906-1996) und Adolf Grabowsky[2] (1880-1969) viele »Mitstreiter« unter den deutschen Geographen, von denen etliche auch nach 1945 ihre akademische Karriere unbekümmert fort-

1 Zu Haushofer vgl. Diner 1984, Dorpalen 1942, Ebeling 1994.
2 Grabowsky war allerdings kein Geograph, sondern verstand sich als Politikwissenschaftler, der auch die *Zeitschrift für Politik* (1907-1945) mitbegründet hat. Grabowsky mußte aufgrund seiner jüdischen Abstammung, nicht wegen seiner politischen Überzeugung, ins Schweizer Exil. 1954 wurde diese Zeitschrift, bis 1960 sogar das Standesorgan der deutschen Politikwissenschaft, als *Zeitschrift für Politik, Neue Folge* fortgesetzt mit Grabowsky als neuerlichem Herausgeber!

setzten. Die seit 1924 erscheinende *Zeitschrift für Geopolitik* avancierte zum Zentralorgan dieser Disziplin (Harbeck 1963).[3]

Die deutsche Geopolitik[4] fußte auf fünf Elementen, nämlich dem Streben nach wirtschaftlicher Autarkie, der Schaffung von »Lebensraum« für überzählige Bevölkerung, der Einteilung der Welt in Großregionen oder Blöcke (kontinentaler Block, pazifischer Block, atlantischer Block),[5] der Beherrschung der eurasischen Landmasse, die auf MacKinders sog. Herzland-Theorie zurückging, und dem Grundsatz, daß es legitim ist, wenn ein Staat sich »natürliche« Grenzen verschafft. Damit war die Geopolitik die ideale Legitimationswissenschaft für imperiale Großmachtpolitik, wie sie gleichermaßen von Großbritannien, Frankreich, den USA, Deutschland, Italien, Rußland und Japan betrieben wurde, wobei die jeweilige geostrategische Lage eher eine maritime oder eine kontinentale Expansion nahelegte (Bassin 1987). Insbesondere die sich anbietende Instrumentalisierung der Geopolitik durch den Nationalsozialismus, obwohl ihr Naturdeterminismus eigentlich mit dem Führerprinzip und der Rassenideologie im Widerspruch stand, führten zu ihrer Diskreditierung und Tabuisierung, bis sie unter ganz anderen Vorzeichen in den 1980er Jahren als Kritische oder Neue Geopolitik[6] eine kaum für möglich gehaltene Renaissance erfahren hat.[7] Jüngstes Beispiel für einen gar nicht kritisch, sondern sehr konventionell geopolitisch argumentierenden Autor ist Zbigniew Brzezinski, von 1977 bis 1981 Sicherheitsberater des US-Präsidenten Carter, mit seinem letzten Buch *Die einzige Weltmacht* (1999), in dem eine geopolitisch inspirierte »Strategie der Vorherrschaft« für die USA auf dem »eurasischen Schachbrett« konzipiert wird.

3 Diese Zeitschrift erschien zunächst von 1924 bis 1944, um dann von 1951 bis 1968 sogar unter Fortsetzung der alten Bandzählung wieder aufzuleben, ohne daß ein besonderer Wandel der thematischen Ausrichtung erkennbar ist.

4 Vgl. dazu Kost 1988, Rössler 1990, Sprengel 1996.

5 Die Regionalisierungsdebatte der 1980er Jahre knüpft bewußt oder unbewußt an diese Tradition an. Vgl. dazu Albert/Brock/Heßler/Menzel/Neyer 1999, Kapitel 3.

6 Organ dieser Neuorientierung ist die seit 1982 erscheinende Zeitschrift *Political Geography Quarterly*, vor einigen Jahren wegen des kürzeren Erscheinungsrhythmus in *Political Geography* umbenannt.

7 In der Person des bereits erwähnten Adolf Grabowsky führte die Geopolitik allerdings auch noch nach 1945 durchgängig ein Schattendasein weiter. Vgl. Grabowsky 1928, 1933 und 1960 (!).

Die Expansion der Großmächte war seit der Jahrhundertwende auch Anlaß für eine kritische Beschäftigung mit dem Thema Imperialismus, wobei hier eine radikal-liberale und eine marxistische Variante zu unterscheiden sind.[8] Die nicht affirmativ, sondern in kritischer Absicht formulierte Imperialismustheorie fragte nach den ökonomischen Motiven, die der imperialistischen Politik zugrunde lagen, und suchte diese aus besonderen Krisenerscheinungen und Zwängen des kapitalistischen Akkumulationsprozesses abzuleiten. Die Diskussion begann mit dem linksliberalen englischen Publizisten John Atkinson Hobson (1858-1940), der in seinem Hauptwerk *Der Imperialismus* (1902) die Expansion des Britischen Empire am Ende des 19. Jahrhunderts in den Kontext der ansteigenden britischen Investitionen in Übersee stellte. Er führte dieses Phänomen auf sinkende Investitionsmöglichkeiten im Mutterland zurück, so daß britisches Kapital nach neuen Anlagemöglichkeiten zu suchen habe und deshalb Druck auf die britische Regierung ausübe, weitere Kolonien zu erwerben. Nicht der Kapitalismus als solcher, sondern dessen plutokratische Struktur sei das eigentliche Übel, da diese den Unterschichten ihren Anteil am Volkseinkommen verwehre. Volkswirtschaftlich gesehen sei der Imperialismus zwar ein Verlustgeschäft, da der britische Kolonialerwerb nach 1870 wenig ertragreich war, dennoch sei es den Protagonisten des Imperialismus durch manipulative Propaganda gelungen, daß sich die Masse der Bevölkerung mit den imperialistischen Zielen identifiziert habe. Hobson setzte dagegen die Forderung nach einer nationalen Umverteilungspolitik zugunsten der Massenkaufkraft, um auf diese Weise neue Investitionsmöglichkeiten im Inland zu schaffen. Er war damit ein Vertreter der Unterkonsumptionstheorie und ein Vorläufer von John Maynard Keynes (1883-1946).

Ein weiterer prominenter Vertreter der Imperialismustheorie war der österreichische Sozialdemokrat und Ökonom Rudolf Hilferding (1877-1941), dem zufolge der Imperialismus das Produkt einer neuen, nicht mehr auf freihändlerisch-konkurrenzkapitalistischen Prinzipien basierenden Stufe des Kapitalismus ist,

---

8 Die Literatur über die diversen Varianten der Imperialismustheorie ist unüberschaubar. Vgl. dazu in Auswahl Barone 1985, Brewer 1980, Hampe 1976, Kemp 1967, Knorr 1952, Kruger 1955, Schroeder 1973, Thornton 1965.

die er in seinem Buch *Das Finanzkapital* (1910) Monopolkapitalismus nannte. Insbesondere die Banken und nicht mehr einzelne Unternehmer seien die Agenten des Industrialisierungsprozesses. Die Konkurrenz werde ausgeschaltet, der Staat schotte den eigenen Markt gegen ausländische Konkurrenz ab und erobere fremde Märkte.

Direkt an Marx und dessen Reproduktionsschemata im dritten Band des »Kapital« knüpfte die deutsch-polnische Sozialistin Rosa Luxemburg (1871-1919) an, die in ihrer Schrift *Die Akkumulation des Kapitals. Ein Beitrag zur ökonomischen Erklärung des Imperialismus* (1913) das Marxsche »Zusammenbruchsgesetz« in Frage stellte und argumentierte, daß die Kolonien aufgrund neuer Investitionsmöglichkeiten dem Kapitalismus die weitere Expansion erlauben, bis die gesamte Welt durchkapitalisiert sei. Außerdem habe der mit dem Imperialismus einhergehende Militarismus eine ökonomische Funktion, da die Rüstungsausgaben der Unterkonsumtion entgegenwirken würden. Luxemburg war unter den zeitgenössischen Marxisten unpopulär, da die politische Konsequenz ihrer Analyse nicht der baldige Zusammenbruch des Kapitalismus, sondern dessen lange Überlebensfähigkeit war – eben so lange, bis die gesamte Welt »durchkapitalisiert« sei.

Sie geriet damit in heftigen Gegensatz insbesondere zu Wladimir Iljitsch Lenin (1870-1924), dem prominentesten, wenn auch nicht unbedingt originellsten, aber auf jeden Fall aufgrund seiner politischen Prominenz als Führer der Bolschewiki einflußreichsten Imperialismustheoretiker. In seiner Schrift *Der Imperialismus als höchstes Stadium des Kapitalismus* (1916) stützte er sich weitgehend auf Hobson, Hilferding und seinen Mitstreiter Nicolai Bucharin (1888-1938). Letzterer hatte 1915 ein Buch mit dem Titel *Imperialismus und Weltwirtschaft* verfaßt, zu dem Lenin aus dem Schweizer Exil ein Vorwort beigesteuert hatte. Imperialismus ist laut Lenin das höchste, bereits auf den Niedergang hindeutende Stadium des Kapitalismus. Um dem Niedergang entgegenzuwirken, seien Kolonialerwerb, Kapitalexport und Krieg die letzten Möglichkeiten. Die in den Kolonien erzielten Extraprofite würden dazu verwandt, die sog. Arbeiteraristokratie in den Industrieländern durch vergleichsweise hohe Löhne zu »bestechen« und so mit dem Kapitalismus zu versöhnen. Aus dieser Diagnose wurde dann die politische Konsequenz abgeleitet, daß die Revolution in den Kolonien oder halbkolonialen Ländern wie z. B. China zum Bruch des »schwächsten Glieds der Kette« und damit zum Zusammenbruch des Kapitalismus im Weltmaßstab führen würde. Das Instrument sollte die 1919 gegründete Kommunistische Internationale sein, mit deren Hilfe auch die »bestochene« Arbeiterklasse in den imperialistischen Ländern wieder auf revolutionären Kurs gebracht werden könne.

Eine ganz andere, nämlich soziologische Erklärung lieferte der politisch Hobson nahestehende österreichische Nationalökonom Joseph Schumpeter (1883-1950) mit seiner *Soziologie der Imperialismen* (1918/1919). Schumpeter kannte die marxistischen Imperialismusdeutungen und wollte diesen eine alternative, nichtökonomische Begründung entgegensetzen, um den Kapitalismus als prinzipielle Ursache des Imperialismus zu entlasten. Laut Schumpeter sei der Imperialismus nicht dem Kapitalismus wesenseigen, sondern in allen Gesellschaften zu finden und auf eine »psychische Disposition der Herrschenden« zurückzuführen, die er als triebhafte Neigung zur Eroberung und Machtausdehnung bezeichnete. Ähnlich anthropologisch sollten später auch die Begründer des Klassischen Realismus wie Niebuhr und Morgenthau argumentieren. Außerdem sehe eine ansonsten beschäftigungslose Aristokratie im Krieg die eigentliche Legitimation ihrer Existenz. Der Kapitalismus sei, so die klassische liberale Argumentation von Schumpeter, im Gegensatz etwa zum antiken oder feudalen Imperialismus eigentlich antiimperialistisch, da ihm der Liberalismus und der daraus resultierende Freihandel ganz im Sinne der klassischen Politischen Ökonomen wie Smith oder Ricardo viel eher entspreche. Der Imperialismus der Jahrhundertwende sei deshalb nicht ein neues Stadium des Kapitalismus, sondern eher Ausdruck der reaktionären Nachwehen traditioneller Sozialstrukturen, die dazu führen, daß in vielen Ländern der Adel weiterhin die Spitzenposition in Militär und Diplomatie besetzt hält. Schumpeter nimmt mit seiner anthropologischen Begründung ein wesentliches Element des Klassischen Realismus vorweg, der daraus allerdings andere Schlußfolgerungen zieht, und knüpft in seiner liberalen Grundposition an Kant an, der ja auch argumentierte, daß der Krieg zum Wesen des absolutistischen, nicht aber zum Wesen des republikanischen Staates gehöre.

Die imperialismustheoretische Diskussion hatte, abgesehen von der neugegründeten Sowjetunion, da sie die herrschende Politik radikal in Frage stellte, kaum praktischen Einfluß, zumal selbst sozialdemokratische Politiker und Regierungen keine grundsätzlichen Gegner von Kolonialbesitz waren. Insbesondere in Deutschland und der Sowjetunion lebte die Diskussion bis in die frühen 1930er Jahre fort, wurde dann aber durch den Faschismus wie durch den Stalinismus abgebrochen, bis sie in den 1960er Jahren in vielen westlichen Ländern als Neoimperialismustheorie wiederauflebte.

7. Idealismus und die Gründung
des Völkerbunds

Akademisch wie politisch sehr viel einflußreicher war demgegenüber der Idealismus als liberale Kritik an der wachsenden Rivalität und Rüstungspolitik der Großmächte und als Warnung vor einem kommenden Krieg, wie sie seit der Jahrhundertwende z. B. durch die voluminösen Schriften des Kriegskritikers Johann von Bloch (1836-1902) (Bloch 1899) zum Ausdruck gebracht wurde (vgl. Eisenbeiß 1990). Dabei ist zu unterscheiden zwischen dem Idealismus als pazifistischer Bewegung, die sich seit der Jahrhundertwende gegen den drohenden Weltkrieg stemmte und gerade unter den sozialistischen Parteien der Zweiten Internationale viele Anhänger hatte, dem Idealismus als Lehrmeinung in den Internationalen Beziehungen, der seit 1920 bis zum Ende der Roosevelt-Ära Mitte der 1940er Jahre das herrschende Paradigma bildete (vgl. de Wilde 1991, Long/Wilson 1995, Ashworth 1999), und dem Liberalismus als Einflußfaktor für die internationale Politik in der Zwischenkriegszeit, die zur Gründung des Völkerbunds und einer auf Konzessionen gegenüber dem Faschismus bereiten Politik (sog. Appeasement-Politik) führte.

Dabei ist der Idealismus ganz in der Lockeschen und Kantschen Tradition der Aufklärung als ein normatives Konstrukt zu verstehen. Seinem politischen Denken liegen Wertmaßstäbe zugrunde, die Macht, Ausbeutung, Gewalt, Ungleichheit, Krieg und Rüstung als negativ und die Frieden, Gleichheit, Solidarität und Abrüstung als positiv bewerten. Dahinter steht ein Menschenbild, das unterstellt, der Mensch sei von Natur aus gut, friedliebend und solidarisch, mindestens sei er aber ein vernunftbegabtes Wesen. Letzteres bedeutet, daß er rationalen Argumenten zugänglich, also lernfähig und damit durch Aufklärung und Erziehung positiv zu beeinflussen ist. So wird sich langfristig das Vernünftige, gleichbedeutend mit dem Guten, durchsetzen. Wenn entgegen dem idealistischen Fortschrittsglauben das Gegenteil eintritt, so ist dieses das Resultat von falschem Bewußtsein, der Verführung durch schlechte Politiker oder von falscher Erziehung. Demokratische Gesellschaften und Friedenserziehung sind folglich die besten Garanten für eine friedliche Welt, eine Maxime, die auch die Reform- und Entnazifizierungsprogramme der amerikanischen Besatzungsmacht in der unmittelbaren Nachkriegszeit in Deutschland, Italien und Japan leitete, bis diese 1947/48 durch den Kalten Krieg und die realistische Wende überholt wurden.

An dieser Stelle sollte allerdings der später von realistischer Seite immer wieder vorgebrachte Hinweis nicht fehlen, daß im idealistischen Erziehungsgedanken auch immer der Keim zum Totalitarismus angelegt ist. Wenn du nicht freiwillig Einsicht in das Vernünftige zeigst, ist es legitim, dich mit sanftem Druck oder gar harter Gewalt auf den rechten Weg zu bringen. Aus dieser Perspektive wird von realistischer Seite eine Genealogie von Kant über Hegel zu Marx, Lenin und Stalin konstruiert. Auch die aktuelle Diskussion um humanitäre Intervention, Peace Making oder Peace Enforcement ist schließlich idealistisch begründet und immer eine Wanderung auf schmalem Grad, die zum Gegenteil dessen führen kann, was eigentlich beabsichtigt ist.

Die anthropologischen Grundannahmen über das Zusammenleben der Menschen werden in einem Analogieschluß auf das Zusammenleben von Staaten übertragen. Idealistischer Nationalismus heißt, daß ein System gleicher, freier und selbstbestimmter demokratischer Nationalstaaten, die friedlich miteinander leben, möglich ist. Idealistischer Internationalismus heißt, daß die Vernetzung der Nationalstaaten durch alle Arten von grenzüberschreitenden Transaktionen wie z. B. Handel, Kommunikation oder Migration zu einer Integration der Welt und deren Organisation führen, die auf dem Völkerrecht basiert. Hier trifft sich der Klassische Idealismus mit dem Völkerrecht und dem den Freihandel propagierenden Wirtschaftsliberalismus. Durch die Verrechtlichung der internationalen Beziehungen, also die Herrschaft des Gesetzes nach innen wie nach außen, entstehen suprastaatliche Instrumente zur Konfliktregelung, die die Machtpolitik ausschalten und am Ende ein internationales Gewaltmonopol konstituieren. Die souveränen Staaten gehen Verträge ein und verzichten freiwillig auf Souveränität. Am Ende steht die prinzipiell für möglich gehaltene Weltregierung auf der Basis einer Weltgesellschaft. Entsprechende Institutionen bzw. Zwischenstationen sollten die schon damals propagierten Vereinigten Staaten von Europa, ein Völkerbund oder ein internationales

Schiedsgericht sein. Bezugspunkte idealistischen Denkens sind mithin eher das Individuum, die Völker oder die gesamte Menschheit, während der klassische Nationalstaat, weil er per se separierend wirkt, in seiner Bedeutung relativiert werden muß.

Ein prominenter Vertreter idealistischen Denkens und gleichzeitig ein pazifistischer Aktivist[1] war der Engländer Norman Angell (1872-1967), Journalist, Publizist, Politiker und Friedensnobelpreisträger, der in seinem immer wieder aufgelegten und in viele Sprachen übersetzten Hauptwerk *The Great Illusion* (1910) damals vermutlich die größte Öffentlichkeitswirkung fand. Ganz im Sinne von Kant insistierte er darauf, daß ein Krieg sich nicht rechnet, weil selbst für den Sieger der mögliche Eroberungsgewinn in keinem Verhältnis zu den Kosten des Krieges und den Einbußen durch den Rückgang des Handels steht. Freihandel statt Imperialismus und Kolonialismus ist die wirtschaftlich vernünftige und friedensstiftende Alternative. Seine Prognose, daß es nicht zum Krieg kommen würde, weil der Krieg sich nicht rechnet, bewahrheitete sich allerdings bekanntermaßen nicht und hatte katastrophale Folgen für die europäische Friedensbewegung.

Weitere prominente Idealisten der Zwischenkriegszeit waren Philip J. Noel-Baker (1889-1982), James T. Shotwell (1874-1965) und Alfred Zimmern (1879-1957),[2] wobei letzterer den Gedanken der Friedenserziehung und die Bedeutung des Völkerbunds besonders herausstellte (Rich 1995). Hersch Lauterpacht (1897-1960) beeinflußte mit seinem Buch *An International Bill of the Rights of Man* (1945) die Charta der Vereinten Nationen und die »Universelle Deklaration der Menschenrechte«. Ramsay Muir (1872-1941) gilt mit seinem Hauptwerk *The Interdependent World and It's Problems* von 1939 als Vorläufer der Interdependenztheorie. Wirtschaftliche Verflechtung, so Muir, führe über wirtschaftliche Integrationsprozesse auch zur politischen Integration und schließlich zur kulturellen Assimilation, ein Gedanke, der später beim Prozeß der Europäischen Integration eine wesentliche Rolle spielte. Zu erwähnen sind ferner der Franzose Francis Delaisi (1873-1947) und der Rumäne David Mitrany

---

1 Angell unternahm am Vorabend des Ersten Weltkriegs sogar eine entsprechende Vortragsreise durch Deutschland. Vgl. dazu Suprina 1972; zu Angell insgesamt Marrin 1979, Miller 1986, Navari 1989, Weinroth 1974.
2 Vgl. dazu Noel-Baker 1926 und 1926, Shotwell 1929, Zimmern 1931, 1936.

(1888-1977) mit *A Working Peace System: An Argument for the Functional Development of International Organization* (1943), die als Begründer des *Funktionalismus* gelten (Taylor 1990, Navari 1995).

Der funktionalistische Ansatz ist bescheidener als der des klassischen Idealismus. Für jedes zwischenstaatliche Problem soll eine entsprechende internationale Organisation geschaffen werden, die entsprechend dem Grundsatz »form follows function« sehr pragmatisch auszugestalten ist. Arbeitet diese Organisation erfolgreich, wird es Ausbreitungseffekte geben. Die positive Erfahrung mit kooperativem Handeln auf dem einen Politikfeld wird zu Kooperation auf anderen Politikfeldern führen. Die fortschreitende Vertiefung der Europäischen Wirtschaftsgemeinschaft zur Europäischen Gemeinschaft und schließlich zur Europäischen Union gilt als Paradebeispiel der funktionalistischen Theorie. Von wirtschaftlicher Seite gehört zum klassischen Idealismus die Kritik von John Maynard Keynes an den Versailler Verträgen (*Die wirtschaftlichen Folgen des Friedensvertrages*, 1919), der prophezeite, daß die harten Kriegskontributionen für Deutschland den Keim zu neuen Konflikten legen würden.[3] Eine Befolgung der Keynesschen Ratschläge hätte die Chancen für idealistische Politik in Europa nach dem Ersten Weltkrieg möglicherweise verbessert.

Entscheidend für die Etablierung des Idealismus als akademischer Disziplin war die Initiative Woodrow Wilsons (1856-1924), von 1913 bis 1921 28. Präsident der USA, der sein Abrücken von einer neutralen Politik und den amerikanischen Kriegseintritt im Jahre 1917 als einen Kreuzzug für die Demokratie legitimiert hatte. Als Gegenmodell zu Lenins Dritter Internationale, die, gestützt auf dessen Imperialismustheorie, die Weltrevolution organisieren und dann ein weltweites Rätesystem errichten wollte, formulierte Wilson mit seinen »Vierzehn Punkten« von 1918 das politische Programm des Idealismus: Ende der Geheimdiplomatie, Freiheit der Meere, Freihandel, Abrüstung, friedliche Schlichtung von Kolonialkonflikten und Gründung eines Völkerbunds als Instrument der kollektiven Sicherheit (Walworth 1986). Hinzu kam die Gründung der International Labor

3 Vgl. dazu auch die Kurzfassung *Der Friedensvertrag von Versailles* (1921) und die Fortsetzung *Revision des Friedensvertrages* (1922). Zu Keynes als Idealist vgl. Markwell 1995.

Organization (ILO). Beide Gründungen lassen sich aber auch als die Absicht interpretieren, die nichtkommunistische Linke gegen die Oktoberrevolution zu immunisieren. So gesehen handelte es sich um einen Vorgriff auf die Eindämmungspolitik gegenüber der Sowjetunion, wie sie ab 1947 praktiziert wurde, und so gesehen hätte selbst die Gründung des Völkerbunds einen realistischen Kern (Mayer 1967). Das Programm der 14 Punkte wurde 1941 während des Zweiten Weltkriegs auf Initiative des amerikanischen Präsidenten Roosevelt mit der Atlantikcharta (1941), der Konferenz von Bretton Woods (1944) zur Etablierung einer liberalen Weltwirtschaftsordnung, der Gründung der Vereinten Nationen und der Verabschiedung der UN-Charta (1945) sowie der Allgemeinen Deklaration der Menschenrechte (1948) fortgesetzt. Erst der Wechsel von Roosevelt zu Truman leitete in der Weltpolitik die realistische Phase ein, die mit der »Truman-Doktrin« zur Eindämmung der Sowjetunion vom 12. März 1947 ihren ersten programmatischen Ausdruck fand.

Etwa bis zu diesem Zeitpunkt, also unmittelbar vor der Eskalation des Ost-West-Konflikts in den Jahren 1947/48, war der Idealismus auch die herrschende Lehrmeinung in den IB, waren die ersten Lehrstühle und Forschungsinstitute zur Politikberatung im Sinne von Friedenswissenschaft in Großbritannien wie in den USA von Idealisten besetzt. Erstmals in Frage gestellt wurde das idealistische Denken 1939 mit dem Buch des englischen Historikers Edward Hallet Carr (1892-1982) *The Twenty Years Crisis*, der 1936 auf den Wilson-Lehrstuhl in Aberystwyth berufen worden war. Dieser argumentierte, daß die 20 Krisenjahre von 1919 bis 1939 trotz Völkerbund, idealistischer Politikberatung und Appeasement keine friedliche Welt geschaffen hätten. Während die erste Auflage des Buches von 1939 noch eine positive Würdigung der Appeasement-Politik enthielt, war die zweite Auflage von 1946 im Licht der Erfahrung des Zweiten Weltkriegs radikaler formuliert und markierte den eigentlichen Bruch Carrs mit dem Idealismus.[4] Die Wirklichkeit, so Carr, sei nicht durch die idealistischen Vorstellungen des Völkerbundes, sondern durch neue Aufrüstung, Weltwirtschaftskrise, Rückkehr zum Protektionismus und Wirtschaftsnationalismus, durch Ausbrei-

4 Noch 1941 hatte Carr mit seinem Buch *The Future of Nations: Independence or Interdependence?* eine frühe Thematisierung der Interdependenztheorie vorgelegt.

tung des Faschismus und neuerliche imperiale Expansion von seiten Japans, Italiens und Deutschlands gekennzeichnet. Insbesondere letzterem habe der Völkerbund, da ohne wirkliche Sanktionsmittel, machtlos gegenübergestanden. Der von Carr erstmals gegen Angell erhobene Vorwurf des Utopismus eröffnete die Erste Debatte in der Lehre von den Internationalen Beziehungen,[5] die von Angell 1940 mit dem Aufsatz »Who Are the Utopians? And Who Are the Realists?« beantwortet wurde.[6] Aber erst der Ausbruch des Ost-West-Konflikts sollte dem Realismus akademisch wie im Denken und Handeln der führenden amerikanischen Politiker zum Durchbruch verhelfen.

5 Vgl. dazu kritisch Wilson 1998, der die Existenz einer Ersten Debatte bestreitet und diese als »Mythos« bezeichnet.
6 Vgl. dazu aus späterer Perspektive Bull 1969, Howe 1994, Jones 1998, Lynch 1994, Hirst 1998.

8. Das Scheitern des Völkerbunds, der Beginn des Ost-West-Konflikts und die zweite (»realistische«) Gründung der Disziplin

Die schrittweise Ablösung des Idealismus durch den Realismus als herrschendes Paradigma wird nur verständlich durch die Einbeziehung des historischen Kontextes. Zu diesem gehört das Scheitern des Völkerbundes in der Mandschurei-Krise und das Scheitern des Washingtoner Flottenabkommens zur Begrenzung der maritimen Rüstung im Pazifik (1936/37), weil der verspätete Imperialismus von industriellen Nachzüglern wie z. B. Japan mit einem auf Konsens bedachten Status-quo-Denken nicht vereinbar war. Dazu gehört auch, daß Deutschland, insbesondere seit der Machtergreifung der Nationalsozialisten, alles daran setzte, den Versailler Vertrag zu revidieren, und dabei ohne Skrupel bereit war, bestehende Verträge zu brechen und sich über das Völkerrecht hinwegzusetzen. Hinzu kam die Erfahrung der Weltwirtschaftskrise. Sowohl die liberalen Länder USA (Smoot-Hawley-Tarif von 1930), Großbritannien (Ottawa-Abkommen von 1932) als auch die totalitären Länder Japan und Deutschland (Gruchmann 1962) suchten durch die Errichtung möglichst autarker Großraumwirtschaften, die durch eine entsprechende Zollpolitik, exklusive Kooperation mit den Dominions oder durch militärische Expansion, Eroberung und nachholenden Kolonialismus (»Gemeinsame Großostasiatische Wohlstandssphäre« bzw. »Lebensraum im Osten«) etabliert werden sollten, die Weltwirtschaftskrise aus eigener Kraft und nicht auf kooperative Weise zu überwinden. Der daraus resultierende »Wirtschaftskrieg«, insbesondere zwischen den USA und Japan, war eine der Vorgeschichten des Zweiten Weltkriegs. Kindleberger sollte später argumentieren, daß Großbritannien damals wirtschaftlich nicht mehr stark genug war, eine liberale Weltwirtschaftsordnung aufrechtzuerhalten, und daß die USA politisch noch nicht dazu bereit waren, diese Ordnungsfunktion wahrzunehmen (Kindleberger 1973). Jedenfalls wurde von den späteren Realisten die Vorgeschichte und der Ausbruch des Zweiten Weltkriegs als Widerlegung der idealistischen Prämissen gedeutet, daß die Völker friedliebend sind und daß Demokratien sich vernünftig verhalten. Schließlich hatten alle faschistischen Länder zuvor eine demokratische Phase durchlaufen, war der Nationalsozialismus in Deutschland sogar ganz legal an die Macht gekommen. Huntington bezeichnet deshalb konsequenterweise die Jahre 1922 bis 1942 als erste Welle eines rückläufigen Demokratisierungsprozesses.

Der Zweite Weltkrieg hatte zwar einerseits ein am Ende siegreiches Bündnis gegen den Faschismus zustande gebracht und damit im Sinne des Neoinstitutionalismus (Kooperation aus Eigeninteresse) die Vorteile kooperativen Verhaltens selbst ansonsten antagonistischer Staaten wie der USA und der Sowjetunion demonstriert, er hatte aber auch eine radikale Umverteilung der Macht im internationalen System zum Ergebnis. Im Sinne der realistischen Hegemoniezyklentheorie läßt sich auch der Zweite Weltkrieg in Europa wie in Asien als hegemonialer Ausscheidungskampf interpretieren. Frankreich und insbesondere Großbritannien waren zu zweitrangigen Mächten abgestiegen, Deutschland und Japan als hegemoniale Herausforderer bis auf weiteres als relevante Akteure ausgeschieden, während die Sowjetunion und die USA zu den neuen Supermächten aufgestiegen waren, wobei insbesondere die amerikanische Hegemonie außerhalb des sowjetischen Herrschaftsbereichs in nahezu jeder Hinsicht bis in die 1960er Jahre überwältigend war. Dazu beigetragen hatte auch das amerikanische Atombombenmonopol von 1945 bis 1949, das durch die Überlegenheit bei den Trägersystemen (Strategische Bomberflotte) mindestens bis 1957, dem Jahr des sog. Sputnik-Schocks, erhalten blieb.

Dieses alles führte am Ende des Zweiten Weltkriegs auch zu einer Neuordnung des internationalen Systems, die in den Jahren 1944 bis 1947 mit der Gründung von Weltbank und Weltwährungsfonds, mit dem GATT-Abkommen und der Gründung der Vereinten Nationen unter amerikanischer Führung noch weitgehend im Geiste des Idealismus vollzogen worden war. Die Potsdamer Konferenz vom Sommer 1945, die Atombombenabwürfe von Hiroshima und Nagasaki und die Umstände des Kriegsendes in Asien zeigten aber bereits, daß der Vorrat an Gemeinsamkeiten, nachdem Deutschland besiegt war, rasch erschöpft war. Mindestens der Abwurf der zweiten Atombombe auf Nagasaki, der militärisch zur Niederwerfung Japans gar keinen Sinn mehr gemacht hatte, läßt sich durchaus als Drohung gegenüber der Sowjetunion deuten, um deren raschen Vormarsch in China und Korea nach dem ersten Atombombenabwurf auf Hiroshima Einhalt zu gebieten. Die bis heute anhaltende Teilung Koreas war das Ergebnis der schlagartig auftretenden Rivalität zwischen den USA und der Sowjetunion, sobald Japan niedergekämpft und die sowjetische Unterstützung in Asien aus amerikanischer Sicht nicht mehr erwünscht war (vgl. Alperowitz 1965). Die rasche weitere Eskalation des Ost-West-Konflikts in den Jahren 1946/47, der in der Berlin-Blockade 1948 und im Ausbruch des Koreakriegs 1950 ihre ersten Höhepunkte erlebte, führte endgültig zu einem Paradigmenwechsel in der amerikanischen Außenpolitik.

Auf die Rooseveltsche Phase der weltweiten Kooperation und der Demokratisierung der ehemaligen Kriegsgegner folgte die Trumansche und Eisenhowersche Politik der Konfrontation, der Eindämmung (Containment) der sowjetischen Expansion, des vorrangigen wirtschaftlichen Wiederaufbaus der ehemaligen Kriegsgegner und deren Einbeziehung in ein westliches Bündnis. Die Containment-Strategie[1] wurde erstmals 1946 im sog. »Long Telegram« des amerikanischen Diplomaten George F. Kennan, das dieser 1946 aus der Moskauer Botschaft in die USA gesandt hatte, formuliert. Gegenstand des Telegramms war eine Analyse der tieferen Ursachen der sowjetischen Expansionspolitik, der, so Kennan, mit einer Politik der Eindämmung begegnet werden müsse.[2] Die Grundgedanken des »Long Telegram« wurden 1947 in seinem mit »X« gezeichneten Aufsatz in *Foreign Affairs* und *Time* unter dem Titel »The Sources of Soviet Conduct« wiederholt. Sie markieren die strategische Wende in der amerikanischen Nachkriegspolitik von der Kooperation zur Konfrontation mit der Sowjetunion.

Dies war der Hintergrund einer faktischen Neugründung der

---

1 Vgl. dazu die Dokumenten-Edition von Etzold/Gaddis 1978 sowie Gaddis 1982.
2 In die gleiche Richtung ging die 1957 erstmals erschienene Arbeit von Karl August Wittfogel, *Die Orientalische Despotie. Eine vergleichende Untersuchung totaler Macht*, die sich kritisch mit der Sowjetunion und der Volksrepublik China befaßte, indem die asiatisch-despotischen Wurzeln des Stalinismus/Maoismus herausgearbeitet wurden.

akademischen Disziplin Internationale Beziehungen. Sie wurde vorbereitet durch Carrs Kritik am Idealismus, die in der zweiten Auflage von *The Twenty Years Crisis* (1946) noch weiter forciert worden war, und durch das bereits 1932 erschienene Buch des amerikanischen Theologen Reinhold Niebuhr mit dem Titel *Moral Man and Immoral Society*. Insbesondere die persönliche Erfahrungen deutscher oder deutschsprachiger Emigranten wie Klaus Knorr, Georg Schwarzenberger, Carl Joachim Friedrich, Karl August Wittfogel, Hannah Arendt, Hans Joachim Morgenthau, Hans Hermann Herz, Arnold Wolfers, Oskar Morgenstern, John von Neumann und Henry (Heinrich) Kissinger brachen der Erkenntnis Bahn, daß der Mensch nicht nur gut, friedliebend, solidarisch und vernünftig ist, sondern daß es auch das Böse, die Gewalt, den Totalitarismus in der Welt gibt. Der Begriff *Totalitarismus* wurde seitdem als Oberbegriff für Faschismus und Stalinismus verwendet und in einer eigens zu diesem Zweck entwickelten Totalitarismustheorie begründet, zu deren Formulierung die deutschen Emigranten auch einen wesentlichen Beitrag leisteten.[3] Industrialisierungsprozesse unter faschistischen oder stalinistischen Vorzeichen wurden als pathologische Wege in die Moderne bezeichnet.

Die geänderte weltpolitische Wetterlage zu Beginn des Ost-West-Konflikts, der Aufstieg der USA zur Supermacht mit weltweiten militärischen, politischen und wirtschaftlichen Engagements in Ostasien, Lateinamerika und Westeuropa, die Erfordernisse einer politischen Globalstrategie im Umgang mit der Sowjetunion und seit 1949 auch mit der Volksrepublik China, die nahezu unerschöpflichen Mittel der großen amerikanischen Stiftungen und Universitäten sowie nicht zuletzt der Einfluß der deutschen Emigranten führten dazu, daß sich in den 1940er Jahren der Realismus im amerikanischen Universitätsbetrieb durchzusetzen vermochte, wobei zunächst Yale und Princeton dessen Zentren bildeten. Damit wurden die IB von einer angloamerikanischen Koproduktion zu einer bis heute eindeutig von den USA dominierten Disziplin. An schätzungsweise 300 amerikanischen Universitäten wird Politikwissenschaft als Fach gelehrt, wobei die renommierten Institute über eine personelle und sachliche

<hr />

3 Zur Totalitarismustheorie vgl. als grundlegende Werke Arendt 1958, Friedrich/Brzezinski 1957, Wittfogel 1957.

Ausstattung verfügen, die in Deutschland lediglich die Freie Universität Berlin besitzt.[4]

Die wichtigsten Vertreter des Realismus der frühen Jahre waren neben dem Theologen Reinhold Niebuhr (1892-1971) die Völkerrechtler Hans Joachim Morgenthau (1904-1980) und Hans Hermann Herz (*1908), der US-Diplomat George F. Kennan (*1904) und der Franzose Raymond Aron (1904-1983) als Vertreter der ersten Generation. Hinzu kamen unter den Älteren Walter Lippman (1889-1974), Frederick L. Schuman (*1904), Georg Schwarzenberger (*1908), Nicholas John Spykman (1893-1943), Robert Strausz-Hupé (*1903), Arnold Wolfers (1892-1968) und Joseph Frankel (*1913) sowie Jüngere wie John G. Stoessinger (*1927), Henry A. Kissinger (*1923), Stanley Hoffmann (*1928), Paul W. Schroeder und Kenneth W. Thompson (*1921) als Vertreter der zweiten Generation.[5]

Bahnbrechend für die Etablierung des neuen Paradigmas war insbesondere die zwischen 1946 und 1951 erschienene Trilogie von Morgenthau: *Scientific Man versus Power Politics* (1946), *Politics Among Nations* (1948) und *In Defence of the National Interest* (1951). *Politics Among Nations* bekam einen regelrechten Lehrbuchcharakter und erzielte bis 1978 sechs Auflagen,[6] die noch 1985 und 1993 wieder nachgedruckt wurden. Die dritte Auflage wurde 1963 auf deutsch unter dem Titel *Macht und Frieden. Grundlegung einer Theorie der Internationalen Politik* in der Übersetzung von Gottfried-Karl Kindermann (*1926) veröffentlicht. Letzterer ist der bekannteste Vertreter des Realismus in Deutschland (Kindermann 1962). Eine zweite Trilogie von Morgenthau erschien zwischen 1958 und 1962 mit gesammelten Aufsätzen unter den Titeln *The Decline of Democratic Politics*, *The Impasse of American Foreign Policy* und *The Restoration of American Politics*.[7] Bereits diese Titel machen die Analogie zum Ent-

---

4 Zur amerikanischen Prägung des Fachs vgl. Crick 1959, Fox/Fox 1960/61, Hoffmann 1977, Kahler 1993, Krippendorff 1987, Somit/Tanenhaus 1982.

5 Aus der Vielzahl von Schriften sollen hier neben den im Text genannten nur die »Hauptwerke« des Klassischen Realismus genannt werden: Aron 1963, Frankel 1971, Herz 1959, 1961, Hoffmann 1970, Kennan 1954, Kissinger 1986, 1959, Lippmann 1944, Niebuhr 1944, 1957, Schroeder 1962, 1972, Schuman 1969, Schwarzenberger 1955, Spykman 1942, Stoessinger 1961, Thompson 1960, Wolfers 1962, Strausz-Hupé/Possony 1950.

6 Bearbeiter der sechsten Auflage war Kenneth W. Thompson.

7 Der Obertitel der drei Bände lautete *Politics in the 20th Century*.

stehungskontext des späteren Neorealismus deutlich. So wie in den späten 1970er Jahren eine neorealistische Politik die USA aus den Dilemmata des »American Decline« herausführen sollte, betrachtete Morgenthau offenbar den von ihm propagierten Realismus als die adäquate Antwort, um die USA aus der Sackgasse des amerikanischen Idealismus herauszuführen. Das neuerliche »postrealistische« Interesse der 1990er Jahre an Morgenthau läßt ihn fast schon als Kultautor erscheinen.[8]

Der klassische Realismus[9] fußte auf einem Menschenbild, das auf das Denken von Niebuhr, Morgenthau und Schumpeter zurückgeführt werden kann. Neben seiner durch die Zeitumstände bedingten Plausibilität war es das gegenüber dem Idealismus sehr viel ausgefeiltere Denkgebäude, das die hohe Attraktivität des Realismus hervorrief. Seine anthropologischen Grundannahmen lauten: Der Mensch ist nicht nur gut, sondern auch schlecht; er ist nicht nur solidarisch, sondern auch egoistisch; er ist nicht nur friedliebend, sondern auch streitsüchtig; er ist nicht nur Staatsbürger, sondern auch Untertan; oder zumindest: Der gute Mensch lebt in schlechter Gesellschaft (Niebuhr 1932). Also ist er nicht nur zum Guten erziehbar, sondern auch zum Schlechten verführbar frei nach dem Motto: »Der Geist ist zwar willig, aber das Fleisch ist schwach.« Und ferner: Der Mensch ist nicht nur vernunftbegabt, sondern auch triebgesteuert, wobei im hier interessierenden Zusammenhang insbesondere der Selbsterhaltungstrieb, der Fortpflanzungstrieb und der Machttrieb gemeint sind. Die beiden letzteren werden dabei als notwendig zur Selbsterhaltung angesehen. Das wiederum heißt, daß der Mensch nur in begrenztem Maße lernfähig ist, weil sein Triebleben das Erlernte und Anerzogene immer wieder konterkariert. Wenn mithin Vernunft und Erziehung nicht ausreichen, müssen die Triebe durch äußeren Zwang, gegebenenfalls durch Androhung oder gar durch Einsatz von Gewalt, gezügelt werden. Hier liegt die anthropologische Begründung für die spätere Abschreckungspolitik.

An die Stelle des aufklärerischen Fortschrittsdenkens, das auch

---

8 Dies gilt gleichermaßen für biographische Beiträge (Frei 1993, 1998, Honig 1996) wie für die »Rekonstruktion« seines Denkens (Fromkin 1993, Gebhardt 1991, Gellmann 1988, Jervis 1994, Murray 1996, 1997, Myers 1992, Nobel 1989, 1995, Russel 1990, 1994).
9 Auch die Literatur über den Realismus ist zahlreich, vgl. u. a. Berki 1981, Coffey 1977, Holsti 1971, Smith 1986, Vasquez 1998.

für die menschliche Zivilisation eine kontinuierliche Weiterentwicklung unterstellt, tritt die ahistorische Vorstellung des immer gleichen Verhaltens unabhängig davon, zu welcher Zeit und in welcher Gesellschaft der Mensch lebt. So wie der Imperialismus oder der Aufstieg und Zerfall von Großmächten und hegemonialen Ordnungen immer wiederkehrende Phänomene sind, so ist auch das menschliche Handeln eingebettet in den ständigen Widerspruch von Norm und Realität, von Wollen und Können, von erfolgreicher Beherrschung der Natur und der Ohnmacht ihrer Beherrschung, Widersprüche, die letztlich daraus resultieren, daß in der menschlichen Natur sowohl schöpferische wie zerstörerische Elemente angelegt sind. Letzteres erzeugt einen permanenten Zustand von Angst. Um diese Angst zu bekämpfen, strebt der Mensch nach Sicherheit. Diese Sicherheit gewinnt er durch Macht. Also muß der Mensch Macht über seine Mitmenschen erringen, um mit seiner Angst umzugehen, um sich sicher zu fühlen, um nicht selber beherrscht zu werden. Macht ist damit nicht nur Mittel zum Zweck, sondern wird zum Selbstzweck, da alle Interessen nur durch Macht vertreten und durchgesetzt werden können. Im Sinne der Selbsterhaltung ist Machtstreben deshalb durchaus legitim und sogar moralisch verantwortlich.

Ähnlich wie im Idealismus wird auch im Realismus auf dem Wege der Analogie aus dem skizzierten Menschenbild eine politische Theorie, da hier ebenfalls das menschliche Verhalten auf das Verhalten von Staaten übertragen wird. Dies impliziert eine wichtige Grundannahme, nämlich daß Staaten Körperschaften sind, denen ein einheitliches Verhalten unterstellt werden kann. Wie in der idealistischen Theorie wird das internationale System als anarchisch angesehen. Die Staaten innerhalb des Systems sind die höchste Instanz. Es gibt kein übergeordnetes internationales Gewaltmonopol. Aus der Anarchie resultiert die Konfliktträchtigkeit des internationalen Systems, die als endemisch betrachtet wird. Wie die Menschen streben auch die Staaten nach Sicherheit. Sicherheit wird ihnen verliehen durch Macht über andere Staaten. Zum Zwecke der Machtentfaltung bedarf es der Rüstung, die gegenüber den Machtgelüsten anderer Staaten abschreckend wirken soll. Der einzelne Staat operiert immer in einem latent oder offen feindlichen Umfeld. Macht ist auch im internationalen System ein relatives Gut, definiert sich im Verhältnis zur Macht anderer Staaten. Der Machtzuwachs des einen Staates geht einher mit dem entsprechenden Machtverlust anderer. Aus diesem Nullsummen-Denken resultiert die Vorstellung vom Billardball-Modell (= jeder Staat ist eine Billardkugel) bzw. von einem Aktions-Reaktions-Schema im internationalen System.

Die Vorstellung vom souveränen Staat, dessen Souveränität ausdrücklich auch als letztes Mittel das Recht zur Kriegführung (ius ad bellum) einschließt, korrespondiert mit der Vorstellung, daß Staaten die einzig relevanten oder zumindest die wichtigsten Akteure im internationalen System sind. Die Staaten verhalten sich nach außen als homogene Akteure. Unterschiedliche Interessen oder Konflikte zwischen den einzelnen gesellschaftlichen Gruppen, Bürokratien oder Parteien sind nach außen nicht erkennbar. Aus der unterstellten Homogenität folgt wiederum, daß Staaten sich bei Strafe ihres Untergangs rational entsprechend ihrer jeweiligen Interessenlage verhalten müssen und sich nicht an moralischen Gesichtspunkten orientieren dürfen. Diese Interessenlage kann als solche erkannt werden und wird durch die »Staatsraison«, nämlich das Interesse an der Selbsterhaltung, diktiert. Oder umgekehrt: Die Staatsraison erzwingt geradezu den nach außen als homogener und rational handelnder Akteur in Erscheinung tretenden Staat, der sich nur an der kühlen Kalkulation seiner Macht- und Nutzenmaximierung orientieren darf. Dieses Kalkül ist möglich, weil unterstellt wird, daß andere Staaten, gleichviel welche gesellschaftliche Ordnung sie haben, nach außen derselben Logik verhaftet sein müssen. Damit ist eine klare Trennung von Innen- und Außenpolitik gegeben, wobei vom eindeutigen Primat der Außenpolitik ausgegangen wird, weil die Sicherung der staatlichen Existenz die oberste Priorität vor allen anderen Politikzielen haben muß.

Unter den möglichen Politikfeldern des staatlichen Außenverhaltens steht somit eindeutig die Macht- und Sicherheitspolitik im Vordergrund, gleichgültig ob diese Prioritätensetzung anthropologisch wie bei Niebuhr und Morgenthau oder sozialpsychologisch mit dem eingangs zitierten Sicherheitsdilemma wie bei Herz begründet wird. Nur Sicherheitsfragen bilden den Bereich der »High Politics«, sind der Kern der internationalen Politik überhaupt; alles andere, selbst wirtschaftliche Interessen, sind im Verständnis des Klassischen Realismus »Low Politics«. Am besten wahrzunehmen ist das Sicherheitsinteresse durch das Selbsthilfeprinzip. Um sich selber helfen zu können, muß der Staat

Macht entfalten, wobei Macht hier vorrangig als militärische Macht verstanden wird in Relation zur militärischen Macht anderer. Macht ist dabei gleichermaßen Mittel zum Zweck der Sicherheit wie Selbstzweck zur Befriedigung des Machttriebs. Dies alles heißt normativ, daß staatliches Handeln, anders als der Idealismus fordert, nicht durch eine universalistische Moralvorstellung, sondern durch die egoistischen Gebote der politischen Klugheit geleitet werden muß. Genau dies markiert den Unterschied zwischen idealistischer Gesinnungsethik und realistischer Verantwortungsethik. Für die internationale Politik resultiert daraus eine klare Definition des Politischen. Politik heißt Umgang mit Macht: Macht begründen, Macht entfalten, Macht erhalten, Macht demonstrieren, Macht ausüben, Macht ausbalancieren. Im Vordergrund staatlichen Denkens und Handelns haben die Fragen von Krieg und Frieden zu stehen, wobei Frieden im Sinne von Nichtkrieg und nicht im Sinne des positiven Friedens wie im Idealismus bzw. der kritischen Friedensforschung verstanden wird. Diplomatie, Rüstung zum Zwecke der Abschreckung oder, falls die eigenen Machtmittel dazu nicht ausreichen, eine Politik des Gleichgewichts durch Bündnissysteme sind die wichtigsten Techniken der Macht, sind Friedenspolitik im Sinne der Verantwortungsethik.

Diese Aussagen erheben den Anspruch objektiver Gesetze, die in allen welthistorischen Kontexten gültig sind. Es handelt sich beim klassischen Realismus also um eine ahistorische Theorie der Außenpolitik und nicht um eine Theorie der Internationalen Beziehungen, die auf Veränderbarkeit, auf Integration, auf Weltverbesserung abzielt. Diese immer gültigen Gesetze lassen sich durch die Analyse welthistorischer Ereignisse und deren hermeneutische Deutung herausfinden. Das Studium der Diplomatiegeschichte, der »großen Männer« der Weltgeschichte wie Metternich oder Bismarck, der großen Konferenzen und Bündnissysteme, des »Konzerts« der fünf europäischen Großmächte im 19. Jahrhundert, der Geschichte von Krieg und Frieden, des Aufstiegs und Niedergangs der Nationen, aber auch das Studium der Klassiker der politischen Philosophie von Thukydides bis Clausewitz und neuerdings sogar Morgenthau, der damit selber zum Klassiker geworden ist, liefern mithin die Anleitung für gegenwärtiges politisches Handeln. Das klassische Beispiel für diese Vorgehensweise gab der damals erst 31jährige Henry Kissinger mit seiner Dissertation aus dem Jahre 1954, die 1957 unter dem Titel *A World Restored: Metternich, Castlereagh and the Problems of Peace* veröffentlicht wurde und eine ähnliche Wirkung wie Morgenthaus *Politics Among Nations* ausübte.[10] Zu nennen wäre auch die Dissertation von Paul W. Schroeder *Metternich's Diplomacy at Its Zenith: Austria and the Congresses of Troppau, Laibach, and Verona* aus dem Jahre 1958 (Schroeder 1962).[11] Insbesondere dieser methodische Zugang des Realismus sollte zu der großen akademischen Kontroverse führen, die später als Zweite Debatte apostrophiert wurde.

Mit der Etablierung des realistischen Denkens war auch der entscheidende Schritt getan zur amerikanischen Dominanz der Disziplin – ein Zustand, der sich bis heute nicht grundlegend geändert hat und der nur die konsequente Folge des neuen weltpolitischen Status der USA war. Bezeichnend ist, daß in vielen grundlegenden Werken zum klassischen Realismus zugleich eine Theorie der amerikanischen Außenpolitik geliefert wird. Ein Land, das den Supermachtstatus beansprucht, die Weltordnung prägt und in nahezu allen Konflikten weltweit für sich eine intervenierende Rolle reklamiert, muß auch die entsprechenden wissenschaftlichen Ressourcen in Form von Think Tanks, politischen Beratern, Forschungsinstituten und Ausbildungsstätten bereitstellen, die über eine entsprechende Infrastruktur von Datenbanken, Archiven und Bibliotheken verfügen, von denen einschlägige europäische Einrichtungen nur träumen können. Die akademische Mobilisierung im Zuge des Zweiten Weltkriegs zur Niederwerfung von Deutschland und Japan wurde nahtlos im Zuge des Ost-West-Konflikts zur Eindämmung der Sowjetunion weitergetrieben. So ist es nicht verwunderlich, daß die Lehre von den Internationalen Beziehungen einen sehr hohen Stellenwert an amerikanischen Universitäten hatte und hat und diese in quantitativer wie in qualitativer Hinsicht wie kaum eine andere sozialwissenschaftliche Disziplin amerikanisch geprägt ist.

Hinzu kommt die Anziehungskraft der renommierten amerikanischen Universitäten, die die ambitionierten Postgraduierten

---

10 Methodologisch ähnlich angelegte Fallstudien sind Fliess 1966, Gulick 1955.
11 Vgl. auch die weitere klassische Studie von Schroeder *Austria, Great Britain, and the Crimean War: The Destruction of the European Concert* (Schroeder 1972).

weltweit zu Forschungsaufenthalten anziehen, von denen, auch eine Form des Brain drain, die Besten auf Zeit oder gar auf Dauer sich im amerikanischen Universitätsbetrieb zu etablieren vermochten. Das galt nicht nur für die Emigranten der 1930er Jahre, sondern seit den 1960er Jahren auch für eine neue Generation von europäischen Wissenschaftlern. Viele derzeit prominente deutsche oder deutschsprachige Vertreter des Fachs Internationale Beziehungen (so z. B. Czempiel, Haftendorn, Brock, Krippendorff, Senghaas, Rittberger, Kratochwil, Zürn, Risse) können auf einen längeren USA-Aufenthalt zurückblicken. Etliche andere, wie etwa Ruggie, Katzenstein, Haas, Wendt, sind sogar anerkannter Teil der amerikanischen Community geworden bzw. haben dafür gesorgt, daß die deutsche Disziplin sich mittlerweile am amerikanischen Standard orientiert bzw. diesen explizit zum eigenen Maßstab macht.[12]

---

12 Vgl. dazu nochmals die Kontroverse zwischen Hellmann (1994) und Zürn (1994), wobei Zürn eher »nationalistisch« argumentiert.

9. Abseits des Mainstream:
Die Englische Schule

Die große Ausnahme von der Orientierung an den amerikanischen IB bildet die Englische Schule, die durchgängig bis heute auf eine eigene ungebrochene Tradition zurückblicken kann. Dies rührt daher, daß Großbritannien anfänglich das gleichberechtigte zweite Land neben den USA war, in dem die Gründung der Disziplin Internationale Beziehungen nach dem Ersten Weltkrieg erfolgte, daß Großbritannien trotz seines Status als absteigende Hegemonialmacht und des Verlusts des Empire weiterhin einen Großmachtanspruch behauptete, der sich auch in den entsprechenden akademischen Institutionen niederschlug, und es liegt nicht zuletzt an der englischen Sprache, die nicht nur den Zugang zu den amerikanischen IB-Medien erleichtert, sondern auch zu einem sehr weiten Verständnis des Begriffs »Englische Schule« geführt hat, der neben Engländern auch Schotten, Australier, Südafrikaner oder Vertreter anderer ehemaliger Commonwealth-Länder angehören.

Seit Ende der 1930er Jahre, als mit E. H. Carrs *The Twenty Years Crisis* der erste klassische Text der Englischen Schule veröffentlicht wurde, auf den bis heute immer wieder Bezug genommen wird und der noch 1981 eine Neuausgabe mit einem kurzen Vorwort von Carr erfuhr, lassen sich drei Generationen unterscheiden. Prominente Vertreter der zweiten Generation waren Martin Wight (1913-1972), dessen Hauptwerk *International Theory: The Three Traditions* erst posthum 1991 erschienen ist,[1] Charles Anthony W. Manning (*1890) (*The Nature of International Society*), Adam Watson (*1914), John Burton (*1915) und der christlich geprägte Herbert Butterfield (1900-1979) als englisches Gegenstück zu Reinhold Niebuhr.[2] Zur dritten Generation gehört Hedley Bull (1932-1985), der mit seiner *Anarchical Society* von 1977 eine ähnliche Debatte über die Englische Schule ausge-

---

1 Es handelt sich um Vorlesungen aus den 1950er Jahren.
2 Z. B. Butterfield 1949, 1953. Wichtig für die Englische Schule ist auch der zusammen mit Wight herausgegebene Band *Diplomatic Investigations* (Butterfield/Wight 1966).

löst hat wie zwei Jahre später Kenneth Waltz in den USA mit seiner *Theory of International Politics* über den Neorealismus. Dieser könnte analog als »Amerikanische Schule« bezeichnet werden. Weitere jüngere Vertreter der Englischen Schule sind Michael Donelan, Allan James (*1933), James Mayall, Brian Porter (*1939), Martin Shaw (*1947), John Vincent (1943-1990) und zuletzt Tim Dunne (*1965), der 1997 die erste monographische Darstellung über die Englische Schule vorgelegt hat (Dunne 1997). Organisiert ist diese im »British Committee on the Theory of International Relations«, das 1958 von Butterfield und Wight gegründet wurde. Die Inauguraladresse des Komitees war Wights berühmter Aufsatz von 1959 »Why is There no International Theory?« Der Begriff Englische Schule wurde erstmals 1981 von einem ihrer Kritiker, nämlich Roy E. Jones, verwendet.[3]

Ihre ideengeschichtliche Einordnung fällt angesichts des langen Zeitraums und der vielen Repräsentanten nicht ganz leicht. Ausgangspunkt war Carrs Kritik an Angells Idealismus. Der Carrsche Realismus wandte sich mit seinem Buch *Grundlagen eines dauerhaften Friedens* (1942) aber rasch ins Normative, so daß hier ein deutlicher Gegensatz zum amerikanischen Realismus besteht, der genau dies vermeiden wollte. In der Zweiten Debatte vertrat die Englische Schule, insbesondere in der Person von Hedley Bull, die antipositivistische Seite, woraus deutlich wird, daß bis heute methodisch ähnlich dem Klassischen Realismus reflexive, hermeneutische, geistesgeschichtlich-historische Analysen im Sinne des Traditionalismus bevorzugt werden. Paradigmatisch wird eine Position vertreten, die sich auf Hugo Grotius beruft und dem Institutionalismus zuzurechnen ist, der aber nicht mit dem amerikanischen Neoinstitutionalismus à la Keohane verwechselt werden sollte. Deshalb ist es nicht verwunderlich, daß die Begriffe »Interdependenz«, von amerikanischen Neoliberalen erst seit Ende der 1970er Jahre verwendet, oder »Weltgesellschaft« bzw. »Internationale Gesellschaft«, dort erst in den 1990er Jahren gebräuchlich, in der Englischen Schule bereits seit den frühen 1940er Jahren (Carr 1941) bzw. den frühen 1970er Jahren (z. B. Burton 1972) Verwendung finden. Auf der die Welt symbolisierenden Ebene wird deshalb anstelle des realistischen

---

3 Vgl. dazu Jones 1981, ferner Epp 1998, Grader 1988, Little 1998, Lyons 1986, Roberson 1998, Suganami 1983. Hauszeitschrift der dritten Generation der Englischen Schule ist die *Review of International Studies*.

Billardball-Modells das auf John Burton zurückgehende Spinn-webmodell verwendet. Eine Kurzcharakteristik könnte lauten: Die Englische Schule verfolgt einen traditionalistischen Institutionalismus mit Berührungspunkten zum Neoinstitutionalismus, zur Regimetheorie (Buzan 1993, Evans/Wilson 1992) und zur aktuellen Diskussion um Weltgesellschaft und Global Governance. In der Ersten Debatte stand sie eher im realistischen Lager, in der Zweiten Debatte im traditionalistischen Lager, an der Dritten Debatte hat sie nicht teilgenommen und in der Vierten Debatte verstärkt sie naturgemäß die Reihen der Postpositivisten. Letzteres erklärt, warum gerade englische IB-Zeitschriften besonders viele postpositivistische Beiträge veröffentlichen.

Ideengeschichtlich bedeutsam war Martin Wights Versuch einer philosophischen Fundierung der IB, in der er alle theoretischen Beiträge auf die »Drei Traditionen« – Realismus, Rationalismus und Idealismus – zurückführt (Yost 1994). Der Realismus wird in eine aggressive und in eine defensive Richtung unterschieden und leitet das Denken der »blood and iron and immorality men«, der Rationalismus (oder Institutionalismus) das Denken der »law and order and keep your word men« und der Idealismus, der wiederum in eine evolutionäre und in eine revolutionäre Richtung unterschieden wird, das Denken der »subversion and liberation and missionary men«. Also auch hier klingt wie im klassischen Realismus der Vorwurf des idealistischen Eifers an, der im Zweifelsfall auch Gewaltanwendung legitimiert.

Die zentrale Frage nach der Möglichkeit einer internationalen Gesellschaft, die vom Realismus geleugnet und vom Idealismus angestrebt wird, wird vom Institutionalismus differenziert beantwortet. Einerseits gibt es im realistischen Verständnis den Kampf aller gegen alle, andererseits gibt es auch Kooperation, die aber nicht durch die Gemeinschaft der Individuen, sondern durch internationale Institutionen zustande kommt. Der Institutionalismus setzt also nicht auf Macht wie der Realismus oder auf Normen, Menschenrechte und Naturrecht wie der Idealismus, sondern auf Regeln, Verträge und andere Institutionen. Internationale Institutionen können die unterschiedlichsten Formen annehmen: z. B. ein Machtgleichgewicht, das durch Bündnisse hergestellt wird, das Völkerrecht, ein internationales Schiedsgericht, internationale Konferenzen, das Netzwerk der Botschaften, die Regeln der Diplomatie, internationale Organisationen und Regime, aber auch grenzüberschreitende Transaktionen aller Art. Wie sich diese Institutionen herausbilden und auf diese Weise Weltgesellschaft konstituieren, ist Gegenstand der historisch angelegten Untersuchungen der Englischen Schule, die methodologisch durchaus Verwandtschaft zur Deutschen Historischen Schule in der Volkswirtschaftslehre und Soziologie aufweisen.

Hedley Bull und Adam Watson haben den Ansatz von Wight weiterentwickelt. Ausgangspunkt ist auch für sie die Vorstellung der Anarchie der Staatenwelt, die erstmals in Europa mit dem Westfälischen Frieden im Sinne eines Staatensystems geordnet wird. Aus einem Staatensystem entsteht dann eine internationale Gesellschaft, wenn eine Gruppe von Staaten durch Dialog und Konsens gemeinsame Regeln und Institutionen hervorbringt, um ihre Beziehungen zu pflegen. Bestand haben diese Arrangements, wenn sie gemeinsamen Interessen entsprechen. Daraus folgt die für den Institutionalismus fundamentale Annahme, daß Kooperation dauerhaft nicht aus purem Idealismus erwachsen kann, sondern nur, wenn der realistische Aspekt des eigenen Interesses hinzukommt. Staaten kooperieren, wenn dieses ihren Interessen entspricht, wenn kooperatives Verhalten bessere Politikergebnisse als das Selbsthilfeprinzip hervorbringt, wenn durch Kooperation Kosten gespart werden können, die im Falle der Selbsthilfe aufzubringen sind.

Bei der Herausbildung von internationaler Gesellschaft werden zwei Möglichkeiten, eine organische im Sinne des Gemeinschaftsverständnisses von Ferdinand Tönnies (Tönnies 1988) und eine vertragliche im Sinne des Gesellschaftsvertrages von Thomas Hobbes (Hobbes 1969), unterschieden. Die organische Variante setzt kulturelle Gemeinsamkeiten der Partner voraus, wie sie etwa im christlich und aufklärerisch geprägten Europa, im islamisch geprägten Orient oder im konfuzianisch geprägten Ostasien gegeben sind. Dieses »kulturalistische« Modell, mit dessen Hilfe sich etwa der Prozeß der Europäische Union interpretieren ließe, entspricht eher der Argumentation von Martin Wight, während das Vertragsmodell im Sinne des Funktionalismus auch auf die Kooperation unterschiedlicher Kulturen anwendbar ist und eher den Vorstellungen von Hedley Bull entspricht. Notwendig sind in jedem Fall die Erfüllung von drei Minimalvoraussetzungen, nämlich die Einhegung des Gebrauchs von Gewalt, die Befolgung des Pacta-sunt-servanda-Prinzips und die Anerkennung von Besitzrechten. Das Ende des Ost-West-Konflikts birgt folglich im Sinne der Englischen Schule auch eine neue Chance zur Herausbildung von internationaler Gesellschaft, die wohlgemerkt aber immer als Arrangement zwischen sich vernetzenden Staaten und nicht im idealistischen Sinne als Arrangement von sich vernetzenden Individuen verstanden wird.

III.
Szientismus/Positivismus

10. Die szientistische Revolution

Mit dem bislang verwendeten Begriff *Traditionalismus* sind die Instrumentarien der Hermeneutik, der Annäherung, des Verstehens, der Interpretation, der Intuition und der Erfahrung gemeint, die beim Studium von Texten angewendet bzw. gewonnen werden können. Die klassische Methode ist der hermeneutische Zirkel. Insofern läßt sich mit Fug und Recht behaupten, daß Politikwissenschaft und damit auch die Lehre von den Internationalen Beziehungen bis weit in die Nachkriegszeit eher als eine geisteswissenschaftliche dem eine sozialwissenschaftliche Disziplin verstanden und auch so betrieben wurde. Dies änderte sich erst mit der szientistischen Wende, die sich in den 1950er Jahren an amerikanischen Universitäten anbahnte und in den 1960er Jahren weitgehend auch vollzogen wurde. Der Begriff *Szientismus* leitet sich von dem englischen Wort »science« ab, das nicht die umfassende Bedeutung von Wissenschaft, sondern die eingeschränktere Bedeutung von Naturwissenschaft hat. Wissenschaftlich zu arbeiten heißt in diesem Verständnis, naturwissenschaftliche Methoden auf andere Disziplinen, insbesondere die Wirtschafts- und Sozialwissenschaften, zu übertragen. Unter letzteren werden die Soziologie, die Psychologie, die Anthropologie, die Politikwissenschaft, sogar die Rechts- und die Geschichtswissenschaft verstanden. Szientistische Herangehensweise verlangt deshalb die Formulierung theoretischer Modelle im Sinne der formalen Logik und die empirische, d. h. quantitative, Fundierung von Aussagen und führt zu einer weitgehenden Mathematisierung der Sozialwissenschaften.

Mehr oder weniger synonym zum Szientismus verwandte Begriffe sind *Positivismus* bzw. *Empirismus*. Damit sind Aussagen gemeint, die auf das Tatsächliche, Erfahrbare (Positive) und nicht auf das Normative oder Spekulative bezogen sind. Verwendet wurde damals auch der Begriff *Behavioralismus*, abgeleitet vom amerikanischen »behavior« (= Verhalten), der mit dem Begriff *Verhaltenswissenschaft* übersetzt werden kann. Im engeren Sinne ging es beim Behavioralismus um die Idee, beobachtbares und damit meßbares menschliches Verhalten zum Ausgangspunkt sozialwissenschaftlicher Fragestellungen und Untersuchungen zu nehmen (Lasswell 1947, Kelman 1965). Im weiteren Sinne wurde der Begriff aber auch zur Bezeichnung aller positivistisch verstandenen Sozialwissenschaften verwendet, um den Begriff »Social Sciences« zu vermeiden, der sich im amerikanischen Kontext der frühen 1950er Jahre, der sog. McCarthy-Ära, allzu leicht schon aufgrund der klanglichen Nähe zum Begriff »Socialism« dem Sozialismusverdacht ausgesetzt sah.

Durchgesetzt haben sich szientistische Methoden im Bereich der Politikwissenschaft nur in einigen Teildisziplinen, insbesondere in den Internationalen Beziehungen und der Vergleichenden Regierungslehre (Comparative Politics) in Form der Modernisierungstheorie,[1] während die Politische Theorie oder die Ideengeschichte von der szientistischen Wende nicht berührt wurde. Diese Feststellung gilt aber in erster Linie für die USA, während sie für Großbritannien aufgrund der Behauptung der Englischen Schule oder für Deutschland nur sehr bedingt gilt. Bekanntlich hat der Positivismusstreit in der deutschen Soziologie, der als Pendant zur amerikanischen Behavioralismus-Kontroverse bzw. zur Zweiten Debatte in den Internationalen Beziehungen anzusehen ist, einen unentschiedenen Ausgang genommen.

Zentrum der Hinwendung zum Szientismus war anfänglich die Chicago-Schule unter Führung von Charles Merriam (1874-1953) und Harold Lasswell (1902-1978). Dort kam es 1950 zur Gründung der »Behavioral Sciences«, nachdem bereits 1946 in Harvard ein »Department of Social Relations« gegründet worden war. Noch früher, nämlich 1942, führte Quincy Wright (1890-1970) die erste wegweisende, szientistisch angelegte, Studie zur Kriegsursachenforschung durch (A Study of War). Erwähnung finden sollte auch das von der Ford-Foundation 1952 gestiftete »Center for Advanced Study in Behavioral Sciences«, wie überhaupt die Ford-Foundation durch die Formulierung eines auf fünf Schwerpunkte angelegten und von ihr geförderten Forschungsprogramms die eigentliche Initialzündung geliefert hatte.

1 Führende Vertreter waren Gabriel Almond, Lucian W. Pye, Dankwart Rustow, James S. Coleman, Sidney Verba, Leonard Binder, Joseph La Palombara und Myron Winer, die im etwa 1960 gegründeten »Committee on Comparative Politics« organisiert waren. Zu dieser Richtung gehörten aber auch Karl W. Deutsch, Stein Rokkan und Daniel Lerner. Führende Zeitschrift der Modernisierungstheorie wurde die 1953 gegründete *Economic Development and Cultural Change*.

Diese fünf Forschungsfelder lauteten: Frieden, Demokratie, Wirtschaft bzw. Wohlstand, Erziehung in einer demokratischen Gesellschaft sowie individuelles und zwischenmenschliches Verhalten. Die 1956 gegründete Zeitschrift *Behavioral Science*, heute *Systems Research and Behavioral Science*, wurde zum Organ der neuen Bewegung.

Bei einer Systematik des Szientismus (vgl. Abb. 3) lassen sich vier Analyseebenen oder Einheiten, nämlich das Individuum, die Gruppe (verstanden als Verband/Institution/Organisation), der Staat und das internationale System, sowie drei Dimensionen, nämlich die Struktur, das Verhalten und die Beziehungen der jeweiligen Einheiten, unterscheiden. Daraus ergeben sich die drei szientistischen Ansätze (approaches) und deren Methodik: die Systemtheorie und Kybernetik, die mit Hilfe von Modellen die Strukturen der genannten Einheiten analysieren will; der Behavioralismus im engeren Sinne, der das Verhalten dieser Einheiten mit Hilfe von Simulationen bzw. Experimenten untersucht, wobei hier drei Varianten, nämlich die Spieltheorie, die außenpolitische Entscheidungstheorie und die Abschreckungstheorie zu unterscheiden sind; und schließlich der Funktionalismus bzw. die Integrationstheorie, die mit Hilfe quantitativer Daten die Beziehungen zwischen den Einheiten mißt und interpretiert.

Abb. 3: Der Szientismus in der Lehre von den Internationalen Beziehungen

Dimen- sionen	Analyseebenen				Methodik
	Individuum	Gruppe Institution	Staat	Internat. System	
Struktur	Systemtheorie Kybernetik				Modell- bildung
Verhalten	Spieltheorie Außenpolitische Entscheidungstheorie Abschreckungstheorie				Simu- lation
Bezie- hung	Funktionalismus Integrationstheorie				Daten- analyse

Die Systemtheorie und die simulationstheoretischen Ansätze sind eher dem konservativen, also realistischen Lager zuzurechnen, die funktionalistischen und integrationstheoretischen Ansätze eher dem liberalen, also institutionalistischen Lager. Dies erklärt, warum die Zweite Debatte keine weltanschauliche Debatte war. Um die Gemeinsamkeiten der Szientisten auf einen einfachen Nenner zu bringen: Die Abschreckungstheoretiker haben Raketen gezählt, die Friedensforscher haben die Intensität von Handelsbeziehungen gemessen oder internationale Organisationen gezählt.

Die Grundsätze des Szientismus (vgl. Falter 1979, 1982) lassen sich in neun Punkten zusammenfassen:

1. Theoriegeleitete Forschung: Dabei geht es nicht nur um die Beschreibung von Sachverhalten, sondern auch um die Erklärung und Prognose.

2. Die Suche nach Regelmäßigkeiten: Für Erklärung und Prognose ist der Rückgriff auf Gesetzesaussagen notwendig. Gesetzesaussagen beschreiben empirische Regelmäßigkeiten. Die Annahme lautet, daß auch soziale und politische Vorgänge solchen Regelmäßigkeiten unterliegen. Damit ist aber kein reiner Empirismus gemeint, sondern es wird berücksichtigt, daß intervenierende Variablen wie z. B. Einstellungen, Persönlichkeitsmerkmale oder Umweltfaktoren zwischen Reiz und Reaktion vermitteln. Letztere können nur indirekt mit Hilfe von Indikatoren untersucht werden.

3. Streben nach Nachprüfbarkeit und Objektivität von Aussagen: Alle Aussagen müssen sich auf beobachtbare Tatsachen beziehen, die sich objektiv, d. h. unabhängig von der Person des Forschers, ermitteln lassen. Kriterien sind das Prinzip der Wiederholbarkeit der Tatsachenermittlung und die Verwendung zuverlässiger Meßinstrumente, die sowohl reliabel (= formal zulässig) als auch valide (= inhaltlich gültig) sein müssen. Letzteres heißt z. B., daß ein als Forschungsinstrument verwendeter Fragebogen methodisch sauber ausgearbeitet ist und daß die mit seiner Hilfe Befragten eine für den Untersuchungsgegenstand passende Stichprobe darstellen müssen. Ferner muß empirische Forschung logisch widerspruchsfrei argumentieren, ihre Begrifflichkeit explizit machen und konsistent verwenden sowie alle Konzepte, die sich nicht auf empirische Sachverhalte beziehen, aus der Wissenschaftssprache ausscheiden.

4. Forschungstechniken: Zur Datenerhebung und Datenauswertung werden eingesetzt das Interview mittels Fragebogen, das Experiment, die quantitative Inhaltsanalyse, standardisierte Beobachtungsverfahren, Stichprobenverfahren, amtliche Statistik und schließende Statistik. Ziel ist es, große Datenmengen zu bewältigen, Zusammenhänge zwischen den untersuchten Variablen festzustellen und die Signifikanz der Ergebnisse zu bestimmen. Dies alles führt wie in den Wirtschaftswissenschaften zu einer Mathematisierung der Sozialwissenschaften.

5. Konzentration auf individuelles Verhalten: Alle Aussagen müssen sich auf beobachtbares Verhalten zurückführen lassen. Diese Forderung wirft bei Individuen wenig Probleme auf, ist aber, so lautet der kritische Einwand, bei zu untersuchenden Gruppen, Verbänden, Institutionen, Organisationen oder gar Staaten und Staatensystemen kaum bzw. gar nicht mehr zu realisieren.

6. Induktives Vorgehen: Verlangt wird zuerst die Beobachtung empirischer Regelmäßigkeiten. Die Formulierung allgemeiner Aussagen ist erst anschließend zulässig.

7. Werturteilsfreiheit: Werturteile lassen sich erfahrungswissenschaftlich nicht begründen und gehören ins Reich der Spekulation. Empirisch nachprüfbar sind nur kognitive Aussagen, d. h. Aussagen über die Welt, wie sie ist, und nicht über die Welt, wie sie sein soll. Werturteile sind nicht wahrheitsfähig, sondern verzerren nur die Ergebnisse der Forschung. An dieser Stelle offenbart sich die Nähe zu einer methodischen Forderung des Realismus, der in der ersten Debatte die normative Grundlegung des Idealismus kritisiert hatte.

8. Grundlagenorientierung: Da szientistisch angeleitete Forschung damals noch jung war, sollte sie sich auf die Grundlagenforschung konzentrieren. Anwendungsorientierte Policy-Forschung (Politikfeldforschung) kann nur wenig dazu beitragen, Grundlagenwissen zu erwerben. Diese Forderung hielt viele Behavioralisten aber nicht davon ab, dennoch Politikfeldanalyse zu betreiben.

9. Interdisziplinarität: Weil die Politikwissenschaft im szientistischen Sinne kaum eine eigene Methodik entwickelt hat, ist sie darauf angewiesen, auf das Instrumentarium anderer Sozialwissenschaften zurückzugreifen.

Heftig kritisiert wurden diese Grundsätze im Rahmen der Zweiten Debatte, deren Darstellung sich deshalb unmittelbar anschließen muß.

11. Die Zweite Debatte: Traditionalismus versus Szientismus

Diese gegenüber dem bisherigen methodischen Selbstverständnis der Disziplin wahrhaft revolutionären Forderungen, denen sich ein großer Teil der amerikanischen IB-Forscher anschloß, mußte natürlich den Widerspruch der Traditionalisten sowohl in der amerikanischen Version des Klassischen Realismus wie in der britischen Version des Institutionalismus hervorrufen. Auch die Anfänge der deutschen IB-Forschung in den frühen 1960er Jahren standen dem Szientismus zunächst verständnislos gegenüber, bemühten sich aber durch die Übersetzung amerikanischer Beiträge (Brennan 1961) um ein solches Verständnis, als man merkte, daß die amerikanische Sicherheitspolitik in starkem Maße szientistisch beeinflußt wurde.[1]

Eröffnet wurde die Zweite Debatte im Jahre 1966 an sehr prominenter Stelle, nämlich in *World Politics*, durch Hedley Bulls Aufsatz »International Theory: The Case for a Classical Approach«. Unterstützung erhielt Bull durch Beiträge von Aron, Morgenthau und Carr. Die szientistische Reaktion auf den Angriff erfolgte postwendend ebenfalls in *World Politics* durch Morton Kaplan, »The New Great Debate: Traditionalism vs. Science in International Relations« von konservativer und durch J. David Singer »The Incomplete Theorist: Inside without Evidence« von liberaler Seite. Die wichtigsten Beiträge der von beiden Seiten sehr polemisch geführten Kontroverse sind in dem von Klaus Knorr und James N. Rosenau herausgegebenen Band *Contending Approaches to International Politics* (1969) zu finden, der als angelsächsisches Gegenstück zu dem Band *Der Positivismusstreit in der deutschen Soziologie* (1969) gelten kann und v. a. durch die Beiträge von Adorno als Vertreter der kritischen Theorie und Popper als Vertreter des Positivismus berühmt geworden ist.

Bulls Position läßt sich folgendermaßen zusammenfassen: Es gibt zwei Ansätze in der Zunft, den klassischen Ansatz und den

---

1 Im Hinblick auf die DAGP vgl. dazu Eisermann 1999, S. 140 ff. Der Sammelband von Brennan 1961 wurde von der DGAP unter dem Titel *Strategie der Abrüstung* 1962 veröffentlicht.

szientistischen Ansatz. Der klassische Ansatz basiert auf dem Studium und der Kritik der Klassiker wie Hobbes, Grotius, Kant, Locke, Clausewitz u. a., so wie sie von der Englischen Schule betrieben werden, und findet die Begründung für seine Aussagen in der Philosophie, in der Diplomatiegeschichte und im Völkerrecht. Würde man die harten Kriterien des Szientismus an die Lehre von den Internationalen Beziehungen anlegen, ließe sich nur wenig aussagen und folglich auch kein Verständnis der internationalen Politik gewinnen. Deshalb ist es notwendig, Intuition, Erfahrung und Hermeneutik zum Einsatz zu bringen. Der szientistische Ansatz fordert die logische und mathematische Überprüfbarkeit von Aussagen und verlangt strikte empirische Verifikationsverfahren, ist in sich aber sehr heterogen, wie die Beispiele Systemtheorie (Kaplan), Spieltheorie (von Neumann/Morgenstern), Entscheidungs- und Abschreckungstheorie (Schelling), Kommunikations- und Integrationstheorie (Deutsch) und die gesamte frühe Friedens- und Konfliktforschung (Wright, Rapoport, Rummel, Boulding, Modelski, Richardson) unter Beweis stellen. Seine Kritik am Szientismus unterteilt Bull in unwesentliche und in wesentliche Punkte. Zu den unwesentlichen zählt er die formalistische, schwer lesbare und schwer verständliche Ausdrucksweise, den Umstand, daß fachfremde Spezialisten wie etwa Mathematiker oder Naturwissenschaftler ihre Methoden auf die Politikwissenschaft übertragen haben und daß unter den Szientisten keine bestimmte politische Orientierung, sondern ein breites Spektrum von sehr konservativ bis linksliberal vertreten ist.

Der wichtige Vorwurf lautet, daß der Szientismus entgegen seinem eigenen Anspruch nur wenig zur Theorie der Internationalen Beziehungen beigetragen habe. Diese These wird anhand von sieben Punkten näher ausgeführt, die als der eigentliche Kern der Behavioralismus-Kritik aus Sicht der traditionalistischen IB-Theoretiker verstanden werden können und deshalb hier ausführlich referiert werden:

1. Die methodologische Rigidität des Szientismus führe dazu, daß die Forschung sich weit vom eigentlichen Gegenstand des Fachs entfernt habe, indem man sich z. B. mit der Problematik der Index-Bildung zur Messung der Interaktionsdichte von Austauschbeziehungen befaßt, die wirtschaftliche oder kulturelle Integrationsprozesse anzeigen sollen, die wiederum Aussagen über die Chancen friedlicher Kooperation auf dem Feld der Politik zu-

lassen. Ziel der Polemik ist hier die empirische Diskussion über Kants Theorem des demokratischen Friedens. Bei den Internationalen Beziehungen handele es sich aber um *moralische* Grundsatzfragen und um empirische Fragen *einzelner* Fälle, die intuitiv zu klären seien. Diese Grundsatzfragen ließen sich durch den Szientismus nicht beantworten. Dieser flüchte sich statt dessen in Methodologie oder behandele für das Fach eher periphere Fragen.

2. Wichtige Einsichten seien nicht das Ergebnis szientistischer Verfahren, sondern des Rückfalls auf den klassischen Ansatz. Das gelte z. B. für die Abschreckungstheorie, die letztlich philosophisch (besser anthropologisch) fundiert sei. Die dort verwendeten Modelle hätten lediglich illustrierenden Charakter.

3. Der Szientismus erziele nur auf Randgebieten, aber nicht im Kernbereich des Fachs einen Erkenntnisfortschritt, weil dieser Kernbereich sich der Quantifizierung prinzipiell entziehe. Statt dessen gebe es das Versprechen auf die Zukunft, daß alle bislang zu konstatierenden heterogenen Teile zusammenwachsen werden.

4. Die Modellbildung sei kein Beitrag zur Theorie. Sie mag zwar in den Wirtschaftswissenschaften hilfreich sein, sei es aber nicht in der Lehre von den Internationalen Beziehungen. Die vom Szientismus formulierten abstrakten Modelle seien viel zu weit weg von der Wirklichkeit, um wirklichen Erklärungswert besitzen zu können. Das gelte insbesondere für die Systemtheorie à la Kaplan. Damit offenbart Bull sein doppeltes Verständnis von Realismus, indem er sich weltanschaulich vom idealistischen »Utopismus« und methodologisch von der wirklichkeitsfernen szientistischen »Modellschreinerei« absetzt.

5. Die Verabsolutierung des Quantifizierbaren führe dazu, daß auch Banalitäten in quantitativer Form oder in Gleichungen ausgedrückt werden. Wenn man Dinge zähle, verschwänden die Unterschiede zwischen den gezählten Einheiten. Diese Kritik richtet sich insbesondere gegen die quantitative Integrationsforschung à la Deutsch und Russett, läßt sich aber auch gegen die quantitative Hegemoniezyklenforschung von Modelski und Thompson wenden.

6. Der szientistischen Forderung nach präziser Theoriebildung sei zuzustimmen, doch könne dieses auch innerhalb des klassischen Ansatzes geschehen. Dessen Defizite seien, daß seine Grundannahmen zu wenig explizit gemacht werden, daß die ver-

wendeten Begriffe definiert werden müssen und daß die Verfahrensschritte zu wenig logisch aufeinander aufbauen.

7. Schließlich vermißt Bull die zu geringe Selbstkritikfähigkeit der Szientisten, weil die eigene Tradition durch deren Distanzierung gegenüber der Philosophie und Geschichte geleugnet werde. Aber auch der Szientismus stehe in der Tradition der Internationalen Beziehungen und lasse sich insofern auch selber historisieren.

Die harte Gegenposition der Szientisten des konservativen Lagers wurde von Kaplan vorgetragen und lief auf den Vorwurf hinaus, die Traditionalisten würden unwissenschaftlich arbeiten. Dieses wurde mit Begriffen wie »implizit«, »impressionistisch«, »vage«, »feuilletonistisch« oder »politischer Kommentar« sehr subtil zum Ausdruck gebracht. Daraus resultierte der weitere Vorbehalt, daß Prognosen und damit politische Handlungsanweisungen, die aus traditionalistischen Analysen hervorgegangen sind, schon zu oft zu verhängnisvollen Fehlprognosen und damit zu krassem politischen Fehlverhalten geführt haben, weil diese zu wenig sorgfältig, eben unwissenschaftlich, begründet worden seien. Gemeint ist insbesondere die idealistisch inspirierte Politik des Völkerbunds oder die Appeasement-Politik gegenüber Nazideutschland. Dieser Vorwurf wird am Beispiel der Verkehrssicherheit exemplifiziert. Wenn ich mehr Verkehrssicherheit erreichen will, reiche nicht der Appell an das Verantwortungsbewußtsein der Verkehrsteilnehmer (idealistisch) oder die Verhängung eines Bußgeldkatalogs gegen Verkehrssünder (realistisch), sondern ich muß zunächst die Struktur und das System untersuchen (also Straßen und Eigenschaften der Fahrzeuge), dann die Kultur und die Beziehungen der Verkehrsteilnehmer untereinander (also die Regeln und Normen) und schließlich ihr individuelles Verhalten (also Fahrvermögen, Aggressivität usw.), bevor ich verkehrspolitisch handeln kann. Kaplan bezieht sich damit auf die in Abbildung 3 unterschiedenen drei Dimensionen des Szientismus.

Singers Reaktion, als Vertreter des liberalen Lagers, ist im Vergleich zu Kaplan differenzierter und sehr viel moderater im Ton. Bulls sieben Punkte werden folgendermaßen kommentiert:

zu 1. Nicht nur das Verständnis eines Problems oder Sachverhalts, sondern auch die adäquate Untersuchungsmethode sei notwendig.

zu 2. Der Szientismus stehe zwar in der Kontinuität des Traditionalismus, erhebe aber den Anspruch, das erworbene Wissen zu quantifizieren.

zu 3. Auch Kernbereiche der internationalen Beziehungen ließen sich mit Hilfe quantitativer Indikatoren bearbeiten. Singer verweist dabei z. B. auf die von ihm zusammen mit Melvin Small vorgelegten bahnbrechenden Arbeiten zur Kriegsursachenforschung.[2]

zu 4. Dem insbesondere gegenüber Kaplan erhobenen Vorwurf der Modellschreinerei wird partiell zugestimmt.

zu 5. Hier argumentiere Bull inkonsistent. Man kann den Szientisten nicht gleichzeitig »Faktenhuberei« (wie Deutsch/Russett) und »Modellschreinerei« (wie Kaplan) vorwerfen, wenn es einmal heißt: Die Szientisten sähen den Wald vor lauter Bäumen nicht, andererseits aber würden sie nur den Wald betrachten und ließen dabei das Verständnis für den einzelnen Baum vermissen.

Ferner argumentiert Singer, daß auch die klassische Methode der Fallstudie, wie sie von den Traditionalisten verwendet wird, nicht alle Variablen berücksichtigen kann, wie umgekehrt auch die Szientisten nicht alle Variablen in ihre quantitative Analyse einbeziehen können.

Resultat der Debatte war, daß zwar beide Positionen weiterlebten, daß aber der Szientismus in den USA zur dominanten Richtung aufstieg und auch viele ursprüngliche Traditionalisten sich in der Folge mehr oder weniger strikt szientistischer Methoden bedienten. Diese Feststellung gilt nicht für Großbritannien und nur bedingt für Kontinentaleuropa. In Deutschland blieb der Szientismus in der Lehre von den Internationalen Beziehungen immer eine Minderheitenposition gegenüber dem Traditionalismus, zumal er hier auch noch mit anderen Ansätzen wie dem Marxismus

2 Melvin Small/J. David Singer, *Resort to Arms: International Civil Wars, 1816–1980*. Beverly Hills: Sage 1982. Diese Forschung wurde von dem deutschen Szientisten der liberalen Richtung, Klaus Jürgen Gantzel, fortgesetzt. Vgl. dazu Klaus Jürgen Gantzel/Torsten Schwinghammer/Jens Siegelberg, *Kriege der Welt. Ein systematisches Register der kriegerischen Konflikte 1985–1992*. Bonn: Stiftung Entwicklung und Frieden 1992. = Interdependenz Nr. 13. Vgl. dazu auch die Nr. 16 und 20 dieser Reihe, die eine Fortschreibung bis 1995 enthalten. Der Aufsatz »The War-proneness of Democratic Regimes, 1816–1865« (Small/Singer 1976) bildete den Auftakt der empirischen Diskussion über die Theorie des demokratischen Friedens.

konkurrieren mußte. Lediglich in der kritischen Friedensforschung vermochte die linksliberale Richtung des Szientismus in der Tradition von Singer und Small oder Karl W. Deutsch starken Einfluß zu gewinnen, wie z. B. Klaus Jürgen Gantzel (1972, 1973), Georg Simonis (1973) oder Dieter Senghaas (1966, 1968) unter Beweis stellen. Der eigentliche szientistische Durchbruch in der deutschen IB-Forschung erfolgte erst viel später, nämlich Mitte der 1980er Jahre, als die »Tübinger Schule« die amerikanische Regimetheorie in Deutschland popularisierte, ohne aber den Klassischen Realismus damit zu verdrängen, wie er z. B. von Karl Dietrich Bracher, Hans Peter Schwarz oder Christian Hacke repräsentiert wird.[3]

In gewisser Weise war die Zweite Debatte deshalb auch eine Debatte zwischen den USA und Europa. Ähnlich wie in der Soziologie, vertreten durch die Frankfurter Schule und die New School for Social Research, war der Traditionalismus auch in der Lehre von den Internationalen Beziehungen ein Produkt der europäischen Geistesgeschichte. Dieser hatte über die europäische, insbesondere die deutsche, Emigration Eingang in die amerikanische Wissenschaft gefunden (Söllner 1996). Der Szientismus war hingegen eine eigene amerikanische Schöpfung, die sich in den Wirtschafts- und Sozialwissenschaften durchsetzte und durch solche Europäer, die Forschungsaufenthalte in den USA absolviert hatten, dort rezipiert und dann nach Europa gebracht wurde. Dominant wurde er, weil die USA, damit die amerikanische Wissenschaft und damit auch deren szientistische Wende nach 1945 im Sinne Antonio Gramscis (1891-1937) bzw. der Kritischen Theorie der IB eine Hegemonialposition errungen hatten. Hinzu kam, daß der Ost-West-Konflikt, soweit er als ein Systemkonflikt interpretiert wurde, dessen Dynamik von vielfältigen Interdependenzen abhing, dem szientistischen Denken durchaus entsprach. Ausdruck des gewandelten Wissenschaftsverständnisses war auch die Gründung neuer friedenswissenschaftlich orientierter IB-Zeitschriften seit Ende der 1950er Jahre wie *Journal of Conflict Resolution* (1957), *Journal of Peace Research* (1964), *Cooperation and Conflict* (1965) oder *Bulletin of Peace Proposals* (1970) (jetzt *Security Dialogue*), die alle dem Szientismus verpflichtet waren und sind. Dies gilt auch für die bereits genannte

3 Vgl. dazu Schwarz 1994, Hacke 1993, 1997.

International Studies Quarterly, die ebenfalls eine starke szientistische Färbung aufweist.

Im folgenden sollen die drei Hauptrichtungen des Szientismus in der Lehre von den Internationalen Beziehungen, nämlich die Systemtheorie, der Behavioralismus im engeren Sinne mit den Varianten Spieltheorie, Abschreckungstheorie und Außenpolitische Entscheidungstheorie sowie die quantitative Integrationsforschung näher dargestellt werden.

12. Die Herausbildung des bipolaren Systems und die Attraktivität der Systemtheorie

Beginnen wir mit der Systemtheorie, die insbesondere durch Morton Kaplan und später Kenneth Waltz und Robert Gilpin starken Einfluß auf die Disziplin genommen hat. Der eine Grund ist sicherlich darin zu suchen, daß die Systemtheorie zwar Teil der szientistischen Wende in den Sozialwissenschaften war, daß sie mit ihren Aussagen zum Gleichgewicht der Kräfte (Balance of Power-System) aber auch starke Berührungspunkte zum Klassischen Realismus hatte, der in anderer Terminologie zu ähnlichen Aussagen gekommen war. Der andere Grund ist darin zu suchen, daß die weltpolitische Entwicklung der 1950er/60er Jahre strukturelle Veränderungen aufwies, die sich in den Kategorien der Systemtheorie durchaus adäquat darstellen ließen. Stark vereinfacht war die internationale Politik von 1648 (Westfälischer Frieden) bis 1918 oder gar bis 1945 eurozentrisch geprägt. Fünf europäische Großmächte (England, Frankreich, Österreich-Ungarn, Preußen/Deutschland und Rußland) bildeten das Staatensystem, das erst in der Schlußphase durch die USA und Japan als weitere Großmächte ergänzt wurde. Wechselnde Bündniskonstellationen unter diesen fünf bis sieben Mächten sorgten für ein Machtgleichgewicht, wobei der Primat auf der Akteursebene lag. Die genannten Großmächte waren weitgehend souverän und autonom in ihren außenpolitischen Entscheidungen. Deren Zusammenspiel konstituierte das internationale System.

Seit dem Zweiten Weltkrieg setzte ein struktureller Wandel ein, der verschiedene und z. T. auch gegenläufige Aspekte aufwies. Die einsetzende Entkolonialisierung und die Industrialisierungsprozesse außerhalb der westlichen Länder ließen neue Mächte auf den Plan treten, die ihrerseits einen Großmachtanspruch erhoben. Neben Japan sind hier insbesondere China als möglicher künftiger Herausforderer der USA nach dem Zusammenbruch der Sowjetunion, Indien, Südafrika, Ägypten, der Iran, der Irak oder Brasilien zu nennen. Der Ost-West-Konflikt führte darüber hinaus zu einer bipolaren Konstellation von zwei Blöcken, die sich antagonistisch gegenüberstanden, weil sie unterschiedlichen, sich gegenseitig ausschließenden Gesellschaftssystemen verpflichtet waren. Daneben gab es als dritte Gruppe die neutralen oder blockfreien Länder, die sich seit der Konferenz von Bandung (1956) politisch organisierten. Dieses wiederum führte zu neuen internationalen Organisationen und Akteuren (NATO, Warschauer Pakt), die einer anderen (bipolaren) Logik als die Vereinten Nationen mit ihrer One-World-Vorstellung verpflichtet waren. Von besonderer Bedeutung war das Ende des amerikanischen Atommonopols im Jahre 1949 durch die Zündung einer sowjetischen Atombombe und der erste sowjetische Satellit (Sputnik) im Jahre 1957 – Ereignisse, die einen bis dato nicht gekannten Rüstungswettlauf der beiden Supermächte bei der Entwicklung von nuklearen und konventionellen Waffensystemen auslösten. Damit erhielt der Ost-West-Konflikt, der selber als »Systemkonflikt« verstanden wurde, die alles andere in den Schatten stellende militärische Komponente, die sich aber nicht nur im Rüstungswettlauf, sondern auf zahlreichen Schauplätzen auch in direkten oder indirekten Konfrontationen der Supermächte äußerte. Genannt seien nur die Beispiele Berlin-Blockade, Koreakrieg, Kongo, Kubakrise, Nahostkonflikt und Vietnamkrieg.

Diese Faktoren führten bei den handelnden Politikern gleichermaßen wie in der akademischen Zunft zu einem Bewußtsein, daß selbst die mächtigsten Staaten keineswegs mehr autonom in ihren Entscheidungen und Handlungen sind, daß diese vielmehr auch durch das internationale System bedingt werden, innerhalb dessen sie operieren. Alle politischen Strategien zur Konfliktlösung, Konfliktvermeidung oder zumindest Konflikteinhegung hatten deshalb den Systemcharakter der internationalen Beziehungen zu berücksichtigen. Diese Erkenntnis führte innerhalb der Lehre von den Internationalen Beziehungen zu einer Variante der Zweiten Debatte über die Frage, ob das System oder die Akteure (Staaten) die bestimmende Dimension für die internationale Politik seien, wobei die Szientisten die Systemebene und die Traditionalisten die Staaten oder »großen Männer der Geschichte«, also die Akteursebene, präferierten.[1]

Vor diesem Hintergrund wird es verständlich, daß die Systemtheorie auch in der Lehre von den Internationalen Beziehungen

1 Vgl. dazu Carlsnaes 1992, Dressler 1989, Dryzek/Clark/McKenzie 1989, Friedman/Starr 1997.

große Aufmerksamkeit fand. Prominente Vertreter waren Karl W. Deutsch (1912-1992), Anatol Rapoport (*1911), Richard N. Rosecrance (*1930), Kenneth E. Boulding (1910-1993), David Easton (*1917), Morton A. Kaplan (*1921), Kenneth Waltz (*1924),[2] Charles A. McClelland (*1917) und J. David Singer (*1925), wobei auch hier wieder ein konservatives (Kaplan, Waltz) bis liberales (Deutsch, Singer) Spektrum vertreten war. Die Ausgangsfrage, die sich den genannten Autoren stellte, lautete: Lassen sich auch die internationalen Beziehungen als ein System bestimmen? Wenn dies möglich ist, dann sind auch die Bausteine und Funktionen des Systems empirisch wie theoretisch erfaßbar. Folglich lassen sich dessen Stabilitätsbedingungen ermitteln und stabilitätskonforme Verhaltensweisen angeben. Das eigentlich leitende Erkenntnisinteresse lautete: Unter welchen Bedingungen ist das internationale System, das durch den Ost-West-Konflikt geprägt wird, stabil? Welches Verhalten der Akteure führt zur Stabilität, welches zur Instabilität des Systems?[3]

Die theoretischen Wurzeln dieses Ansatzes, der durch seine besonders »wissenschaftliche« Sprache bereits gegenüber dem Leser abschreckende Wirkung zeigt, sind zum einen in dem auf Talcott Parsons (1902-1978) zurückgehenden Strukturfunktionalismus zu sehen, dessen Theorie Gültigkeit für alle sozialen Systeme beanspruchte. Parsons hatte mit seiner Handlungstheorie die These aufgestellt, daß jedes soziales System und damit auch das internationale System vier Funktionen erfüllen muß, um Bestand zu haben: die Strukturerhaltung, die Anpassung an die Umwelt, die Zielerreichung und die Integration (Parsons 1952). Hieran sollte Kaplan anschließen.

Die zweite theoretische Wurzel war die allgemeine Systemtheorie von Ludwig von Bertalanffy (1901-1972), die wiederum auf die Kybernetik Norbert Wieners (1894-1964) und die Informationstheorie zurückging[4] und die Grundlage für Karl W. Deutschs Richtung der Systemtheorie lieferte. Wichtigstes Prin-

---

2 Auch wenn Waltz später als Stammvater des Neorealismus bzw. strukturellen Realismus galt, so war seine Dissertation *Man, the State, and War* (1959) doch stark systemtheoretisch geprägt.
3 Vgl. dazu Busse-Steffens 1980, Gantzel 1972, Pawelka 1973, Simonis 1973, Simonis 1973, sehr kritisch Weltman 1973.
4 Vgl. dazu Bertalanffy 1950, 1969, Wiener 1968, 1954, sowie Young 1968, der später von der Systemtheorie zur Regimetheorie gestoßen ist.

zip der kybernetischen Systemtheorie ist das Prinzip der Kreislaufkausalität. Ausgangspunkt ist nicht ein linearer Ursache-Ziel-Zusammenhang, sondern ein Regelkreissystem. Ergebnisse wirken im Sinne einer Rückkopplung auf die Ausgangsergebnisse zurück. Zur Regelung gehört die Information, zum Regelungsprozeß gehört die Kommunikation und zur Selbststeuerung des Systems dessen Lernprozeß. An dieser Stelle wird der Zusammenhang mit der idealistischen Theorie deutlich, die ja auch davon ausgeht, daß der Mensch, da vernunftbegabt, lernfähig ist und somit zum Vernünftigen, d. h. Guten, erzogen werden kann. Berührungspunkte gibt es auch zu Niklas Luhmanns (1927-1998) systemtheoretisch fundierter Theorie der Weltgesellschaft (Luhmann 1971).

Morton Kaplan begreift demgegenüber in seinem Hauptwerk *System and Process in International Politics* von 1957, das 1967 in der zweiten Auflage erschien, das internationale System in Anlehnung an Parsons als ein Handlungssystem mit Akteuren und Regeln und stellt die Frage, wie dessen Stabilität zu erreichen sei.[5] Im Unterschied zum liberalen Ansatz von Deutsch geht es ihm nicht um Veränderung, also die Transformation des Ost-West-Konflikts, sondern um eine sicherheitspolitisch, also konservativ motivierte Einhegung des Konflikts, der nicht zum offenem Ausbruch kommen darf. Dabei sind fünf Variablen zu berücksichtigen:

1. die Grundregeln des Systems, die die Beziehungen zwischen den Akteuren beschreiben und die Rollen bzw. Funktionen der Akteure definieren. Bei Einhaltung der Regeln befindet sich das System im Gleichgewicht.

2. die Transformationsregeln, die die Bedingungen benennen, unter denen sich die Grundregeln ändern. Damit wird das System transformiert und findet zu einem neuen Gleichgewicht.

3. die Klassifikation der Akteure in demokratische und autoritäre Nationalstaaten sowie transnationale Akteure und daraus resultierende unterschiedliche Verhaltensmuster.

4. die Machtvariablen wie z. B. Territorium, Bevölkerung, Industriepotential oder Militärpotential.

5. Variablen, die die Informations- und Kommunikationssysteme bestimmen.

5 Auf Deutsch auszugsweise in Kaplan 1975.

Ausgerüstet mit diesem Instrumentarium, unterscheidet Kaplan sechs Modelle von internationalen Systemen mit einem jeweils anderen Satz von Regeln, deren Befolgung Stabilität hervorruft. In der Wirklichkeit wiederzufinden sind aber nur seine beiden ersten Modelle, nämlich das »Balance of Power-System« des 18. und 19. Jahrhunderts bis zum Ersten Weltkrieg und das »lockere bipolare System« von 1949 bis 1989. Die anderen Modelle, nämlich das »feste bipolare System«, das »universalistische internationale System«, das »hierarchische internationale System« und das »Veto-System« sowie später formulierte weitere Varianten lassen sich entweder in der Realität nicht finden oder setzen eine Systemtransformation, d.h. die Überwindung des Ost-West-Konflikts, voraus. Dies gilt insbesondere für das »universalistische System«, das als früher systemtheoretischer Beitrag zur Global-Governance-Diskussion betrachtet werden kann.

Gerade aus dem Vergleich der Ansätze von Deutsch oder Rapoport einerseits und Kaplan oder Waltz andererseits wird deutlich, daß selbst die Systemtheorie (wie der Szientismus insgesamt) nicht eindeutig dem einen oder anderen weltanschaulichen Lager zugerechnet werden kann. Die einen setzten auf Information, Kommunikation, Lernprozesse, Selbststeuerungsfähigkeit und damit auf Systemveränderung. Sie hielten also eine grundsätzliche Transformation des Ost-West-Konflikts im Sinne der Friedensforschung für möglich. Die anderen vertraten demgegenüber einen statischen, ahistorischen Systembegriff, der eher darauf abzielt, die Regeln eines Systems zu identifizieren, deren Befolgung für Stabilität sorgt. Dies läßt sich mit den klassischen realistischen Vorstellungen von Sicherheitspolitik vereinbaren, die auf Abschreckung oder Machtgleichgewicht vertrauen, um auf diese Weise den Systemkonflikt unter Kontrolle zu halten.

13. Die Operationalisierung des Szientismus als Handlungsanleitung: Spieltheorie, Abschreckungstheorie und Außenpolitische Entscheidungstheorie

Der Behavioralismus im engeren Sinne, also die Übertragung bestimmter Eigenschaften menschlichen Verhaltens auf das Verhalten von politisch relevanten Akteuren, nämlich Politiker, Diplomaten, Militärs oder Spitzenbeamte, schlug sich in drei Teildisziplinen, der Spieltheorie, der Abschreckungstheorie und der Außenpolitischen Entscheidungstheorie, nieder. Die *Spieltheorie* wurde begründet durch den Mathematiker und Chemiker John von Neumann (1903-1957) und den Nationalökonomen Oskar Morgenstern (1902-1977), die 1944 gemeinsam das grundlegende Werk *Theory of Games and Economic Behavior* verfaßt hatten, das wiederum auf dem frühen Aufsatz von Neumanns »Zur Theorie der Gesellschaftsspiele« aus dem Jahre 1926 basierte.[1] Nachdem die ersten praktischen Anwendungen der Spieltheorie bereits während des Zweiten Weltkriegs, etwa zur Planung von Abwehrmaßnahmen im U-Boot-Krieg im Atlantik, vorgenommen worden waren, erzielte die Spieltheorie als Grundlage für militärstrategische Überlegungen gleichermaßen wie in der Friedens- und Konfliktforschung erst in den 1960er Jahren ihren Durchbruch. Weitere wichtige Spieltheoretiker waren der Mathematiker, Biologe, Psychologe und Friedensforscher Anatol Rapoport und aus der zweiten Generation Martin Shubik (*1926), ein ehemaliger Assistent von Morgenstern, Ken Binmore (*1940), der Abschreckungstheoretiker Thomas Schelling, Steven John Brams (*1940) und Robert Axelrod (*1943).[2]

Auch hier ist bemerkenswert, daß die erste Generation der Spieltheoretiker sich aus deutschen bzw. osteuropäischen Emi-

---

1 Zu dieser Zusammenarbeit vgl. Weintraub 1992 und darin besonders Leonard 1992.
2 Wichtige spieltheoretische Werke in Auswahl sind Axelrod 1990, Binmore 1990, Brams 1985, 1994, Rapoport 1976, 1966, 1970, Shubik 1965, 1975, 1991. Daß auch in der Sowjetunion spieltheoretische Überlegungen angestellt wurden, zeigt Gerassimow 1967.

granten (von Neumann, Morgenstern, Rapoport) rekrutierte, die zudem fachfremd waren und ihre mathematisch-naturwissenschaftlichen Methoden auf die Lehre der Internationalen Beziehungen in bester szientistischer Manier anwendeten. Bemerkenswert ist auch, wie Faschismus, Emigration von Wissenschaftlern jüdischer Abstammung aus Europa in die USA, Zweiter Weltkrieg und Ost-West-Konflikt auf drei Feldern zu einer intellektuellen, politisch und militärisch äußerst relevanten Bündelung führten. Das betraf die Naturwissenschaftler, insbesondere die Physiker (z. B. Edward Teller, *1908), die am Manhattan-Projekt zum Bau der ersten Atombombe mitwirkten; das betraf die Begründer des Klassischen Realismus, die die weltanschaulichen Grundlagen zum Umgang mit totalitären Systemen legten; und das betraf die Mathematiker und Spieltheoretiker, die im Bereich der Strategischen Studien die Operationalisierung des realistischen Denkens im Hinblick auf konkrete außenpolitische, militärstrategische und rüstungspolitische Handlungsanleitungen unter Einbeziehung von Nuklearwaffen leisteten. Die detaillierte Geschichte dieses Zusammenhangs harrt noch der konkreten Aufarbeitung. Das Manhattan Projekt zum Bau der amerikanischen Atombombe, das Office of Strategic Services (OSS),[3] aus dem später die CIA hervorgegangen ist, die Operations Evaluation Group der Marine, die Statistical Research Group der Luftwaffe, das National Defense Research Committee und insbesondere die von der Luftwaffe gegründete RAND-Corporation waren die Institutionen, an denen deutsche bzw. europäische Emigranten der unterschiedlichsten akademischen Disziplinen beschäftigt wurden.[4]

Bei der Spieltheorie handelt es sich um eine mathematische Theorie im Sinne einer formalisierten Darstellung von interdependenten Entscheidungsstrukturen, die im Sinne mathematischer Lösungen rational bewältigt werden sollen. Sie beruht auf axiomatischen Grundannahmen, die soziale Situationen abbilden

abstrakter Konzepte zu liefern wie Koordination, Kooperation, (Verhandlungs-)Macht, Fairneß, Drohung, Abschreckung, Vergeltung u. a. Als »Spiel« wird dabei die Konstruktion eines Mo-

3 Hier war z. B. zeitweise Herbert Marcuse tätig. Zum OSS vgl. Katz 1989.
4 Vgl. in diesem Zusammenhang die berühmte Studie über die RAND-Corporation von Kaplan 1983 sowie Smith 1971, Katz 1989 und De Landa 1991.

dells bezeichnet, das die jeweils zu analysierende soziale Situation und die Verhaltensoptionen der Spieler abbildet. An dieser Stelle wird der behavioralistische Ansatz besonders deutlich. Immer wieder verwendete Spiele sind das Gefangenendilemma (Prisoner's Dilemma), Feigling (Chicken) und Hirschjagd (Stake Hunt). Die Spieltheorie findet Anwendung in der Psychologie, in den Wirtschafts- und in den Sozialwissenschaften. In der Politikwissenschaft wird sie herangezogen zur Analyse von Wahlverhalten, des Abstimmungsverhaltens und der Koalitionsbildung in Parlamenten, der Abstimmung und Koalitionsbildung in internationalen Organisationen, zur Operationalisierung von Abschreckungspolitik, in der Militärstrategie und in der Rüstungspolitik.

Insbesondere amerikanische Denkfabriken, die dem militärisch-industriellen Komplex in den USA beratend nahestehen, wie etwa die besagte RAND-Corporation (Green 1968, Smith 1971, Levine/Schelling/Jones 1991), haben intensiv spieltheoretische Studien betrieben. Dies gilt aber auch für das idealistische Pendant der realistisch orientierten Strategischen Studien, nämlich die Friedensforschung. Während erstere wie z.B. Schelling oder Shubik mit Hilfe der Spieltheorie militärstrategisches Verhalten und Abschreckung optimieren wollten, suchten letztere wie z.B. Rapoport (1974) oder Axelrod (1990) über spieltheoretische Überlegungen zu begründen, ob und wie kooperatives Verhalten möglich ist. Eine empirische Wissenschaft ist die Spieltheorie nur insofern, als die von ihr formulierten Modelle zur Abbildung sozialer Situationen experimentell mit Probanden im Labor getestet werden können. Das Verhalten dieser Testpersonen in den Experimenten läßt sich dann quantitativ messen und statistisch auswerten.

Das von der Spieltheorie (vgl. Junne 1972, Snidal 1985) zu analysierende Entscheidungsverhalten unterscheidet drei Typen von Entscheidungen, die die Spieler (= Entscheider) zu treffen haben: Entscheidung unter Gewißheit, Entscheidung unter Risiko und Entscheidung unter Unsicherheit. Nur bei der ersten Variante hängt das Ergebnis allein von der Entscheidung des Spielers ab, bei den beiden anderen Varianten auch von äußeren Faktoren, also der Umwelt oder dem Verhalten anderer Entscheider (= Spieler). Bei Entscheidungen unter Risiko, sog. Glücksspielen, ist zwar nicht das Ergebnis, sehr wohl aber die Wahrscheinlichkeit eines bestimmten Ergebnisses bekannt (z. B. Ziehung der Lotto-zahlen oder rot oder schwarz bei Roulette). Bei Entscheidung un-ter Unsicherheit kann die Kombination der eigenen und der fremden Entscheidungsalternativen zu verschiedenen Ergebnis-sen führen, deren Wahrscheinlichkeit nicht bekannt ist.

Spiele werden klassifiziert nach dem Grad der Information, über den die Spieler bei ihren Entscheidungen verfügen, und an-hand des Kriteriums, ob das Ergebnis von Zufällen abhängt oder nicht (vgl. Abb. 4). Diese Klassifikation ist wichtig zur Unter-scheidung von Strategie- und Glücksspielen bzw. der Kombina-tion von Strategie- und Zufallselementen.[5] Schach ist z. B. ein Spiel, in dem der Zufall keine Rolle spielt und in dem beide Spieler über vollständige Informationen, nämlich die Spielsituation auf dem Brett, verfügen. Damit ist Schach ein reines Strategiespiel. Würfeln ist demgegenüber ein Spiel, bei dem die Spieler zwar über vollständige Informationen verfügen, nämlich die jeweils ge-würfelte Augenzahl. Wie diese zustande kommt, hängt aber vom Zufall ab. Damit ist Würfeln ein reines Glücksspiel. Näher an rea-len sozialen Situationen sind aber Spiele unter der Bedingung un-vollständiger Informationen wie z. B. Knobeln (ohne Zufall) oder Poker (mit Zufall). Letztere sind also Kombinationen von Strate-gie- und Glücksspiel.

Abb. 4: Klassifikation von Spielen nach Information und Zufall

	vollständige Information	unvollständige Information
Kein Zufall	Schach	Knobeln
Zufall	Würfeln	Poker

Eine weitere Klassifikationsmöglichkeit bezieht sich auf die Zahl der Spieler, wobei Ein-Personen-Spiele, Zwei-Personen-Spiele und N-Personen-Spiele unterschieden werden. Ein-Personen-Spiele sind solche gegen die Umwelt, wobei z. B. eine mögliche Wettersituation zu kalkulieren ist. Spieltheoretisch interessanter sind Zwei-Personen-Spiele, weil hier das eigene Ergebnis auch

5 Die dritte Gruppe von Spielen, nämlich Geschicklichkeitsspiele, wird in der Spieltheorie nicht berücksichtigt.

vom Verhalten des anderen Spielers abhängt. Also ist strategisches Verhalten dasjenige, welches das Verhalten des anderen kalkuliert. Beispiele für soziale Situationen, die durch Zwei-Personen-Spiele abgebildet werden, sind das Wahlkampfverhalten von zwei konkurrierenden Parteien, Tarifverhandlungen, Kaufakte, die Konkurrenz zweier Firmen, alle Arten von politischen Verhandlungen, militärischen Konflikten usw. Die eigene Entscheidung soll die wahrscheinliche Entscheidung des Gegners optimal berücksichtigen. Bei N-Personen-Spielen geht es um mögliche Koalitionen von drei und mehr Akteuren in Parlamenten, Aktionärsversammlungen, aber auch im UN-Sicherheitsrat, in multilateralen Militärbündnissen oder sonstigen Internationalen Organisationen, wobei hier die Kalkulation des zu erwartenden Nutzens aus der Koalitionsbildung im Vordergrund steht.

Wichtig zur Klassifikation von Spielen und damit von sozialen Situationen ist auch die Frage, ob ein einziger Zug, also eine einzige Entscheidungssituation, das Ergebnis herbeiführt (= statisches Spiel) oder ob dem Spieler N-Entscheidungen zur Verfügung stehen, also auf den Zug ein Gegenzug erfolgt, der neue Entscheidungsalternativen eröffnet (= dynamisches Spiel). Dabei ist wiederum zwischen endlichen Spielen mit einer festgelegten Zahl von Zügen und unendlichen Spielen zu unterscheiden. Dynamische Spiele eröffnen nämlich die (idealistische) Überlegung, daß Spieler im Verlauf des Spiels auch lernfähig sein können! Während einzügige Spiele in Form einer Matrix dargestellt werden, lassen sich Spiele mit N-Entscheidungen als Spielbaum darstellen.

Und schließlich ist zur Klassifikation von Spielen noch der Spielertrag wichtig. Dabei geht es um die Unterscheidung, ob es sich um sog. Nullsummen- oder um Nichtnullsummenspiele handelt. Bei Nullsummenspielen ist der kombinierte Spielertrag für alle denkbaren Strategiekombinationen der Spieler konstant bzw. Null. Was der eine verliert, gewinnt der andere. Daraus ergeben sich diametral entgegengesetzte Interessen der Spieler. Dies ist eine Annahme, die einem wesentlichen Axiom des realistischen Denkens entspricht. Macht ist ein relatives Gut. Wenn ein Akteur durch ein bestimmtes strategisches Verhalten seine Macht vergrößert, nimmt die Macht des anderen Akteurs entsprechend ab. Nichtnullsummenspiele sind demgegenüber Spiele, in denen das Spielergebnis entsprechend der Strategiekombination der

Spieler variieren und damit zu- oder abnehmen kann. Es sind also Strategiekombinationen möglich, bei denen alle Spieler gewinnen oder verlieren können, so daß eine zumindest partielle Interessenübereinstimmung der Spieler denkbar ist, die durch entsprechendes strategisches Verhalten herauszulocken ist. Bei dieser Überlegung setzten neoliberale Autoren an.

Aus den genannten Klassifikationsmerkmalen ergeben sich eine Reihe von Spieltypen, wobei in der Spieltheorie insbesondere die Zwei-Personen-Nullsummenspiele bei unvollkommener Information (= realistisches Denken), die Zwei-Personen-Nichtnullsummenspiele mit einem Zug (= neoinstitutionalistisches Denken) und insbesondere mit N-Zügen (= idealistisches Denken) Aufmerksamkeit gefunden haben. Das Blotto-Spiel[6] z. B. gehört in die erste Kategorie und bildet militärstrategische Situationen ab. Oskar Morgenstern hat sogar den Kalten Krieg (Cold War) als »Cold Poker« bezeichnet (Morgenstern 1961).

Das vielfach verwendete Gefangenen-Dilemma ist ein Zwei-Personen-Nichtnullsummenspiel mit einem Zug und stellt die modellhafte[7] Abbildung des Grundproblems sozialer Ordnung schlechthin dar. Das Dilemma besteht darin, daß kooperatives Verhalten zwar zum Vorteil für beide ist, aber nur dann, wenn sichergestellt ist, daß beide sich auch wirklich kooperativ verhalten. Die Verletzung der Regel durch den einen bestraft den anderen und bevorteilt den Regelverletzer. Sobald Mißtrauen über eine mögliche Regelverletzung des anderen gegeben ist, werden sich beide unkooperativ verhalten mit dem Resultat eines suboptimalen Ergebnisses für beide. In den internationalen Beziehungen wird das Gefangenenspiel zur Abbildung des Sicherheitsdilemmas verwendet, aus dem wiederum abgeleitet werden kann, unter welchen Bedingungen ein Rüstungswettlauf stattfindet bzw. wie das Dilemma aufgelöst und Abrüstungsschritte eingeleitet werden können.[8] Letztere werden abgeleitet aus der Modellierung von Zwei-Personen-Nichtnullsummenspielen mit N-Zügen, in

---

6 Eine Darstellung des Blotto-Spiels findet sich bei Junne 1972. Viele Spiele finden sich bei von Neumann/Morgenstern 1967.
7 Zur näheren Erläuterung des Gefangenen-Dilemmas vgl. S. 176 in diesem Band.
8 Zum Gefangenendilemma gibt es zahlreiche Literatur, u. a. Burns/Buckley 1974, Hardin 1971, Hurwitz 1989, Poundstone 1992, Rapoport/Chammah 1965, Shubik 1970, Snyder 1971.

denen das Spielergebnis Schritt für Schritt herbeigeführt wird. Ein kleiner, die eigene Sicherheit noch nicht gefährdender Abrüstungsschritt kann als vertrauensbildende Maßnahme wirken, die von der anderen Seite durch einen ähnlichen Schritt beantwortet wird und so fort. Dieses funktioniert allerdings nur, wenn tatsächlich ein gemeinsames Interesse an Abrüstung vorliegt (Axelrod 1990, 1997). Später wurde das Gefangenenspiel auch zur Abbildung der Problematik wirtschaftlicher Kooperation verwendet (Grieco 1988, Conybeare 1984).

Bezüglich des strategischen Verhaltens lassen sich verschiedene Techniken unterscheiden. Damit kommen wir zum eigentlichen theoretischen Schritt in der Spieltheorie. Ziel ist es nämlich, Hypothesen über die optimale Strategiewahl der Spieler zu formulieren. Grundsätzlich geht es dabei um eine sog. Dominanzargumentation. Vor der Entscheidung, einen bestimmten Zug zu tun, werden alle Spielstrategien eliminiert, die für eine Lösung als suboptimal gelten. Dies geschieht über einen Vorteilsvergleich möglicher Spielergebnisse, den beide Spieler anstellen und der der jeweiligen anderen Seite in einem iterativen Verfahren unterstellt wird. Damit wird angenommen, daß alle Spieler ihr Verhalten einem eindeutigen Kosten-Nutzen-Kalkül unterwerfen, sich also rational verhalten. Deswegen gehört die Spieltheorie in die Kategorie der Rational-choice-Theorien. Eine mögliche und unter bestimmten Umständen empfehlenswerte Strategie ist die sog. Maximin-Lösung. »Maximin« heißt: Maximiere Dein Minimum! Gewählt werden soll also eine Entscheidungsalternative, die das beste aus eigener Kraft erreichbare Ergebnis für den schlechtesten Fall garantiert. Diese Regel soll immer dann befolgt werden, wenn Unsicherheit über die tatsächlichen Präferenzen des Gegners besteht. Sie entspricht dem realistischen Denken.

Auf der anderen Seite des Spektrums möglicher Strategien steht das Ziel, ein pareto-optimales Ergebnis zu erzielen. Paretooptimal heißt, daß kein Akteur eine Positionsverbesserung erreichen darf, die zu Lasten eines anderen Akteurs geht. Damit ist ein pareto-optimales Ergebnis ein Indikator für ein kollektiv-optimales, also gerechtes Ergebnis, und entspricht idealistischem Denken.

Für die Lehre von den Internationalen Beziehungen besonders interessant sind solche Spiele, in denen eine Entscheidungsalternative zwischen realistischer individueller Rationalität (Maximin) und idealistischer kollektiver Rationalität (Pareto-Optimum) besteht. Wie kann ich z. B. in der Situation des Sicherheitsdilemmas dahin kommen, daß das Selbsthilfeprinzip (= Rüsten zur Erlangung von Sicherheit) durch kooperative Abrüstungsschritte zur Erlangung von Sicherheit bei gleichzeitiger Kostenersparnis ersetzt wird? An dieser Stelle wird der kommunikationstheoretische Ansatz von Deutsch relevant.[9] Er unterstellt, daß über die Informationsgewinnung gegenseitige Vertrauensbildung hergestellt werden kann, die wiederum das Verhalten der Akteure bei künftigen Entscheidungen im Sinne des kybernetischen Rückkoppelungsprozeßmodells beeinflußt. Die vertrauensbildenden Maßnahmen im Zuge des KSZE-Prozesses sind ein schönes Beispiel für den praktischen Ausfluß solcher theoretischen Überlegungen. Spiele mit N-Zügen vermögen also Lernprozesse von Akteuren abzubilden, die sich experimentell mit Testpersonen im Labor auch darstellen und analysieren lassen – ein Verfahren, das insbesondere Rapoport verfolgt hat.

Kritisch ist anzumerken, daß die Zwei-Personen-Nullsummenspiele mit einem Zug, die spieltheoretisch leicht zu modellieren sind und zu theoretisch befriedigenden Ergebnissen führen, in der politischen Praxis zu dichotomischen Sichtweisen geführt haben. Die Welt wurde eingeteilt in schwarz und weiß, gut und böse, Freund und Feind, arm und reich – eine Sichtweise, die im Zeichen des bipolaren Ost-West-Konflikts große Plausibilität hatte und dem realistischen Denken entgegenkam. Auf der einen Seite Demokratie, Marktwirtschaft und Friedfertigkeit, auf der anderen Seite Diktatur, Planwirtschaft und Aggressivität. N-Personen-Nichtnullsummenspiele mit N-Zügen sind zwar der Wirklichkeit angepaßter, insoweit auch realistischer, spieltheoretisch aber nur sehr komplex zu modellieren.

Auch von spieltheoretischer Seite läßt sich mithin ein Grundproblem von Idealismus und Realismus in den internationalen Beziehungen deutlich machen. Die Abschreckungspolitik der 1950er und 1960er Jahre verfolgte spieltheoretisch gesehen eine Maximin-Strategie, während der KSZE-Prozeß mit seinen vertrauensbildenden Maßnahmen eher einer pareto-optimalen Lo-

---

9 Die deutsche Schule des Konstruktivismus (Harald Müller u. a.), die wiederum auf Habermas' Theorie des kommunikativen Handelns aufbaut, sollte hier später anknüpfen (Müller 1994, 1995); vgl. auch Millner 1997.

gik folgte. Aus sowjetischer Sicht muß allerdings angemerkt werden, daß sich ihr kooperatives Verhalten nicht ausgezahlt hat, da am Ende des KSZE-Prozesses die Auflösung der Sowjetunion gestanden hat.

14. Der »Sputnik-Schock« und die Abschreckungstheorie

Zwei Ereignisse haben dem Ost-West-Konflikt eine neue Qualität verliehen: das Ende des amerikanischen Atommonopols im Jahre 1949 und der sog. Sputnik-Schock des Jahres 1957. Damals mußten die USA feststellen, daß die Sowjetunion bei den Trägersystemen für Atomwaffen nicht nur gleichgezogen, sondern möglicherweise sogar eine Überlegenheit errungen hatten, als diese mit dem Sputnik ihre Fähigkeit unter Beweis stellte, einen Satelliten in eine Erdumlaufbahn zu schicken. Damit hatte die Sowjetunion ganz im Sinne der realistischen Theorie (Macht demonstrieren!) gezeigt, daß sie in der Lage ist, atomare Sprengköpfe auf das Territorium der USA zu schießen. Das hieß wiederum, daß der geostrategische Vorteil der USA, von Europa durch den Atlantik getrennt zu sein, dahin war und daß die strategische Bomberflotte, auf die sich die amerikanische Überlegenheit bislang gegründet hatte, in ihrem Wert, weil verglichen mit Raketen viel zu langsam, stark relativiert war. Diese Erkenntnis führte zu einer Wende in der amerikanischen Rüstungspolitik. Die bislang vernachlässigte Raketentechnik wurde seitdem mit Vorrang bedacht. Zu diesem Zwecke wurde auch das Potential der 1945 in die USA gebrachten deutschen Raketentechniker unter Leitung Wernher von Brauns aktiviert. Die seit Hiroshima dominierende Rolle der Luftwaffe (Strategische Bomberflotte) verlor zugunsten der Rakete an Bedeutung, was wiederum zu einer Aufwertung der Marine führte, da der Einsatz von auf U-Booten stationierten Raketen als Trägersystem zum Einsatz von Atomwaffen aus geostrategischen Überlegungen die optimale Variante darstellte. Konsequenz war auch, daß seitdem militärstrategische Denkfabriken großen Einfluß auf die politische und militärische Führung in den USA bekamen – ein Vorgang, der durch den Übergang von der Eisenhower- zur Kennedy-Präsidentschaft und den Amtsantritt von McNamara als Verteidigungsminister zusätzlich befördert wurde, da sowohl Kennedy wie McNamara im Unterschied zu General Eisenhower einer wissenschaftlich fundierten Politikberatung größere Aufmerksamkeit schenkten.[1] Ähnlich dem Manhattan-Projekt, das in den frühen 1940er Jahren die amerikanische Antwort auf eine drohende deutsche Atombombe darstellte, sollte das in Reaktion auf den »Sputnik-Schock« aufgelegte Apollo-Programm die Antwort auf eine drohende sowjetische Überlegenheit in der Raumfahrt sein.

Seitdem geriet die nukleare Dimension des Ost-West-Konflikts ins Zentrum der weltpolitischen Überlegungen, weil durch die Kombination von Atombombe und Langstreckenrakete zum ersten Mal die völlige Vernichtung des Gegners an jedem Punkt der Erde möglich wurde. Nach 1957 gab es keine aus der »Tiefe des Raumes« oder einer Insellage resultierenden Distanzen und Rückzugsgebiete mehr. Insofern läßt sich sogar argumentieren, daß über die mit der Interkontinentalrakete verbundene dramatische Kompression von Raum und Zeit zumindest sicherheitspolitisch der eigentliche Beginn der Globalisierung zu sehen ist. Die Kombination von bipolarem System, antagonistischem Konflikt der Supermächte und absolutem militärischem Vernichtungspotential auf beiden Seiten wurde zu einer alle anderen politischen Fragen überlagernden Konstellation, wie sie durch das Zwei-Personen-Nullsummenspiel mit nur jeweils einem Zug (Atomschlag) sehr präzise simuliert wird.

Daraus ergab sich die existentielle Frage: Wie läßt sich ein finaler Nuklearkrieg verhindern? Die beiden möglichen Antworten führten zur Geburtsstunde von zwei neuen Disziplinen in der Lehre von den Internationalen Beziehungen, wobei deren Antworten so neu allerdings gar nicht waren. Die eine Antwort lautete: »Si vis pacem, para bellum.« Wenn du den Frieden willst, bereite den Krieg vor! Das war der auf Clausewitz zurückgehende Gedanke der Abschreckungstheorie, aus der wiederum die Disziplin der Strategic oder Security Studies (Sicherheitspolitische Studien) hervorgegangen ist. Diese fanden ihren Ausfluß in der Militär- und Rüstungspolitik. Die andere Antwort lautete: »Si vis pacem, para pacem.« Wenn du den Frieden willst, bereite den Frieden vor! Das war der Grundgedanke der Kritik der Abschreckungspolitik (Galtung 1998, Senghaas 1970), aus der die kritische Friedens- und Konfliktforschung hervorgegangen ist, deren Denken in die späteren Rüstungskontroll- und Abrüstungsvereinbarungen eingegangen ist.

1 Vgl. dazu Kaplan 1983, S. 135 ff.

Bei der Abschreckungspolitik handelte es sich im Sinne der Spieltheorie um eine rational kalkulierte Drohpolitik, die im Kern auf die Aussage hinauslief: Wenn du mich angreifst, wirst du selber vernichtet werden! Dabei stand die sog. Zweitschlagskapazität, d. h. die Möglichkeit, nach einem nuklearen Angriff noch umfassende Vergeltung üben zu können, also einen Gegenzug machen zu können, im Zentrum aller Überlegungen. Abschreckend wirken kann nur der, der nach einem Angriff noch über genügend Potential verfügt, wirksam zurückschlagen zu können. Besitzt er dieses Potential nicht, provoziert er im Sinne dieser Logik einen Erstschlag des Gegners, der zu seiner Vernichtung führt. Oder er muß selber einen Erstschlag führen, der aber nur dann sinnvoll ist, wenn der Gegner über keine Zweitschlagskapazität mehr verfügt. Die dramatischen Konsequenzen dieser Erkenntnis führten Ende der 1950er Jahre zu einem grundsätzlichen Funktionswandel des Militärs. Seine Hauptaufgabe war seitdem nicht mehr, Kriege zu führen, sondern Kriege zu verhindern. Aus heutiger Sicht, d. h. nach dem Ende des Ost-West-Konflikts, läßt sich diese Feststellung grosso modo bestätigen. Zumindest große, womöglich nukleare, Kriege zwischen den Supermächten hat die Abschreckung verhindert. Die Debatte über den neuerlichen Funktionswandel der NATO und die militärischen Einsätze gegen den Irak, im ehemaligen Jugoslawien und anderswo machen allerdings deutlich, daß das Militär wieder zu seiner alten Aufgabe, nämlich Kriege zu führen und nicht Kriege zu verhindern, zurückfindet.

Die große Zeit der Abschreckungstheorie begann Ende der 1950er Jahre und ist eng verbunden mit der 1946 als strategischer »Think Tank« der amerikanischen Luftwaffe gegründeten »Research and Development (RAND) Corporation«. Die klassische Studie zu dieser geheimnisumwitterten Institution stammt von Fred Kaplan und trägt den bezeichnenden Titel *The Wizards of Armageddon* (1983). Im Klappentext heißt es: »The untold story of the small group of men who have devised the plans and shaped the policies on how to use the bomb.« Zu dieser kleinen Gruppe von Männern, den »egg heads« der amerikanischen Nuklearstrategie, gehörte insbesondere Bernard Brodie (1910-1978), der 1945 am Tag nach Hiroshima als einer der ersten Militärtheoretiker die neue Qualität der Atombombe als »absolute Waffe« erkannt hatte (Brodie 1946).[2] Dazu gehörte insbesondere die Erkenntnis, daß die Atomwaffe kein Instrument der Kriegsführung, sondern nur ein Instrument der Abschreckung sein darf. Brodie stellte sich auch explizit in die Tradition von Clausewitz, der als »Vater« der Abschreckungstheorie gilt (Brodie 1976). Zwischen 1959 und 1973 hat er zahlreiche einschlägige Bücher verfaßt. Ferner gehörten dazu William Weed Kaufmann (*1918) und Herman Kahn (1922-1983), beide langjährige Mitarbeiter von RAND und Verfasser von Büchern über nukleare Kriegsführung, ferner Thomas C. Schelling (*1921), der insbesondere die Spieltheorie für die Abschreckungstheorie fruchtbar gemacht hat, und Albert James Wohlstetter (1913-1997), ursprünglich Luftwaffenbasen-Experte von RAND und später Regierungsberater.[3] Über Wohlstetter heißt es, er habe größeren Einfluß auf die amerikanische Politik im Ost-West-Konflikt gehabt als Kissinger. Jedenfalls galt Wohlstetter auf amerikanischer Seite als theoretischer Anführer der »Falken«, während Kissinger, dem klassischen Realismus und damit auch der Kunst der Diplomatie verhaftet, als führender Kopf der »Tauben« angesehen wurde. Hinzu kamen die bereits erwähnten Spieltheoretiker Oskar Morgenstern, John von Neumann und Kenneth Boulding. Auch prominente Traditionalisten unter den Realisten wie Kissinger selbst oder Aron haben sich mit dem Thema beschäftigt.[4]

Zu den Kritikern der Abschreckungstheorie gehören J. David Singer, Robert Jervis (*1940), Richard Ned Lebow (*1942) auf amerikanischer Seite,[5] während die deutsche Diskussion mit Dieter Senghaas (*1940) und seiner Dissertation über *Abschreckung und Frieden* (1969) eröffnet wurde (Simonis 1977). Stark vereinfacht läßt sich sagen: Strategische Studien waren eine amerikanische Wissenschaft, die durch Autoren aus mitteleuropäischen Ländern (Skandinavien, Niederlande und Bundesrepublik) kritisiert wurde, nicht zuletzt deshalb, weil Mitteleuropa der erste Schauplatz eines nuklearen Schlagabtausches geworden wäre.

2 Vgl. dazu auch den Fortsetzungsband Brodie/Dunn 1972.
3 Vgl. dazu Brodie 1959a, 1959b, 1966, 1971, 1973; Kahn 1960, 1962, 1965; Kaufmann 1972, 1964; Schelling 1960, 1966, Schelling/Halperin 1961. Der bekannteste Aufsatz von Wohlstetter lautet »The Delicate Balance of Terror« bzw. in deutscher Übersetzung »Das prekäre Gleichgewicht des Schreckens« (1959), vgl. auch Wohlstetter 1963.
4 Vgl. Kissinger 1959, Iklé/Wohlstetter/Kissinger u. a. 1988, Aron 1958, 1964, 1965.
5 Vgl. Singer 1962, Jervis 1984, 1989, Jervis/Lebow/Stein 1985, Lebow 1987.

Es ist naheliegend, daß auch auf sowjetischer Seite strategische Studien betrieben wurden. Das mußte die amerikanische Seite sogar unterstellen, da die Logik der Abschreckungstheorie auf einem gleichgerichteten Denken der anderen Seite beruht. Außer den Arbeiten von Genadi Gerassimov sind aber kaum sowjetische Beiträge zur Abschreckungstheorie publiziert bzw. im Westen bekannt geworden (Lange 1986).

Die mit der Sputnik-Demonstration geschaffene neue Lage, ein klassischer Fall für die realistische These, daß es nicht nur darauf ankommt, Macht zu besitzen, sondern auch Macht zu demonstrieren, verlangte eine Neuorientierung des strategischen Denkens in den USA. Diese hatte von folgenden Prämissen auszugehen:

1. Es gibt einen grundsätzlichen Antagonismus der Supermächte.

2. Beide verfügen (demnächst) über eine große Zahl von Nuklearwaffen und Interkontinentalraketen.

3. Es gibt keine Zuflucht vor diesen Waffen in rückwärtigen Gebieten.

4. Damit müssen neue geostrategische Faktoren (Unterwasserraum, Luftraum, Atmosphäre) ins Kalkül gezogen werden.

5. Bei einem nuklearen Angriff bleibt wenig Zeit zur Reaktion.

6. Die bisherige konventionelle Bewaffnung ist entwertet. Das gilt besonders für das bisherige Herzstück der amerikanischen Nuklearmacht, die strategische Bomberflotte.

7. Die bisherige militärische Überlegenheit der USA ist fraglich geworden (vgl. Morgenstern 1962).

Diese Prämissen führten zu der Erkenntnis, daß Abschreckung nicht mehr wie bis dato in der Militärgeschichte durch die eigene Stärke oder durch geopolitische Faktoren wie die »Tiefe des Raumes« oder eine Insellage, die die USA bislang eingenommen hatten, hervorgerufen wird, sondern *nur* noch durch die Fähigkeit des Angegriffenen zum *Zweitschlag.* Ein wesentliches Problem war dabei, daß im sog. Ernstfall kaum mehr als 20 bis 30 Minuten Zeit zur Reaktion blieb, nämlich genau so lange, wie eine Interkontinentalrakete brauchte, um vom Territorium der einen auf das Territorium der anderen Supermacht zu fliegen. Diese 20 bis 30 Minuten ließen sich wiederum in vier Punkte zerlegen, nämlich:

1. Den Hinweis auf den beginnenden Angriff, der von einem Frühwarnsystem geliefert wird. Hier besteht das Problem darin,

daß ein Angriff entweder überhaupt nicht oder zu spät als solcher erkannt wird;

2. die Verifikation, daß es sich tatsächlich um einen Angriff und nicht etwa um einen falschen Alarm handelt, der durch einen Vogelschwarm, einen Meteor, ein ziviles Flugzeug, eine eigene Militärmaschine, einen Deserteur des Feindes etc. ausgelöst werden kann. Hierzu bedarf es eines zuverlässigen Identifikationssystems, da jeder Fehler an dieser Stelle für beide Parteien katastrophale Folgen haben muß;

3. der Alarm, der die eigene Reaktion auslöst und ein entsprechendes Kommandosystem verlangt;

4. der vollzogene Angriff des Gegners.

Die Vorwarnzeit überlappt sich zeitversetzt mit der Reaktionszeit des Angegriffenen, die in etwa den gleichen Zeitraum ausmacht und sich auch in vier Punkte unterteilen läßt. Sie beginnt mit dem Alarm, der den Gegenangriff (Zweitschlag) auslöst. Das Problem ist hier ein möglicher Fehlalarm. Der zweite Punkt in der Reaktionszeit ist der Beginn des eigenen Angriffs. Um diesen überhaupt zu ermöglichen, müssen die eigenen Raketen durch Verbunkerung, Mobilität, geographische Diversifizierung oder Vervielfachung in die Lage versetzt sein, trotz gegnerischen Erstschlags noch zurückschlagen zu können. Der dritte Punkt ist die Möglichkeit zur Fehlerkorrektur auch noch zu einem Zeitpunkt, nachdem der Gegenangriff bereits ausgelöst ist; d. h., es bedarf eines entsprechenden Rückholsystems. Der vierte Punkt ist die Vollendung des Zweitschlages. Um Zeit für Fehlerkorrekturen zu gewinnen, muß auf eine Phase der Beschleunigung zwischen Erkennung des gegnerischen Angriffs und Auslösung des eigenen Gegenangriffs also eine Phase der Entschleunigung folgen, um Zeit für Kommunikation mit dem Gegner für mögliche Korrekturen bzw. den Abbruch des Gegenangriffs zu gewinnen. Ein Erstschlag ist entsprechend diesen Überlegungen nur dann sinnvoll, wenn er sich gegen militärische Ziele richtet und die Zweitschlagsfähigkeit des Gegners ausschaltet. Der Zweitschlag ist umgekehrt in der Logik der Abschreckung nur dann sinnvoll, wenn er sich gegen große zivile Ziele wie z. B. Städte richtet, da nur so aufgrund der verheerenden Folgen eine wirkliche Abschreckungswirkung zu erzielen ist.

Durch die Entwertung des konventionellen militärischen Geräts kam es also zu einer Umkehrung der militärischen Logik. Am

Anfang standen jetzt theoretische Überlegungen, die die Abschreckung als einzig mögliche Antwort auf nukleare Bedrohung betrachteten. Die Abschreckungstheorie führte zu militärstrategischen Überlegungen. Diese wiederum definierten bestimmte Anforderungen an das militärische Gerät, das dann zu entwickeln, zu beschaffen, zu stationieren und von den Militärs zu bedienen war. Am Anfang dieser Kette standen also Theorien von Wissenschaftlern, die über deren Politikberatung der politischen (und militärischen) Elite zu vermitteln waren. Politiker trafen dann Entscheidungen, die von den Militärs umgesetzt wurden. Die geringen Reaktionszeiten von 20 bis 30 Minuten machten es zudem kaum vorstellbar, wie noch demokratische Prozeduren bei der Entscheidungsfindung stattfinden sollten. Es ist einleuchtend, daß eine solche Logik anfänglich nur auf geringe Akzeptanz bei den führenden Militärs, insbesondere den Luftwaffengenerälen stieß, die nach dem Muster des Zweiten Weltkriegs bis weit in die 1950er Jahre auf massive Bombenangriffe gesetzt hatten und für die die Atombombe nur eine Bombe mit besonderer Zerstörungskraft war, nicht aber eine neue Qualität in der rüstungstechnischen Entwicklung darstellte, die wiederum zu ganz neuen Militärstrategien führen mußte.

Die zentrale Frage, die sich aus amerikanischer Sicht nach dem »Sputnik-Schock« stellte, lautete, sofern die eigene Abschreckungspolitik glaubhaft bleiben sollte: Wie behaupte ich die Zweitschlagsfähigkeit? Dabei wurde zwischen kurzfristigen, mittelfristigen und langfristigen Lösungen unterschieden. Eine kurzfristige Möglichkeit bestand darin, einen Teil der damaligen Strategischen Luftflotte, also die B52-Bomber, permanent und voll ausgerüstet in der Luft zu halten. Diese waren so gegenüber einem feindlichen Raketenangriff nahezu unverwundbar und erfüllten zudem das wichtige Kriterium der Entschleunigung nach eingeleitetem Gegenangriff, da ein solcher Gegenangriff mehrere Stunden beanspruchte, also trotz Angriffsbefehl Zeit zur Korrektur gewonnen war.

Mittelfristige Möglichkeiten bestanden darin, die Zahl der eigenen Raketen und Flugzeuge zu vervielfachen und damit zu kalkulieren, daß auch nach einem gegnerischen Angriff immer noch genug für einen Gegenangriff übrigblieben. Diese Überlegung war eine Ursache der Rüstungseskalation. Eine andere Variante war die Härtung der Silos, Abschußrampen und Kommandostrukturen durch Bunker, eine Methode, die aber gegnerische Angriffe geradezu auf sich ziehen mußte. Auch die Entstehung des Internet aus dem in den späten 1960er Jahren geknüpften ARPANET (Advanced Programs Agency Network) beruhte auf dieser Überlegung, ging es doch darum, durch die netzartige Verbindung von militärisch relevanten Rechenzentren auch nach einem Atomangriff noch über funktionsfähige Kommandostrukturen zu verfügen (DeLanda 1991). Eine dritte Variante war die Montage von Raketen auf LKWs, unterirdischen Eisenbahnen oder Schiffen, um durch permanente Mobilität die Trefferwahrscheinlichkeit zu reduzieren. Auch die Stationierung von Raketen in den Ländern europäischer oder asiatischer Verbündeter gehörte zur Diversifizierungsstrategie, reduzierte gleichzeitig die Vorwarnzeit für den Gegner, schaffte aber politische Probleme mit den eigenen Verbündeten, wie z. B. die Nachrüstungsdebatte um die Stationierung von Pershing 2-Raketen in Deutschland später zeigen sollte.

Langfristige Überlegungen bestanden darin, die eigenen Raketen dadurch nahezu unverwundbar zu machen, daß sie auf U-Booten stationiert wurden. Dabei handelte es sich zunächst um die Polaris-U-Boote mit Raketen kurzer Reichweite, die in der Nähe der sowjetischen Küste kreuzten, und später um seegestützte Interkontinentalraketen auf atomgetriebenen U-Booten. Dies setzte wiederum eine spezielle Logistik zur Versorgung der U-Boote voraus. Ganz langfristig wurde auch die Bestückung von Satelliten mit Atomwaffen erwogen. Da die einzelnen Varianten jeweils mit der Auf- oder Abwertung einzelner Waffengattungen verbunden war, muß zum Verständnis der tatsächlichen Entscheidungen berücksichtigt werden, daß nicht nur die kühle Rationalität der Militärstrategen den Ausschlag gab, sondern hier auch Rivalitäten und Interessengegensätze innerhalb der militärischen Führung, insbesondere zwischen Luftwaffe und Marine, ihren Niederschlag fanden.

Neben den technischen Problemen und den Konflikten zwischen den Teilstreitkräften gab es eine Reihe abschreckungstheoretischer Probleme, die zu lösen waren. Dabei wurden einige grundsätzliche Annahmen getroffen, die aus der Spieltheorie übernommen wurden. Beide Akteure, die USA und die Sowjetunion, handeln rational und sind geleitet durch das Prinzip der Nutzenmaximierung, wobei sie über eine klare Präferenzordnung bezüglich des jeweiligen zu erreichenden Nutzens bei möglichen Entscheidungsalternativen verfügen. Da jeder überleben will, wird er nur angreifen, wenn er sicher ist, daß der Angriff auch erfolgreich ist im Sinne der Zerstörung der Zweitschlagsfähigkeit des Gegners. Welche Entscheidung der Gegner tatsächlich trifft, darüber herrscht Unsicherheit. Nur seine Optionen, Präferenzordnung und Nutzenbewertung sind bekannt. Wichtig war auch die Prämisse, daß das Ziel, in jedem Fall überleben zu wollen, *alle* Mittel rechtfertigt. Trotz aller szientistischen Herangehensweise finden wir hier eine axiomatische Fundierung der Abschreckungstheorie im »Trieb zur Erhaltung der eigenen Art«, wie sie vom Klassischen Realismus formuliert worden war, und damit auch eine Bestätigung der Kritik am Szientismus von seiten der Traditionalisten in der Zweiten Debatte.

Aufgrund dieser Überlegungen kann Abschreckungspolitik nur dann erfolgreich betrieben werden, wenn zwischen den Akteuren nicht nur konfligierende, sondern auch gemeinsame Interessen bestehen. Beide wollen nämlich überleben, beide verfügen nur über letztlich begrenzte Ressourcen für die Rüstung, beide haben kein Interesse, daß andere Staaten Atomwaffen besitzen, beide wollen Irrtümer bei der Auslösung von Atomschlägen ausschließen. Unterstellt werden muß ferner, daß die Akteure ihre gegenseitigen Drohungen auch als solche überhaupt wahrnehmen, also ein entsprechender Kommunikationsprozeß erfolgt. Dieser soll über Manöver, Paraden, Raketen- und Bombentests, ggf. sogar über den Einsatz von Waffen auf dritten Schauplätzen erfolgen. Und schließlich muß jeder Akteur über die Fähigkeit verfügen, zentrale Werte des Gegners auch tatsächlich zerstören zu können. »Abschreckungsprozesse konstituieren [also] interdependente Entscheidungsprozesse. Jede Seite versucht, die Entscheidung der anderen Seite durch die Übermittlung potentieller Handlungen (Drohungen) unter der Hypothese zu beeinflussen: Wenn die Drohung gegen relevante Werte hinreichend groß ist, wird der Gegner mit hoher Wahrscheinlichkeit bei seinen Entscheidungen von einem Angriff absehen« (Simonis 1984, S. 20). Die Essenz der Abschreckung ist folglich nicht die Anwendung von Gewalt, sondern die rational kalkulierte Drohung mit Gewalt und damit die rationale Beeinflussung des Gegners, vom Einsatz von Gewalt abzusehen. Abschreckungspolitik hat versagt, wenn es tatsächlich zum Einsatz von Gewalt kommt. Beide

Seiten müssen deshalb die Bedingungen und Verhaltensweisen erforschen, die erforderlich sind, damit der Einsatz von Gewaltmitteln nicht eintritt. Die Abschreckungstheorie ist damit wie die Spieltheorie den Rational-choice-Theorien zuzurechnen.

Dennoch ergeben sich eine Reihe von Problemen. Eines ist das sog. *Gleichgewichtsproblem* (Wohlstetter 1959). Ein Gleichgewicht zwischen den Akteuren herrscht dann, wenn beide Seiten über die Zweitschlagskapazität verfügen. Es hängt aber auch von der Schadensakzeptanz durch die Führung (bzw. Bevölkerung) ab, die in Diktaturen möglicherweise höher ist als in Demokratien. So lautete jedenfalls das klassische Argument des eingangs zitierten Kant. Aus dieser Logik heraus wäre die sowjetische Führung eher bereit gewesen, Verluste (an Bevölkerung oder an Soldaten) zu akzeptieren als die amerikanische Regierung. Also ist zur Bestimmung eines Gleichgewichts nicht nur die Messung der Militärpotentiale (Raketen zählen), sondern auch die Berücksichtigung politisch/psychologischer Faktoren, nämlich im Sinne des Behavioralismus die Berücksichtigung des Verhaltens und der Perzeptionen von Regierungen, wichtig. Ein weiteres Problem ist das sog. *Glaubwürdigkeitsdilemma.* Jede Drohung hat zwei Komponenten, nämlich die Intensität der Drohung, also das Drohpotential, und die Glaubwürdigkeit, daß dieses Potential auch tatsächlich zum Einsatz gebracht wird. Das Dilemma ergibt sich aus der Überlegung, daß mit zunehmendem Zerstörungspotential, das die Intensität der Drohung steigert, die Bereitschaft sinkt, das Potential auch einzusetzen, da die möglichen Folgen immer katastrophaler werden. Die daraus resultierende Selbstabschreckung reduziert also die Glaubwürdigkeit der Abschrekkung (Smoke 1987, O'Brien/Langan 1986).

Um aus diesem Dilemma herauszukommen, wurden verschiedene Vorschläge gemacht: Der rationale Einbau irrationaler Elemente in die Abschreckungsstrategie, um dem Gegner durch Selbstverpflichtung eine hohe Risikobereitschaft zu signalisieren (Kahn 1960, 1962); die Wiedergewinnung der offensiven Überlegenheit, die so groß sein muß, daß ein Zweitschlag des Gegners verhindert werden kann; oder der Aufbau von Defensiveinrichtungen, die den Erstschlag des Gegners gegen militärische wie zivile Ziele unmöglich machen. Letzteres war die Logik des Star-Wars-Programm der Reagan-Administration, nach dem Manhattan- und dem Apollo-Programm das dritte große Rüstungsprojekt in der amerikanischen Geschichte, das in der Bush Junior-Ära in reduzierter Form als National Missile-Defense-Programm offenbar tatsächlich verwirklicht werden soll. Dieser Umstand macht deutlich, daß trotz Ende des Ost-West-Konflikts die Abschreckungslogik weiter Bestand hat, daß die aus ihr entsprungene militärische Forschung weitergeführt wurde und jetzt in eine neue Runde der Aufrüstung mündet, bei der diesmal die Defensivwaffen an der Reihe sind. Auch wenn die Begründung lautet, daß es sich hier um ein Abwehrsystem gegen Angriffe sog. »Schurkenstaaten« (Irak, Nordkorea etc.) bzw. den möglichen neuen hegemonialen Herausforderer China handelt, so ist die politische Konsequenz auf jeden Fall die Stärkung der eigenen Macht als Folge der aus einem *nationalen* Raketenabwehrsystem resultierenden Autonomie. Es liefert auch einen weiteren Beleg für die These, daß seit den Tagen der Ritterheere die Geschichte der Rüstung durch ein sich immer wiederholendes Wechselspiel zwischen der Entwicklung von Offensiv- und von Defensivwaffen bestimmt wird.

Ein anderes Problem ist das *Eskalationsrisiko*. Die Art der militärischen Reaktion muß dem Spektrum möglicher Konflikte angemessen sein. Eine massive Vergeltung ist keine glaubhafte Drohung bei kleinen Grenzverletzungen. Der Einsatz von Atomwaffen hilft nicht zur Lösung des Bosnien- oder Kosovokonflikts. Selbst im Korea- oder Vietnamkrieg war er keine einsetzbare Option. Zur Vermeidung von Selbstabschreckung müsse deshalb eine Eskalationsdrohung in die Abschreckung eingebaut werden. Dies bedeutet, daß es für jede Intensitätsstufe eines Konflikts der Androhung eines angemessenen Gegenmittels bedarf (Kahn 1965). Ein Drohsystem ist also nur dann stabil, wenn das gesamte Spektrum möglicher Gewaltmittel verfügbar ist, so daß Atomwaffen über das Eskalationsrisiko auch abschreckend in begrenzten Kriegen wirken.

Ein weiteres Problem betrifft das im Gefangenendilemma modellierte *Kommunikationsdefizit* zwischen den Akteuren. Weil die getrennt voneinander untergebrachten Gefangenen nicht miteinander kommunizieren können, ist in Befolgung der Maximin-Strategie nur ein individuell rationales Verhalten möglich (Gestehen). Dieses führt zu suboptimalen Ergebnissen für beide Gefangenen. Rationales strategisches Verhalten unterstellt, daß in einem Konflikt der Gegner jede Handlungsoption zu seinen Gunsten auch tatsächlich wahrnimmt. Umgekehrt muß man für den schlechtesten denkbaren Fall gerüstet sein. Damit ist, wie bereits der eingangs zitierte Herz argumentierte, das Mißtrauen, die Annahme des Worst case, strukturell gefordert, so daß Kooperation grundsätzlich ausgeschlossen wird. An dieser Stelle offenbart sich eine zentrale Schwäche der Abschreckungstheorie. Sie wurde zwar in der Absicht formuliert, den Krieg zu verhindern, verlangt aber, für den sofortigen Krieg gerüstet zu sein. Das Resultat ist der Kalte Krieg in Permanenz.

Problematisch ist ferner, ob der Bedrohte die Bedrohung auch als solche und v. a. auch angemessen wahrnehmen kann. Dazu bedarf es des ständigen Herzeigens und Ausprobierens der Waffen. Unterstellt werden muß auch die unbedingte Rationalität des Bedrohten. Irrationalitäten oder Mißverständnisse bzw. *Fehlperzeptionen* des Bedrohten können dazu führen, daß die Waffen eingesetzt werden müssen. Das war offensichtlich im zweiten Golfkrieg der Fall, als Saddam Hussein die amerikanische Haltung bei seinem Überfall auf Kuwait falsch eingeschätzt hat. Aufgrund dieser Überlegung hing während des Ost-West-Konflikts paradoxerweise die Sicherheit des Westens von der Rationalität des Ostens ab und umgekehrt, obwohl doch in der politischen Propaganda beider Seiten dem Gegner die systembedingte Irrationalität geradezu unterstellt wurde. Hier offenbarte sich ein zentraler Widerspruch realistischen Denkens schlechthin. Ein weiteres Problem ist schließlich die *technische Kontrolle* über die eigenen Systeme und die politische Kontrolle über die Militärs. Technische Störungen, menschliches Versagen, Sabotage oder politischer Ungehorsam bis hin zum Putsch können das ganze System der Abschreckung aus den Angeln heben. Aus dieser Überlegung resultierte die amerikanische Sorge (und keineswegs nur Freude) über den Zusammenbruch der Sowjetunion und die sich anschließende politische und gesellschaftliche Krise. Aus der Sicht der Abschreckungslogik ist eine stabile Sowjetunion besser als ein krisengeschütteltes Rußland.

Und noch eine letzte Bemerkung: Was geschieht, wenn aus dem Zwei-Personen- ein N-Personen-Spiel wird, also sich nicht mehr zwei Supermächte oder zwei durch Hegemonialmächte kontrollierte Blöcke gegenüberstehen, sondern dritte oder vierte Parteien mit Atomwaffen und Trägersystemen hinzukommen wie z. B. China, Indien, Pakistan etc.? Diese Überlegung führte wiederum zu der Erkenntnis, daß es trotz ihres antagonistischen Konflikts ein gemeinsames Interesse der Supermächte gibt, nämlich das Interesse an dem Abschluß eines Nichtverbreitungsvertrages für Atomwaffen und der tatsächlichen Nichtweitergabe von Nukleartechnologie selbst an potentielle Verbündete. Hier ist insbesondere die hartnäckige Weigerung der Sowjetunion in den 1950er Jahren zu nennen, ihre Atomtechnologie der Volksrepublik China zu überlassen. Diese Weigerung wiederum war eine wesentliche Ursache des chinesisch-sowjetischen Konflikts der 1960er Jahre.

Bei einer Kritik der Abschreckungstheorie ist zunächst einmal die lapidare Feststellung in Rechnung zu stellen: Es hat funktioniert! Von 1949 bzw. 1957 bis 1989 ist es trotz harter Konfrontation im Ost-West-Konflikt nicht zu einem atomaren Krieg gekommen. Allerdings waren die Kosten der Abschreckung immens, zumal der militärisch-industrielle Komplex auf beiden Seiten eine kaum noch zu steuernde politische Eigendynamik gewonnen hat. Berücksichtigt man die Opportunitätskosten, d. h. die mögliche alternative Verwendung der militärisch gebundenen Mittel, dann muß man feststellen, daß die Kosten zumindest für die Sowjetunion so hoch waren, daß hier eine wesentliche Ursache ihres Zusammenbruchs und der heutigen Misere Rußlands und anderer GUS-Staaten zu suchen ist. Schätzungen besagen mittlerweile, daß zwischen 25 und 50 % des sowjetischen Sozialprodukts und zudem die qualitativ besten wissenschaftlichen und technischen Ressourcen exklusiv für militärische Zwecke verwendet wurden. Das paradoxe Ergebnis ist demzufolge, daß die nukleare Rüstung zur Sicherung der Existenz der Sowjetunion angesichts einer als feindlich empfundenen Umwelt ihren Untergang wesentlich verursacht hat.

Im Hinblick auf die amerikanische Seite läßt sich zumindest argumentieren, daß der sog. American Decline, also die nachlassende Wettbewerbsfähigkeit gegenüber Japan und anderen westlichen Industrieländern, die dem Neorealismus seit den 1970er Jahren starken Auftrieb gegeben hat, auch auf den Umstand zurückgeführt werden kann, daß zu große Bereiche des Hochtechnologiesektors, dort wo die USA international überlegen sind, einer ebenso exklusiven militärischen Verwendung reserviert blieben. Dieser Umstand hat ihre zivile Wettbewerbsfähigkeit geschwächt (Herrmann 1989). Auch ist in den hohen Rüstungsausgaben eine wesentliche Ursache des hohen Haushaltsdefizits der 1980er Jahre zu sehen. Zwar wurde zu früheren Zeiten im Hinblick auf die USA wie die Sowjetunion gerade umgekehrt argumentiert, nämlich daß die Rüstungsausgaben als grandioses nachfrageorientiertes Konjunkturprogramm gewirkt und technische Innovationen stimuliert haben, doch aus heutiger Sicht scheint die erste Argumentation plausibler. Das von konservativer amerikanischer Seite vorgebrachte Argument, die Rüstungspolitik der Reagan-Ära sei erfolgreich gewesen, da sie die Sowjetunion in die Knie gezwungen habe, ist zwar nicht von der Hand zu weisen, entspricht aber nicht der Abschreckungslogik, sondern hegemonietheoretischem Denken und gehört insofern nicht an diese Stelle.

Schwer kalkulierbar war und ist auch das Risiko, daß ein Nuklearkrieg durch technisches oder menschliches Versagen, Fehlperzeptionen oder Irrationalitäten der politisch Verantwortlichen ausgelöst wird. Die Möglichkeit der Eskalation kann, insbesondere wenn sie Teil der Drohstrategie ist, zur tatsächlichen Eskalation führen, v. a. dann, wenn eine potentiell überlegene Militärmacht in konventionellen Kriegen wie in Korea oder Vietnam diese Überlegenheit nicht zum Einsatz bringen kann. In beiden Fällen ist der Einsatz von Nuklearwaffen von den Militärs, nicht von den Politikern, offenbar ernsthaft erwogen worden. General Douglas MacArthur wurde deshalb von seinem Kommando im Koreakrieg entbunden. Bis heute ungeklärt ist auch die Frage, ob die Sowjetunion tatsächlich wie die USA auf die Zweitschlagsfähigkeit gesetzt hat, die technisch und damit kostenmäßig sehr viel aufwendiger zu gewährleisten ist, oder nicht doch auf die Erstschlagskapazität und damit auf eine Strategie, den Krieg zu gewinnen und nicht, ihn zu verhindern.

Sehr viel schwerer politisch handhabbar wird die Abschreckungsstrategie und ist mit Hilfe der Spieltheorie kaum noch überzeugend modellierbar, wenn statt zwei Akteuren N-Akteure »mitspielen«. Dieses war später der Fall, da die hinzugekommenen Nuklearmächte den beiden Blöcken nicht mehr zuzurechnen waren, also eine multipolare Konstellation gegeben war. Gegenüber dem Irak, einer potentiellen Nuklearmacht, wurde deshalb auch nicht auf Abschreckung mit ihrer komplizierten rational/realistischen Logik, sondern auf die Zerstörung des Nuklearpotentials gesetzt.

15. Weltpolitische Krisen und Außenpolitische Entscheidungstheorie

Die Außenpolitische Entscheidungstheorie (Frankel 1965, Haftendorn 1990) ist, soweit sie als Rational-choice-Theorie verstanden wird, ein weiterer Anwendungsfall der Spieltheorie. Grundsätzlich geht es um die Frage: Wie kommen außenpolitische Entscheidungen zustande? Dabei lassen sich vier Dimensionen unterscheiden. In der *deskriptiven* Dimension geht es um die Beschreibung von Entscheidungsprozessen. Die *analytische* Dimension bemüht sich um die Erklärung von Entscheidungsprozessen. Die *nomothetische* Dimension, also die Generalisierung durch den Vergleich verschiedener Entscheidungsprozesse, dient als Basis der eigentlichen Theoriebildung. Und die *normative* Dimension behandelt die Frage: Wie soll entschieden werden im Sinne eines realistisch verstandenen nationalen Interesses oder im Sinne idealistisch definierter universalistischer Ziele wie Frieden oder Kooperation? Dabei lassen sich drei Typen von Entscheidungen unterscheiden: *Planungsentscheidungen* über Grundsatzfragen, innovative Vorhaben und langfristige Vorhaben, die von entsprechenden Planungsstäben getroffen werden; *Routineentscheidungen*, die im Rahmen von vorgegebenen Regeln durch nachgeordnete Instanzen in der Bürokratie getroffen werden; und *Krisenentscheidungen*, also Entscheidungen, die unter starkem Zeitdruck, bei unvollständiger Information, mit hohem Risiko und mit großer Tragweite getroffen werden müssen, weil zentrale Werte auf dem Spiel stehen. Deshalb werden Krisenentscheidungen von Spitzenpolitikern, eventuell unterstützt durch hohe politische Berater, Spitzenbeamte, Wissenschaftler und hohe Militärs getroffen. Insbesondere die letzte Kategorie von Entscheidungen ist Gegenstand der Außenpolitischen Entscheidungstheorie. Unterschieden werden ferner drei Ebenen, nämlich *individuelle Akteure* (z. B. Politiker), *kollektive staatliche Akteure* (z. B. Kabinette oder Ausschüsse wie etwa der Nationale Sicherheitsrat der USA) sowie *kollektive transnationale Akteure* (z. B. Vereinte Nationen, EU, NATO).

Abb. 5: Dimensionen der Analyse außenpolitischer Entscheidungen

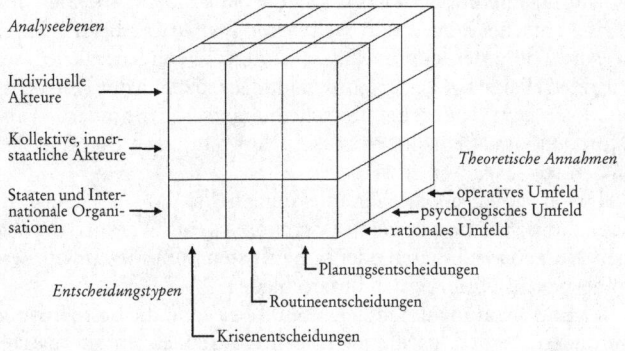

Quelle: Haftendorn 1990.

Die entscheidungstheoretischen Ansätze lassen sich folgendermaßen klassifizieren: die *Theorie der rationalen Entscheidung*, die die außenpolitische Entscheidungstheorie als Unterfall der Rational-choice-Theorien betrachtet. Hierzu gehören alle in der realistischen Tradition stehenden Theorien, wie Klassischer Realismus, Neorealismus, Abschreckungstheorie, Spieltheorie, aber auch der Neoinstitutionalismus und die meisten Varianten der Regimetheorie. Ferner gibt es Ansätze, die vom operativen Umfeld der Entscheidungsprozesse ausgehen, also *systemorientiert* sind. Hier finden insbesondere die sozialen und organisatorischen Strukturen des operativen Entscheidungsumfelds Berücksichtigung. Und schließlich gibt es Ansätze, die im engeren Verständnis des Behavioralismus vom *psychologischen Umfeld* ausgehen. Hier werden individuelle oder kollektive Wahrnehmungs-, Entstehungs- und Verhaltensmuster der Akteure in die Untersuchung einbezogen (vgl. Abb. 5).

Prominente Vertreter der Außenpolitischen Entscheidungstheorie sind Graham Allison (*1940), der der Rational-choice-Richtung angehört; ferner Richard C. Snyder (*1916), dessen Arbeiten in Zusammenarbeit mit H. W. Bruck und Burton Sapin entstanden sind (Snyder/Bruck/Sapin 1954) und der dem umfeldorientierten Ansatz zuzuordnen ist. Aber auch Spieltheoretiker wie Robert Axelrod (1976) gehören zur Entscheidungstheorie.

Unter den deutschen Vertretern wären zu nennen Kai Schellhorn und Helga Haftendorn (*1933). Prominente Arbeiten zur Entscheidungstheorie sind insbesondere Fallstudien, die sich mit Krisenentscheidungen von weltweiter Bedeutung befaßt haben wie etwa die amerikanische Entscheidung, in den Koreakrieg einzutreten (Paige 1968), der Entscheidungsprozeß in der Kubakrise (Allison 1971) oder die Entscheidungen zur Bombardierung Nordvietnams (Schellhorn 1974). Die wichtigsten Beiträge sind in den 1970er Jahren entstanden.

Die Rational-choice-Variante unterstellt, daß in einer Entscheidungssituation der *Homo oeconomicus* am Werk ist, der seinen Nutzen maximieren oder seine Kosten minimieren will. Wie in der Spieltheorie werden unterschieden:

1. Entscheidung unter Sicherheit. Hier kann die beste Lösung gefunden werden, da die jeweiligen Konsequenzen alternativer Entscheidungen bekannt sind.

2. Entscheidungen unter Risiko. Hier ist nur bekannt, wie hoch die Wahrscheinlichkeit ist, daß diese oder jene Konsequenz entsprechend der Entscheidungsalternative eintritt. In diesem Fall läßt sich also nur die beste Lösung unter der Berücksichtigung der Wahrscheinlichkeit ihres Eintreffens finden.

3. Entscheidung unter Ungewißheit, wobei den möglichen Konsequenzen einer Entscheidung jeweils keine Wahrscheinlichkeit zugeordnet werden kann. Hier kann die Spieltheorie nur schwächere Entscheidungsregeln aufstellen, indem sie berücksichtigt, welche als rational angenommene Entscheidung des Gegners zu erwarten ist. Eine solche Regel ist z. B. die bereits bekannte Minimax- oder Maximin-Regel (= Minimiere das mögliche Maximum des Gegners, Maximiere dein dir aus eigener Kraft mögliches Minimum). Diese Regel gilt aber nur, wenn lediglich eine einzige Entscheidung zu treffen ist.

Solche entscheidungstheoretischen Überlegungen entspringen dem gleichen realistischen Denken, das auch der Abschreckungstheorie zugrunde liegt. In der institutionalistischen Variante, in der über Entscheidungsprozesse ein gemeinsamer Vorteil herbeigeführt werden soll, werden viele Entscheidungsschritte unterstellt. Es geht hier eher um die Verteilung eines erreichbaren Nutzens zwischen den Akteuren als um eine individuelle Nutzenmaximierung.

Ansätze, die das operative Umfeld von Entscheidungen berücksichtigen, ersetzen den Homo oeconomicus durch den *Homo organisans*. Da dieser nur über eine begrenzte Rationalität verfügt, müssen die sozialen, politischen und v. a. organisatorischen Rahmenbedingungen von Entscheidungsprozessen berücksichtigt werden. Klassische Untersuchungsfälle für diesen Ansatz waren die Kubakrise, der Beginn des Koreakriegs und die Eskalation im Vietnamkrieg. Dieser Ansatz ist gegenüber einem Rational-choice-Ansatz theoretisch zwar weniger stringent, dafür aber empirisch und nicht nur experimentell im Labor überprüfbar. Hier bündeln sich die Einflüsse des Behaviorismus im engeren Sinne (Snyder u. a.), des Strukturfunktionalismus, der Kybernetik (Steinbruner 1974) sowie der Bürokratie- und Organisationstheorie (Allison/Halperin 1972). Snyder bringt das Problem mit folgender Formulierung auf den Punkt: »Staat als Akteur in einer Situation heißt, daß dieser nicht nach objektiven Notwendigkeiten (Staatsraison) handelt, sondern jeweils Anlaß wie Ziele des Handelns definiert, entsprechend Handlungsstrategien auswählt und deren Akzeptanz und Erfolgschancen bewertet unter Berücksichtigung des internen und externen Bezugsrahmens.« Dieses Verfahren führt allerdings eher zu Taxonomien als zu wirklich theoretischen Aussagen und Erklärungen wie das berühmte Beispiel der Arbeit von Glenn Paige über den Koreakrieg zeigt. Bürokratietheoretische Ansätze verstehen sich auch als Kritik am Rational-choice-Ansatz, indem sie darauf abstellen, daß Bargaining-Prozesse in Organisationen zu Entscheidungen führen, bei denen nicht allein die rationale Vernunft, sondern Macht, Seilschaften, Proporz oder Routine, selbst Zufälle eine wesentliche Rolle spielen.

Der dritte Ansatz geht vom *Homo psychologicus* aus und stellt die Frage: Welche Persönlichkeit ist der Akteur? Ist er eher aktiv oder passiv, ist er risikofreudig oder risikoscheu, ist er eher optimistisch oder pessimistisch etc.? Ferner: Wie definiert er seine außenpolitische Situation? Über welche Informationen verfügt er? Sind diese objektiv oder gefiltert? Welchen Einfluß haben Unsicherheit, Zeitdruck, Streß, unvollständige Informationslage, Komplexität der Ziele auf die Entscheidungssituation? Das eigentliche Problem in Krisenentscheidungen besteht nämlich darin, daß eine Fülle von Informationen schnell verarbeitet werden muß. Diese werden im Sinne des psychologischen Ansatzes mit Hilfe von Kognitionsschemata gefiltert. Damit werden Wertesysteme und Perzeptionen der Akteure als unabhängige Variablen berücksichtigt, die deren Entscheidungen beeinflussen. Informationen über andere Akteure, also z. B. den Gegner, werden in Übereinstimmung mit vorhandenen Denkmustern gebracht. Welches Bild habe ich vom anderen? Wie stimmt dieses mit meinen Informationen überein? Aus dieser Sicht beeinflußt nicht nur die Information an sich das Handeln, sondern auch die Art und Weise, wie diese Informationen durch die Persönlichkeit, die Erfahrung, die Sozialisation, also durch die Einstellungsmuster der Entscheider, gefiltert werden. Sog. *cognitive maps* (Axelrod 1976) liefern also die eigentliche Begründungsstruktur für politisches Handeln. Das Problem besteht allerdings darin, daß sich solche Einstellungsmuster von wichtigen politischen Akteuren, etwa von Spitzenpolitikern, kaum oder gar nicht empirisch messen lassen, weil diese nicht als Probanden für empirische Untersuchungen zur Verfügung stehen. Vor diesem Problem steht auch die aktuelle Debatte um den sog. CNN-Effekt, also die Frage, ob außenpolitische Entscheidungen bis hin zum Einsatz von Militär zum Zwecke »humanitärer Intervention« durch Medienberichterstattung beeinflußt werden.[1] Dieser Strang der außenpolitischen Entscheidungstheorie weist Bezüge zum Sozialkonstruktivismus in den IB der 1990er Jahre auf.

Die ideengeschichtliche Zuordnung der Entscheidungstheorie ist deshalb nicht eindeutig möglich, ein szientistischer Einfluß aber auf jeden Fall erkennbar. Wirkliche Krisenentscheidungen wurden allerdings erst im nachhinein untersucht, wobei eher zur traditionalistischen Methode der Fallstudie gegriffen wurde. Daß die Entscheidungstheorie im Unterschied zur Abschreckungstheorie tatsächlich politikrelevant ist, muß bezweifelt werden, da in Krisensituationen schnelle Reaktionen und nicht zeitaufwendige, wissenschaftlich begründete Strategien gefragt sind.

1 Vgl. dazu Gowing 1994. Zur Diskussion Dietz/Menzel 1999 sowie Dietz 2000 mit weiteren Literaturangaben.

16. Der Beginn des Informationszeitalters und der Versuch, die Kommunikationstheorie für die Lehre von den Internationalen Beziehungen fruchtbar zu machen

Der vermutlich weitgehendste Versuch, naturwissenschaftlich-technische Prinzipien, Methoden und Fragestellungen für die Politikwissenschaft und insbesondere für die Lehre von den Internationalen Beziehungen fruchtbar zu machen, ist mit dem Namen Karl W. Deutsch (1912-1992) verbunden, einem weiteren Emigranten, der lange Zeit in Harvard gelehrt und im Alter nach Deutschland zurückgekehrt ist, um in Berlin am Wissenschaftszentrum weiter in der Forschung tätig zu sein. Deutsch, dessen kybernetische Arbeiten als eine Variante der Außenpolitischen Entscheidungstheorie angesehen werden können, stand sowohl unter dem Einfluß von Parsons' Systemtheorie wie unter dem Einfluß von Norbert Wiener (1894-1964), der in den 1940er Jahren eine ganz neue Wissenschaft, nämlich die Kybernetik, begründet hatte. Zu nennen ist hier auch John D. Steinbruner (*1941) mit seinem Hauptwerk *The Cybernetic Theory of Decision: New Dimensions of Political Analysis* (1974). *Kybernetik* ist laut Wiener die systematische wissenschaftliche Beschäftigung mit Kommunikations- und Steuerungsvorgängen in Organisationen aller Art. Übertragen auf die Politik heißt das, daß Herrschaft und Regierung nicht als Problem der Macht, sondern als Problem der Steuerung betrachtet werden. Steuerung wiederum ist ein Problem der Kommunikation. Die einschlägigen Texte von Deutsch lauten demzufolge *Nationalism and Social Communication* (1953 = Dissertation von 1951) und *Nerves of Government: Models of Political Communication and Control* (1963) mit dem deutschen Titel *Politische Kybernetik*.

Deutsch selber benutzt das Beispiel eines Heizungssystems, das durch einen Thermostaten gesteuert wird, zur Veranschaulichung seines Ansatzes. So wie der Thermostat die Raumtemperatur erfühlt und damit den Betrieb der Heizungsanlage steuert, die wiederum die Raumtemperatur beeinflußt, so verarbeiten politische Systeme Nachrichten aus ihrer Umwelt und steuern sich dadurch selbst. Dieter Senghaas hat den Versuch gemacht, den kybernetischen Ansatz von Deutsch in die deutsche Diskussion einzuführen (Senghaas 1966), was insbesondere in der vergleichenden Entwicklungsforschung und der von ihm zusammen mit Ulrich Menzel formulierten Theorie autozentrierter Entwicklung auch erfolgreich war (Senghaas 1977, Menzel 1988).

Indem Deutsch Prinzipien der Kommunikationstheorie und der Nachrichtenverarbeitung auf politische Prozesse überträgt, stellt er sich in eine lange Reihe von politischen Denkern, die aus der Naturwissenschaft und Technik übernommene Modelle zur Abbildung von Gesellschaft verwendet haben. Dazu gehörten in früher Zeit mechanische Modelle wie die Pyramide, das Rad, die Waage, das Gewebe, das Uhrwerk, das Herz oder das Planetensystem, die die Statik einer Gesellschaft, ihren Kreislauf, ihr Gleichgewicht, ihre Verflochtenheit oder das System und ihre Teile zum Ausdruck bringen sollten. Dazu gehörten die organischen Modelle des 19. Jahrhunderts von Wachstum, Reife und Niedergang von Gesellschaften, die historischen Modelle des dialektischen Wandels via Konfliktaustragung und damit der nichtlinearen, sprunghaften Entwicklung. Modelle des 20. Jahrhunderts waren die Idealtypen von Max Weber, das strukturfunktionalistische Modell von Parsons, die Spieltheorie, die eine Analogie von Spielverhalten und sozialen Situationen unterstellt, und zuletzt die Kybernetik als Reflex auf die Entwicklung von Nachrichtentechnik und Datenverarbeitung.

Das Kommunikationszeitalter begann in den 1940er Jahren als Folge forcierter Entwicklungsanstrengungen während des Zweiten Weltkriegs, z. B. Computer, Radar und Verschlüsselungstechnik (De Landa 1991), und hat heute, insbesondere durch die Integration von elektronischer Datenverarbeitung und Telekommunikation, nahezu alle Lebensbereiche durchdrungen. Auch wenn diese Prinzipien bereits in den 1950er/60er Jahren zur Gesellschaftsanalyse verwendet wurden, so wissen wir doch eigentlich erst jetzt, am Beginn des 21. Jahrhunderts, das als »Informationszeitalter« in die Weltgeschichte eingehen wird, welchen Einfluß Information und Kommunikation auf das gesellschaftliche Leben haben.

Zentrales Problem für Deutsch war die Frage: Wer sagt was über welchen Kanal zu wem mit welchem Effekt? Zur Beantwortung dieser Fragen suchte er nach den Grundprinzipien sich selbst steuernder Systeme (vgl. Abb. 6, S. 140). Dazu gehören erstens Informationen aus der Umwelt des Systems, aus der Vergangenheit des Systems (= gespeicherte Informationen) und über das System selbst (= sekundäre Informationen). Dies bezeichnet er als den *Input* des Systems. Dazu gehört zweitens die Verarbeitung dieser Informationen durch deren Selektion, Bündelung, Ordnung, Klassifikation und Filterung. Dazu gehört drittens der Vorgang der Steuerung und Regelung des Systems im Sinne politischer Entscheidungen. Diese sind gleichzeitig der *Output* des Systems. Dazu gehören viertens Informationen über die Konsequenzen dieser Entscheidungen auf die Umwelt, die über einen Rückkoppelungsprozeß auf die Steuerungs- und Regelungsprozesse zurückwirken und damit fünftens einen Lernvorgang des Systems selbst in Gang setzen. An dieser Stelle wird deutlich, daß Deutsch der idealistischen Richtung innerhalb des Szientismus zuzurechnen ist, da auf Lernfähigkeit im Sinne der Veränderung zum Besseren gesetzt wird.

Wenn alle Informationen angemessen berücksichtigt werden, kommt es zu kreativem Lernen und schließlich zur Problemlösung. Wenn sie fehlerhaft berücksichtigt werden, kommt es zu pathologischem Lernen. Das Grundprinzip läßt sich unschwer am Beispiel des amerikanischen Umgangs mit der kommunistischen Expansion in der Dritten Welt nachvollziehen. Reagiere ich militärisch wie in Vietnam oder durch eine Reformpolitik wie in Taiwan? Aus heutiger Sicht läßt sich allerdings feststellen, daß der kybernetische Ansatz von Deutsch wie die verwandten systemtheoretischen Überlegungen von Kaplan sich in der Lehre von den Internationalen Beziehungen nicht haben durchsetzen können.

Abb. 6: Informationsströme und Steuerungsfunktionen im
Prozeß von Entscheidungsfindung

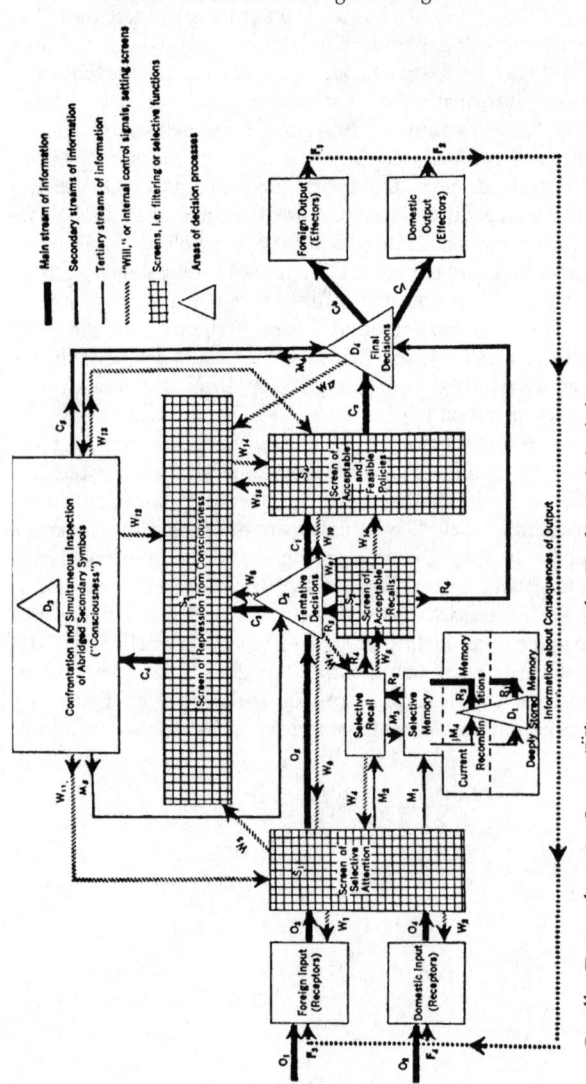

Quelle: Deutsch 1969, S. 340 (Übersetzung der Fachtermini: ebd.).

17. American Decline und die Ablösung des Klassischen Realismus durch den Neorealismus

Zum eigentlichen neuen Mainstream in der Lehre von den Internationalen Beziehungen in den USA avancierte eine Richtung, die erst in den 1970er Jahren entstanden ist und 1984 erstmals von Richard Ashley mit dem Begriff *Neorealismus* bezeichnet wurde.[1] Dabei zerfällt der Neorealismus in eine Variante, die wie der Klassische Realismus zwar vielfach historisch argumentiert, aber durchaus die ökonomische Dimension im Blickfeld behält und im Sinne des Szientismus mit quantitativen Daten arbeitet (Variante I). Hierzu gehören die Hegemoniezyklentheorie, die Theorie der langen Wellen, die Theorie der hegemonialen Stabilität, die Theorie internationaler öffentlicher Güter und einige Ansätze innerhalb der Regimetheorie. Die andere Variante argumentiert strukturalistisch und insofern eher ahistorisch und wird konsequenterweise auch als »Struktureller Realismus« bzw., wenn die ökonomische Dimension von Macht und die wirtschaftliche Seite des nationalen Interesses betont wird, als »Ökonomischer Realismus« bezeichnet (Variante II). Berührungspunkte hatte der Neorealismus zur Internationalen politischen Ökonomie, zur Weltsystemtheorie, zum Neostrukturalismus, aber auch zum Neoinstitutionalismus.

Eine ideengeschichtliche Genealogie im Sinne der Variante II innerhalb des realistischen Paradigmas lautet demzufolge: Am Anfang stand der Klassische Realismus, repräsentiert durch Morgenthaus Standardwerk *Politics among Nations* (1948). Der Einfluß von Szientismus und Strukturalismus führte zu Morton Kaplans *System and Process in International Politics* (1967) als dem Standardwerk der 1970er Jahre, wenngleich Stanley Hoffmann oder Richard Rosecrance als weitere wichtige Vertreter des Realismus der zweiten Generation zu gelten haben. Daraus entwik-

---

1 Robert Cox verwendet den Begriff zwar bereits 1981 (Cox 1981), meint damit aber den hier als »Klassischen Realismus« bezeichneten Realismus à la Morgenthau, um diesen vom Realismus der ideengeschichtlichen Vorläufer wie Thukydides, Machiavelli oder Hobbes abzugrenzen.

kelte sich der Strukturelle Realismus der 1980er Jahre, als dessen Hauptwerk Kenneth Waltz' *Theory of International Politics* (1979) anzusehen ist, und der ökonomische Realismus, repräsentiert durch Robert Gilpins *War and Change in World Politics* (1981). In den 1990er Jahren läßt sich schließlich eine neue Strömung, der »Postrealismus« oder »Neoklassische Realismus«[2] identifizieren, der von einer regelrechten Morgenthau-Renaissance (Fromkin 1993, Gellman 1988) begleitet wird und damit auch innerhalb des Realismus die postpositivistische Rolle rückwärts zum klassischen Ansatz à la Hedley Bull markiert. Der realistische Klassiker der 1990er Jahre dürfte für eine spätere Generation vermutlich Sam Huntingtons *Clash of Civilizations* (Huntington 1996, vgl. Menzel 1998, Kap. 4) werden. Nicht zu verwechseln ist der amerikanische Neorealismus mit dem sog. Münchener Neorealismus à la Gottfried-Karl Kindermann (z. B. Kindermann 1977), der im Grunde klassisch geblieben ist.

Der politische Hintergrund der szientistischen Wende für die Ablösung des Klassischen Realismus durch den Neorealismus ist der seit den frühen 1970er Jahren sowohl von marxistischer wie von liberaler wie von konservativer Seite diskutierte relative Niedergang der USA (American Decline) und dessen Konsequenzen für ihre Führungsrolle im internationalen System.[3] Am Ende des Zweiten Weltkriegs waren die USA die eindeutige Hegemonialmacht, die zwei Kriege in Asien und Europa gleichzeitig geführt hatten, die ihre Alliierten (China, Rußland und Großbritannien) finanziell und durch Rüstungslieferungen zu unterstützen vermochten, die über das Atomwaffenmonopol und die strategische Bomberflotte verfügten, die keine Kriegszerstörung hatten hinnehmen müssen, die etwa die Hälfte des Weltsozialprodukts erzeugten, die in Europa wie in Asien als Besatzungsmacht auftraten und Programme zur Entmilitarisierung und Demokratisierung der ehemaligen Kriegsgegner durchführten, die mit den Vereinten Nationen und den Bretton-Woods-Institutionen eine neue

---

2 Vgl. dazu Beer/Hariman 1996, Frankel 1996b, Murray 1997, Rose 1998.
3 Aus der kaum überschaubaren Flut einschlägiger und oft sehr reißerisch aufgemachter Titel vgl. Barlow/Grey 1985, Bluestone/Harrison 1982, Calleo 1987, Cline 1980, Hall 1990, Huntington 1988/89, Keohane 1982, Lotta/Shannon 1984, Luttwak 1993, Rode 1988, Rosecrance 1976 und zuletzt Johnson 2000. Zur Decline-Literatur vgl. Bienen 1993, Herz 1989, Nye 1999.

Weltordnung zu etablieren und nicht zuletzt den American way of life und die Produkte der amerikanischen Massenkultur nahezu über die ganze Welt zu verbreiten vermochten. Im Verlauf des eskalierenden Ost-West-Konflikts kamen multilaterale (NATO, SEATO) und bilaterale militärische Bündnissysteme (in Asien) und Truppenstationierungen sowie wirtschaftliche Wiederaufbauprogramme wie der Marshall-Plan hinzu.

Die USA waren in der Lage, eine neue Weltwirtschaftsordnung in den Bereichen Handel, Weltgeld, Kredit und Ölversorgung zu errichten und damit die Rahmenbedingungen der weltweiten wirtschaftlichen Wiederbelebung nach dem Kriege zu schaffen, also das internationale öffentliche Gut »Stabilität« bereitzustellen. Gleichermaßen vermochten sie über die von ihnen etablierte Weltmilitärordnung das internationale öffentliche Gut »Sicherheit« inklusive der Garantie einer nuklearen Abschreckung gegenüber der Sowjetunion zu gewährleisten (Kindleberger 1986). Damit war Großbritannien, das diese Funktion bis 1945 noch wahrzunehmen suchte, auch wenn die Ressourcen wegen des schon lange zuvor eingesetzt habenden »British Decline« dazu eigentlich schon nicht mehr gegeben waren, als Führungsmacht endgültig abgelöst worden.[4] Bis etwa 1960 dürfte die relative wirtschaftliche Stärke der USA kaum abgenommen haben.

Eine Konsequenz dieser Führungsposition war, daß in der politischen Theorie des Klassischen Realismus die wirtschaftlichen Grundlagen von politischer und militärischer Macht erst gar nicht thematisiert wurden. Dieses war auch nicht nötig, da die dafür notwendigen wirtschaftlichen Ressourcen ganz selbstverständlich als gegeben angesehen wurden. Aus dieser Selbstverständlichkeit resultierte auch die realistische Vorstellung von der Autonomie bzw. der Suprematie des Politischen. Als Sphäre der eigentlich relevanten »Großen Politik« (High Politics) wurde ausschließlich die Macht- und Sicherheitspolitik angesehen. Wirtschaftliche Probleme, soweit sie überhaupt bestanden, würden sich schon von alleine über den Markt im amerikanischen Interesse lösen, da die USA über die mit Abstand produktivste Ökonomie verfügten. Im Gegenteil, man war sogar bereit, wirt-

4 Die Literatur zum »British Decline« ist zwar nicht ganz so zahlreich wie zum »American Decline«, hat aber eine parallele Stoßrichtung. Vgl. Elbaum/Lazonick 1986, Friedberg 1988, Hall 1990, Kindleberger 1978, Skidelsky 1976.

schaftliche Nachteile aus politischen Gründen in Kauf zu nehmen. Klassisches Beispiel ist die starke Unterbewertung der DM oder des Yen im Vergleich zum Dollar in den 1950er und 1960er Jahren, um auf diese Weise die internationale Konkurrenzfähigkeit beider Länder und damit deren politisch gewollten wirtschaftlichen Wiederaufstieg nach dem Zweiten Weltkrieg zu unterstützen.

Seit den 1960er Jahren wandelte sich allerdings das Blatt, was sich etwa an den rückläufigen Anteilen der USA am Weltsozialprodukt, am Weltexport, an den weltweiten Direktinvestitionen, an den weltweiten Währungsreserven oder der weltweiten Produktion einzelner Industriebranchen wie Automobil, Stahl usw. ablesen ließ. Als weitere Indikatoren für ein Schwinden der amerikanischen Überlegenheit wurden der Deindustrialisierungsprozeß in den klassischen Industriebranchen, die sinkende Spar- und Investitionsquote, die Defizite in der Handelsbilanz und im Haushalt, die insbesondere in den 1980er Jahren dramatische Ausmaße annahmen, sowie das gegenüber den Konkurrenten langsamere Wachstum interpretiert. Insbesondere das Doppeldefizit und dessen Ursachen standen im Zentrum der Diskussion, weil es einerseits auf eine nachlassende internationale Wettbewerbsfähigkeit der US-Ökonomie hindeutete (negative Handelsbilanz) und andererseits zeigte, daß der amerikanische Staat seinen Aufgaben nur noch über eine wachsende Verschuldung nachkommen konnte.

Bemerkenswert war auch die regionale Verlagerung des wirtschaftlichen Schwerpunkts innerhalb der USA von der Ost- zur Westküste, aus dem sog. »Rostbelt« der klassischen Industrieregionen im Nordosten (Minnesota etc.) in den »Sunbelt« (Kalifornien, Texas etc.) und damit korrespondierend eine Verlagerung des Schwerpunkts der wirtschaftlichen Außenbeziehungen vom atlantischen in den pazifischen Raum. Da gleichzeitig der Prozeß der wirtschaftlichen Integration Europas immer weitere Fortschritte machte, schwand die alte regionale Deckungsgleichheit von militärischer und wirtschaftlicher Schwerpunktsetzung, wie sie durch NATO und eine atlantische Wirtschaftsintegration gegeben war. Insbesondere ein Positionsvergleich zwischen Japan und den USA machte deutlich, daß Japan und in dessen Schlepptau auch andere asiatische Schwellenländer zum eigentlichen wirtschaftlichen Herausforderer der USA aufgestiegen waren.

Diese Argumente wurden angeführt, um zu belegen, daß sich die wirtschaftlichen Grundlagen der amerikanischen Macht reduziert hätten und sie deshalb in Zukunft nur noch in reduziertem Maße befähigt sein würde, eine internationale Führungsrolle zu spielen, und daß sie insbesondere nicht mehr in der Lage wäre, internationale öffentliche Güter kostenlos zur Verfügung zu stellen.

Ein vieldiskutierter Ausdruck des Niedergangs der amerikanischen Hegemonie war das Ende des Bretton-Woods-Systems in den Jahren 1971/73, als zuerst die Goldeinlösungspflicht des Dollar und dann das System fixer Wechselkurse aufgegeben wurde. Letzteres war gleichbedeutend mit einer drastischen Abwertung gegenüber dem Yen, der DM und anderen Währungen. Zu nennen ist ferner die durch den Yom-Kippur-Krieg ausgelöste zweimalige Erhöhung des Ölpreises in den Jahren 1973 und erneut 1978/79 von ursprünglich etwa vier auf fast 40 US-$ pro Faß von seiten der OPEC. Damit war an die Stelle des amerikanischen Ölregimes mit niedrigen Ölpreisen das hochpreisige Ölregime der OPEC getreten, das in den Folgejahren zu heftigen weltwirtschaftlichen Turbulenzen führte. Zu nennen ist ferner die sich abzeichnende amerikanische Niederlage im Vietnamkrieg, die 1973 im Vertrag von Paris noch bemäntelt, aber 1975 mit der Niederlage der südvietnamesischen Truppen und dem fluchtartigen Abzug der letzten Amerikaner aus Saigon auch besiegelt wurde. Hinzu kamen das schrittweise Gleichziehen der Sowjetunion auf dem Militär- und Raumfahrtsektor sowie das Desaster der amerikanischen Iran-Politik. Damit wurde das Jahr 1973 zur eigentlichen Wende, das den relativen amerikanischen Niedergang zu symbolisieren schien. Zufällig oder nicht markierte dieses Jahr auch das Ende der langen Nachkriegskonjunktur und wurde als Scheitelpunkt des vierten Kondratieff-Zyklus bezeichnet.

All diese Faktoren dienten jedenfalls als Belege, daß die Ökonomie nicht mehr gegenüber dem Militärischen als zweitrangig betrachtet werden konnte, wie noch im klassischen realistischen Denken unterstellt wurde. Insofern war die Krise der amerikanischen Hegemonie auch eine Krise des Klassischen Realismus. Ein neues Paradigma mußte gefunden werden, das die Sphäre des Ökonomischen als gleichrangig neben der Sphäre des Militärischen berücksichtigte und damit auch wirtschaftlichen Fragen den Charakter von »High Politics« zuwies. Das hieß: Ein neues prominentes, internationales Politikfeld neben der Sicherheitspolitik, nämlich die Außenwirtschaftspolitik, war zur Wahrung nationaler wirtschaftlicher Interessen zu besetzen. Neben Security Studies trat auch auf konservativer Seite die International Political Economy (IPE), die bislang eher ein Thema für linksliberale oder marxistische, jedenfalls dem Strukturalismus zuzurechnende Autoren gewesen war. Und das hieß schließlich, daß neben dem militärischen Herausforderer Sowjetunion Japan als wichtigster wirtschaftlicher Konkurrent identifiziert wurde. Neben den Systemkonflikt mit der Sowjetunion trat der Handelskonflikt zunächst mit Westeuropa und später v. a. mit Japan und noch später mit anderen asiatischen Schwellenländern inklusive China, der von den amerikanischen Revisionisten, den sog. Japan-bashern wie z. B. Chalmers Johnson (1995), auch in den Kategorien unterschiedlicher Wirtschaftssysteme betrachtet wurde. Das amerikanische Doppeldefizit ließ sich so noch plastischer begründen. Die negative Handelsbilanz war das Resultat nachlassender Wettbewerbsfähigkeit und unfairer Handelspraktiken von seiten Japans und anderer asiatischer Länder. Das Haushaltsdefizit resultierte aus den hohen Militärausgaben, um im Rüstungswettlauf mit der Sowjetunion mitzuhalten und in den Krisenregionen der Welt, etwa am Persischen Golf zur Garantie der Ölversorgung, präsent zu sein. Besonders betroffen machte dabei die Einsicht, daß Japan kostenloser Nutznießer der militärischen Garantien der USA war und deshalb nahezu alle Ressourcen auf den zivilen Sektor konzentrieren konnte, was dessen internationale Wettbewerbsfähigkeit zusätzlich stärken mußte. Diese Aussichten und Einsichten waren der Kontext der Geburtsstunde des Neorealismus, insbesondere in seiner ökonomischen Variante.

Seine wichtigsten Vertreter waren Kenneth N. Waltz (*1924), der 1979 mit *Theory of International Politics* das Standardwerk des strukturellen Realismus vorlegte. Stephen D. Krasner (*1942), z. B. mit den Titeln *State Power and the Structure of International Trade* (1976) oder *Defending the National Interest* (1978), Robert G. Gilpin (*1930) mit seiner Trilogie *US Power and the Multinational Cooperation* (1975), *War and Change in World Politics* (1981) und *The Political Economy of International Relations* (1987) und Robert O. Keohane (*1941), der später ins neoinstitutionalistische Lager wechselte, bildeten ursprünglich das Triumvirat des »Ökonomischen Realismus«. Gilpin war es auch, der die bisherige Debatte über Multinationale Konzerne auf den Kopf stellte, indem er argumentierte, daß amerikanische Direktinvestitionen nicht zur Stärkung der weltwirtschaftlichen Position der USA beitragen würden, sondern über die damit verbundenen Produktionsauslagerungen gerade zu deren Schwächung. Ferner zu nennen sind Glenn H. Snyder (*1924) sowie aus der jüngeren Generation Joseph M. Grieco, Christopher Layne, David Lake (*1956), John J. Mearsheimer (*1947), Charles Krauthamer (*1950), Roger D. Spegele (*1938), Stephen Walt (*1955), Randall Schweller, Michael Mastanduno und Barry Posen.[5] Der Engländer Barry Buzan (*1942) markierte die Schnittstelle zwischen Englischer Schule und Neorealismus. Die prominenten deutschen (Neo-)Realisten wie Gottfried Karl Kindermann (*1926), Werner Link (*1934), Christian Hacke (*1943), Hans-Peter Schwarz (*1934) und aus der jüngeren Generation Ralf Roloff und Alexander Siedschlag sind allerdings alle primär sicherheitspolitisch interessiert und können deshalb eher als klassische Realisten bezeichnet werden.[6]

5 Einige der letztgenannten sind mittlerweile ins Lager des neoklassischen Realismus gewechselt. Vgl. Grieco 1990, Walt 1987, Snyder 1997, Spegele 1996.
6 Masala/Roloff 1998, Link 1998, Hacke 1993, Schwarz 1994. Dieses Urteil gilt nicht für Siedschlag 1997, 2000.

18. Variante I:
Hegemoniale Ordnung statt Anarchie

Eine Variante des Neorealismus, die Hegemonie- oder Hegemoniezyklentheorie, argumentiert weniger strukturalistisch als historisch und geht von der Vorstellung aus, daß die Welt seit der frühen Neuzeit sich keineswegs in einem permanenten Zustand der Anarchie befunden hat, sondern zumindest phasenweise durch eine hegemoniale Ordnung geprägt war. Dahinter steht die Annahme eines zyklischen Auf- und Abstiegs von Hegemonialmächten.[1] Hegemonialmächte sind dadurch definiert, daß sie in bestimmten Zeiträumen eine dominante militärische und/oder wirtschaftliche Führungsposition einnehmen, die sich auch quantitativ, etwa anhand der relativen Flottenstärke oder dem Anteil am Welthandel, bestimmen läßt. Hegemonialmächte sind diesem Verständnis nach immer Seemächte. Folgt man diesen Indikatoren, ergibt sich die verblüffende Feststellung, daß diese Hegemoniezyklen jeweils von nahezu einhundertjähriger Dauer waren. Stark vereinfacht sollen im 13. Jahrhundert Genua, im 14. Jahrhundert Venedig, im 15./16. Jahrhundert Portugal, im 16./17. Jahrhundert die Niederlande, im 18. und 19. Jahrhundert Großbritannien, das als einziges Land bislang zwei Zyklen durchlaufen hat, und im 20. Jahrhundert die USA die jeweilige Hegemonialmacht gewesen sein. Mit diesen Seemächten konkurrierten jeweils zu ihrer Zeit regionale Führungsmächte, wie Spanien, Frankreich, Deutschland, Rußland/Sowjetunion oder eventuell demnächst China, die als Landmächte bezeichnet werden und sich nicht auf ihre Flotte, sondern auf ihre Armee stützen. Diese eurozentrisch anmutende Sicht der Weltgeschichte wird dadurch relativiert, daß es vor Eindringen der Portugiesen in den Indischen Ozean am Ende des 18. Jahrhunderts auch dort schon hegemoniale Ordnungen gegeben habe, die z. B. von China er-

---

1 Das Verständnis des Begriffs Hegemonie unterscheidet sich von dem Verständnis, das Gramsci, Cox oder andere Vertreter der Kritischen Theorie in den IB ihm beimessen. Bei letzteren geht es um die Frage, ob z. B. ein Weltbild oder ein Diskurs hegemonial wird und damit Wirklichkeit konstruiert (vgl. z. B. Cox 1983).

richtet worden seien (Abu-Lughod 1989, Chaudhuri 1990). Prominente Vertreter dieser Zyklentheorie sind George Modelski (*1926), Karen R. Rasler (*1952), William R. Thompson und Charles P. Kindleberger (*1910).[2]

Begründet wird der hegemoniale Aufstieg dadurch, daß ein Land, aus welchen Ursachen auch immer, sich in den zeitgenössischen Leitsektoren, so z. B. Portugal am Beginn des 16. Jahrhunderts in Schiffsbau, Schiffsartillerie, Kartographie und Navigation, als besonders innovativ erweist.[3] Eine solche Innovationstätigkeit konstituiert hohe wirtschaftliche und militärische Leistungsfähigkeit, die sich im Vergleich zu anderen in eine wirtschaftlich und dann politisch starke Position umsetzt. Mögliche Konkurrenten werden (militärisch) ausgeschaltet, Hegemonie wird aufgebaut. Anschließend wird eine politisch/militärisch/wirtschaftliche Weltordnung errichtet, die sich auf die Strukturierung der internationalen Arbeitsteilung, ein weltweites Netz von Flottenstützpunkten oder die Kontrolle der Waren- und Finanzmärkte stützt. Zu einem späteren Zeitpunkt werden auch andere Länder innovativ und holen auf. Es kommt zu wirtschaftlichen Verteilungs- und politischen Machtkonflikten, die die etablierte Weltordnung destabilisieren. Am Ende stehen globale Ausscheidungskämpfe zwischen der alten, absteigenden Hegemonialmacht und den hegemonialen Aspiranten, aus denen eine neue Hegemonialmacht hervorgeht, die ihrerseits eine neue Weltordnung errichtet.

Dieses zyklische Modell läßt allerdings auch die Variante des gescheiterten Hegemonieaspiranten zu, weil die unter Druck geratene Hegemonialmacht sich zu behaupten vermag, oder die Variante, daß dritte Mächte Nutznießer der Rivalität anderer sein können, weil diese sich gegenseitig erschöpft haben. Beispiele für hegemoniale Ausscheidungskämpfe waren demzufolge die Seekriege zwischen Venedig und Genua, zwischen Spanien und England (1571 und 1588), der Dreißigjährige Krieg (1618-1648) zwischen den Habsburgern einerseits und den Franzosen bzw. Schweden und deren jeweiligen Verbündeten andererseits, die

2 Vgl. dazu v. a. Modelski 1978, 1987a, Modelski/Thompson 1988, 1996, Rasler/Thompson 1994 sowie Kennedy 1989, Gilpin 1981 und Kindleberger 1996. Als ältere Literatur vgl. Dehio 1996 [1948] und Triepel 1974 [1943], die aber nicht quantitativ arbeiten.

3 Vgl. dazu die detaillierten Angaben bei Reinhard 1983, S. 28ff.

Seekriege zwischen den Engländern und Niederländern (1672-1678, 1689-1697 und 1702-1713), die Napoleonischen Kriege (1790er-1814), der Erste Weltkrieg (1914-1918) und der Zweite Weltkrieg (1937 bzw. 1939-1945). Damit wird wieder einmal der Krieg zum Vater aller Dinge.[4] Weltordnungen wurden geschaffen erstmals durch die Verträge von Tordesillas (1493) und Zaragoza (1529) zwischen Spanien und Portugal über die Aufteilung der »Neuen Welt« zunächst im atlantischen und dann im pazifischen Raum und später durch den Westfälischen Frieden (1648), den Frieden von Utrecht (1713), den Wiener Kongreß (1815), durch die Versailler Konferenz (1919) und die Konferenzen von Jalta, Potsdam, Bretton Woods und San Francisco (1944/45) jeweils im Anschluß an die vorangegangenen hegemonialen Konflikte oder Ausscheidungskämpfe. Damit ergibt sich auch ein Zyklus von Krieg und Frieden, wobei Frieden hier im Sinne einer hegemonialen Stabilität verstanden wird.[5]

Die Logik des (realistischen) Arguments lautet mithin: Hegemonie schafft Ordnung, Ordnung garantiert Stabilität, Rechtssicherheit und Frieden, Ordnung verlangt zu ihrer Durchsetzung Macht. Politische, d. h. letztlich militärische Macht bedarf des wirtschaftlichen Fundaments, das wiederum auf die Innovationsfähigkeit und die daraus resultierende Wettbewerbsfähigkeit angewiesen ist. In der Regimetheorie wurde diese Logik später als »machtstruktureller Ansatz« bezeichnet.

Als Ursachen für die Zyklizität in der Abfolge von Hegemonialmächten werden diverse endogene und exogene Theorien angeboten. Ein Versuch bestand darin, die *Theorie der Langen Wellen* oder *Kondratieff-Zyklen*,[6] die etwa 50 Jahre umfassen, zur Erklärung von Hegemoniezyklen heranzuziehen. Ein Hegemoniezyklus gliedere sich laut Modelski jeweils in zwei Kondratieffs. Die Häufung von Innovationen in einzelnen Ländern (bzw. Stadtstaaten) und zu bestimmten Phasen des Zyklus sollen gleichermaßen lange Prosperitäten wie militärische Macht begründen. Wäh-

---

4 So auch explizit bei Gilpin 1981, S. 15.
5 Als einschlägige Überblicksdarstellungen vgl. Osiander 1994, Kleinschmidt 1998.
6 Nikolai Kondratieff (1892-1938) war der vermeintliche Entdecker des Phänomens der langen Wellen, die deshalb nach ihm benannt worden sind. Vgl. dazu Kondratieff 1984, Goldstein 1988 und als Literaturbericht Menzel 1996.

rend Kondratieff und die in seinem Gefolge argumentierenden Autoren den »Ersten Kondratieff« als Folge der industriellen Revolution erst in den 1790er Jahren beginnen lassen, ein Umstand, der nicht zuletzt auf die damalige schlechte Datenlage zurückzuführen ist, vermuten Modelski und Thompson schon sehr viel früher lange Wellen. Demzufolge sollen sich diese etwa seit dem Jahre 930 zunächst für das China der Sung-Zeit und seit 1190 für Europa nachweisen lassen, wobei aber nicht nur technische Innovationen, sondern auch institutionelle Innovationen wie die Eröffnung neuer Handelswege, fiskalische und außenwirtschaftliche Reformen und die Einbeziehung neuer Produkte in die Weltwirtschaft (Gold, Gewürze, Zucker etc.) stimulierend gewirkt haben. Modelski/Thompson identifizieren zwischen 930 und 2000 zehn solcher Hegemoniezyklen mit wechselnden Hegemonialmächten, die in bislang 19 Kondratieffs untergliedert sind (vgl. Abb. 7).[7] Der letzte abgeschlossene Hegemoniezyklus (USA I) hätte demnach von 1850 bis 1973 gedauert und sich auf die Führungsposition der USA in den Branchen der »Zweiten industriellen Revolution« (Stahl, Chemie, Elektrotechnik seit 1914) gestützt. Ähnlich Großbritannien in der Mitte des 18. Jahrhunderts befinden sich die USA demnach derzeit in der ersten Phase eines zweiten Hegemoniezyklus (USA II), der sich auf ihre Führungsposition in der Informationstechnik stützt. Genannt werden könnten aber auch die neuen Dienstleistungen (Finanzwesen, professionelle Dienstleistungen, Mediensektor). Nimmt man den hohen Stand der Rüstungstechnologie hinzu, läßt sich am Beginn des 21. Jahrhunderts aus dieser Perspektive trotz aller Globalisierungsphänomene durchaus von der »neuen Hegemonie« der USA sprechen. Wenn man so will, war der Kalte Krieg der letzte hegemoniale Ausscheidungskampf, aus dem die USA als »einsame Supermacht« (Huntington 1999) hervorgegangen sind, während die unterlegene Sowjetunion als gescheiterter hegemonialer Aspirant bezeichnet werden kann. Ist diese Sicht der Dinge zutreffend, dann wäre etwa im Jahre 1990 die Abschwungphase des ersten amerikanischen Hegemoniezyklus (= American Decline) beendet. Klar wäre dann auch, warum mit Charles Krauthamers Aufsatz »The Unipolar Moment« (Krauthamer

7 Vgl. dazu Modelski/Thompson 1996, Frank 1998, S. 248 ff., Kindleberger 1996.

Abb. 7: Hegemoniezyklen und Kondratieff-Wellen

Lange Welle	Hegemonial-macht	Leitsektor		Zeitspanne
LW 1	China (Nördl. Sung)	K 1	Druck und Papier	930-990
		K 2	Herausbildung des Binnenmarkts, Naß-reis, Eisen, Papiergeld	990-1060
LW 2	China (Südl. Sung)	K 3	öffentl. Finanzwesen, Reform des Tribut-systems	1060-1120
		K 4	Expansion des See-handels, Kompaß	1120-1190
LW 3	Genua	K 5	Champagne-Messen	1190-1250
		K 6	Schwarzmeerhandel	1250-1300
LW 4	Venedig	K 7	Galeerenflotten	1300-1355
		K 8	Pfeffer	1355-1430
LW 5	Portugal	K 9	Gold aus Guinea	1430-1494
		K 10	Indischer Pfeffer	1494-1540
LW 6	Niederlande	K 11	baltischer und atlan-tischer Handel	1540-1580
		K 12	Handel mit Fernost	1580-1640
LW 7	Großbritan-nien I	K 13	amerikanisch-asiati-scher Handel (Zucker)	1640-1688
		K 14	amerikanisch-asiati-scher Handel	1688-1740
LW 8	Großbritan-nien II	K 15	Baumwolle, Eisen	1740-1792
		K 16	Eisenbahn, Dampf-maschine	1792-1850
LW 9	USA I	K 17	Stahl, Chemie, Elektro-technik	1850-1914
		K 18	Automobil, Flugzeug, Elektrotechnik	1914-1973
LW 10	USA II	K 19	Informationstechnik	1973-2030

LW = lange Welle; K = Kondratieff-Zyklus
Quelle: Modelski/Thompson 1996, S. 69, 171, 191 (leicht modifiziert).

1990/91) als Reaktion auf den Zusammenbruch der Sowjetunion auch die Debatte um den American Decline so schlagartig beendet war. Für den weiteren Verlauf der IB-Debatte ist es jedenfalls bezeichnend, daß die vielen neorealistischen Beiträge, die den amerikanischen Niedergang beschworen und das Schreckgespenst eines Hegemonieverlusts an die Wand gemalt hatten, jetzt durch Beiträge[8] aus demselben weltanschaulichen Lager abgelöst worden sind, die einer wiedererstarkten amerikanischen Führungsposition das Wort reden und eine Renaissance des klassischen Nationalstaats konstatieren bzw. propagieren. Damit stehen sie erneut im Gegensatz zum liberalen Lager, das vor dem Hintergrund der Globalisierung auf die Transformation nationalstaatlicher Politik in Richtung »Global Governance« setzt.

Eine andere prominente Argumentation zur Begründung von Hegemoniezyklen liefert die »Theorie der imperialen Überdehnung« des englischen Historikers Paul Kennedy (*1945), die er in seinem Bestseller *Aufstieg und Fall der großen Mächte* (1989) mit großem historiographischem Aufwand, aber auch durch quantitative Daten gestützt, entfaltet hat. Kennedy argumentiert, daß anfänglich eine überlegene wirtschaftliche Leistungsfähigkeit Machtentfaltung und Reichsbildung begünstigen, aus der der Hegemon seinen Nutzen zieht. Reichsbildung bedeutet aber auch wachsende, v. a. militärische, Kosten, um die Hegemonialposition zu behaupten. Sobald die hegemonialen Kosten den Nutzen übersteigen, offenbart sich die imperiale Überdehnung, setzt der Niedergang des alten Hegemons ein, wird Platz geschaffen für eine neue, innovativere Führungsmacht, die an der alten Ordnung zuvor als sog. »Free Rider« (Trittbrettfahrer) kostengünstig zu partizipieren vermochte. Kennedy bezieht seine historische Analyse eher auf militärische Macht und ignoriert im Unterschied zu Modelski und Co. die Handels- und Seemächte Genua, Venedig, Portugal und die Niederlande in seiner Analyse. Er beginnt deshalb mit dem Spanischen Habsburger-Reich und endet mit den USA, die er am Ende des 20. Jahrhunderts im Niedergang befindlich sieht. Mit Japan erkannte er ähnlich wie auch Kindleberger (Kindleberger 1996) einen möglichen neuen hegemonialen Aspiranten. Es läßt sich nicht verhehlen, daß auch die Implosion der

8 Vgl. dazu in Auswahl Brilmayer 1994, Brzezinski 1999, Haass 1999, Huntington 1999, Koch 1996, Ikenberry 1996, Rice 2000, Layne 1997; kritisch dazu Czempiel 1996, Koch 1996.

Sowjetunion als Folge einer militärischen Überbeanspruchung und die anschließende Auflösung des sowjetischen Imperiums mit Kennedys Theorie der imperialen Überdehnung gut beschrieben werden kann, während sie im Hinblick auf die USA nach dem Ende des Ost-West-Konflikts eher fraglich ist. Auch dürfte aus dieser Sicht eher China und nicht, wie Kennedy annimmt, Japan der künftige hegemoniale Herausforderer der USA sein.

Schließlich gibt es noch die Sklerosetheorie des Ökonomen Mancur Olson (*1932) über den *Aufstieg und Niedergang von Nationen* von 1985, die die Anlehnungen bei Spengler und Toynbee macht und den Aufstieg und Niedergang einer Nation auf die Dynamik, Askese und Innovationsbereitschaft junger Gesellschaften bzw. die Trägheit, Saturiertheit und Konsumneigung alternder Gesellschaften zurückführt.

Wichtig für die neorealistische Färbung der Argumentationen war jedenfalls, daß all diese Theorien auf die Bedeutung der wirtschaftlichen Grundlagen militärischer Macht verweisen und auf den Umstand, daß Machtverlust auch auf nachlassende Innovationskraft und nachlassende internationale Wettbewerbsfähigkeit zurückgeführt werden kann. Damit erweist sich nicht nur Macht, sondern auch wirtschaftliche Leistungsfähigkeit als eine relative Angelegenheit, die immer im Vergleich zu anderen Mächten oder Volkswirtschaften gesehen werden muß.

Gleichviel, welcher der skizzierten Theorien man den Vorzug geben will, zentraler Baustein war jeweils die von Kindleberger,[9] Gilpin, Keohane und Krasner vertretene »Theorie der hegemonialen Stabilität«, deren erste Formulierung sich in Kindlebergers Buch über die Weltwirtschaftskrise der 1930er Jahre findet (Kindleberger 1973).[10] Seine These lautete damals, daß die in den 1930er Jahren existierende Weltwirtschaftsordnung zusammengebrochen sei, weil es keine wirtschaftliche Führungsmacht gab, die hätte stabilisierend wirken können. England hatte dazu die Kraft nicht mehr, die USA hatten zwar die Kraft, aber noch nicht (in Anlehnung an Nietzsche) den notwendigen politischen »Willen zur Hegemonie«. Die bis dato existierende liberale Weltwirtschafts-

9 Kindleberger ist allerdings Wirtschaftshistoriker und nicht IB-Theoretiker.
10 Vgl. dazu Gowa 1989, Keohane 1989b, Krasner 1982, McKeown 1983, Rapkin 1990, Webb/Krasner 1989, Snidal 1985b.

ordnung wurde durch Protektionismus und Abwertungskonkurrenz der großen Mächte und damit eine Regionalisierung der Weltwirtschaft und ökonomische Blockbildung ersetzt. Die daraus resultierenden Konflikte, insbesondere zwischen Japan und den USA, waren Teil der Vorgeschichte des Zweiten Weltkriegs.

Kindlebergers These von 1973, aus dem bereits zitierten Wende-Jahr, lautete: Jetzt haben wir eine analoge Situation, in der die USA nicht mehr in der Lage sind, die weltwirtschaftliche Führungsrolle wahrzunehmen. Möglich sei eine neue Blockbildung in Westeuropa, Ost- und Südostasien und der Westlichen Hemisphäre mit wachsender Konfliktträchtigkeit für das internationale System. Tatsächlich zu beobachtende Regionalisierungsprozesse (im Sinne der regionalen Verdichtung grenzüberschreitender Transaktionen wie z. B. Handel) und eines darauf bezogenen Regionalismus (im Sinne regionaler Zusammenschlüsse wie etwa der Europäischen Gemeinschaft) wurden aus neorealistischer Sicht also als Stolpersteine (Stumbling blocs) und nicht, wie aus neoliberaler Sicht, als Bausteine (building blocs) einer liberalen Weltordnung verstanden (Lawrence 1991, Albert u. a. 1999, S. 103 ff.).

Diese Argumentation bedurfte des Rückgriffs auf die Theorie der internationalen öffentlichen Güter.[11] So wie es im nationalen Rahmen den Staat erfordert, um öffentliche Güter, wie Geld, Infrastruktur, Rechtssicherheit usw., bereitzustellen, benötigt auch das internationale System solche Güter wie z. B. eine Weltwährungs- und Welthandelsordnung, die Freiheit der Meere, Frieden, Schutz geistigen Eigentums u. a. m. Da es aber keinen Weltstaat gibt, der diese Funktion wahrnimmt, können internationale öffentliche Güter am besten bereitgestellt werden, wenn es einen Hegemon gibt, der über den politischen Willen, die Ressourcen und die Macht verfügt, dieses zu tun. Der Hegemon übernimmt diese Rolle, weil er selber auch den größten Nutzen aus einer internationalen Ordnung zieht. Alle anderen Länder sind bereit, dieses zu akzeptieren, da sie als Free Rider kostenlos daran partizipieren können. Die USA waren 1945 in der Lage, eine neue Weltordnung zu errichten, die v. a. drei Güter offerierte, nämlich Sicherheit durch ihre nukleare Garantie, weltwirtschaftliche Sta-

---

11 Vgl. dazu Kindleberger 1981, 1986, Olson 1965, Sandler/Loehr/Cauley 1978, Snidal 1979, Boyer 1993, Kaul/Grunberg/Stern 1999.

bilität durch das Bretton-Woods-System und nicht zuletzt die Garantie einer weltweiten Ölversorgung zu niedrigen Kosten, wobei hier die wirtschaftliche Stärke der amerikanischen Ölkonzerne und die militärische Präsenz der USA am Persischen Golf zusammenwirkten.

Der relative amerikanische Niedergang, der seit Mitte der 1970er Jahre von der American-Decline-Schule (Herz 1989) an die Wand gemalt wurde, führe nun dazu, daß die USA nicht mehr bereit und in der Lage seien, die internationalen öffentlichen Güter in gleichem Maße wie bisher kostenlos zur Verfügung zu stellen. Begründet wurde der amerikanische Niedergang wahlweise mit dem Sklerose- bzw. Innovationsverlust-Argument, mit der imperialen Überdehnung, mit der Rüstungskonkurrenz zur Sowjetunion, mit den zeitweiligen Erfolgen der OPEC im Kontext des Nahostkonflikts, mit dem Aufholen der japanisch/asiatischen Konkurrenz und dem daraus resultierenden Verdrängungswettbewerb oder mit den unfairen Handelspraktiken dieser Konkurrenten (Dumping + Protektionismus), die gleichzeitig als Free Rider die Hauptnutznießer der liberalen Weltwirtschaftsordnung seien. Das eigentliche amerikanische Dilemma bestehe darin, daß die Rüstungskonkurrenz mit der Sowjetunion ihre wirtschaftliche Leistungsfähigkeit strapaziere und die exklusive militärische Nutzung von Ressourcen, insbesondere im Hochtechnologiebereich, verlange. Die exklusive militärische Nutzung technologischer Kompetenz verstärke aber indirekt den Verdrängungswettbewerb von seiten Japans und anderer Konkurrenten, da die zivile Seite der amerikanischen Wirtschaft entblößt werde. Beides zusammen schwäche wiederum die wirtschaftliche Basis der USA und damit ihr Vermögen, in der Rüstungskonkurrenz zur Sowjetunion zu bestehen. Populär ausgedrückt: Die USA seien nicht mehr in der Lage gewesen, Kanonen und Butter gleichermaßen zu produzieren, sondern hätten sich zwischen Kanonen und Butter entscheiden müssen. Das amerikanische Doppeldefizit der 1980er Jahre von Haushalt und Handelsbilanz war aus neorealistischer Sicht der exakte Ausdruck dieser Zweifrontensituation und des daraus resultierenden Dilemmas. Vermehrte Rüstungsanstrengungen, die aufgrund der gleichzeitig vorgenommenen neoliberalen Steuersenkungen durch öffentliche Verschuldung zu finanzieren waren, mußten, wie unter Reagan praktiziert, die Situation zusätzlich dramatisieren.

Daß diese Interpretation durchaus »realistisch« war, läßt sich am wachsenden amerikanischen Druck auf die westlichen Alliierten ablesen, sich an der Bereitstellung der internationalen öffentlichen Güter im Zuge eines »burden sharing« zu beteiligen, ihre Märkte für amerikanische Produkte zu öffnen oder reduzierte amerikanische Leistungen zu akzeptieren. Die Handelskonflikte, insbesondere das sog. »Japan-bashing«, der Druck auf China, etwa in der Menschenrechtsfrage, aber auch der Druck auf die Europäische Union, die aus dieser Sicht als Spaltung des atlantischen Westens erscheint, sind Politiken, die als Ausfluß des neorealistischen Arguments betrachtet werden können. An die Stelle der hegemonialen Stabilität habe jetzt die Kooperation der führenden Mächte zur Aufrechterhaltung der internationalen Ordnung zu treten. *After Hegemony* (Keohane 1984) oder *Cooperation under Anarchy* (Axelrod/Keohane 1985, Oye 1985, 1986) lauteten die einschlägigen Titel. Statt *Politics among Nations* ließe sich auch formulieren »Economics among Nations«.

19. Variante II:
Struktureller Realismus und Ökonomischer Realismus

Neben den historisch komparativ und eher induktiv argumentierenden Hegemonietheorien lassen sich die eher ahistorisch und deduktiv, d. h. strukturalistisch argumentierende Ansätze unterscheiden. Kenneth Waltz ist in der Nachfolge des Systemtheoretikers Morton Kaplan das prominenteste Beispiel für diese zweite Variante des Neorealismus. Waltz geht davon aus, daß die wesentlichen Merkmale des internationalen Systems über Raum und Zeit immer gleich bleiben. Das internationale System war, ist und bleibt anarchisch, weil es keine Zentralgewalt gibt. Aus dieser immerwährenden Anarchie resultiert der Verhaltensimperativ »Hilf dir selbst«. Die Vernachlässigung dieses Verhaltensimperativs, also ein nicht systemkonformes Verhalten, führt unweigerlich zum Untergang. Trotz dieser anarchischen Struktur läßt sich das internationale System stabilisieren, wenn *alle* Akteure dem Selbsthilfeprinzip folgen. Die Teile des Systems, gemeint sind die Nationalstaaten, unterscheiden sich nur durch ihr unterschiedliches Machtpotential. Daraus und nicht etwa aus einer denkbaren funktionalen Differenzierung zwischen den Teilen des Systems läßt sich die internationale Politik erklären. Im Sinne der Systemstabilität versuchen die Staaten nicht, ihre Macht zu maximieren und damit Veränderung herbeizuführen, wie es die Hegemonietheorien unterstellen, sondern lediglich, ihre Position zu behaupten. Dabei ist ein bipolares gegenüber einem multipolaren System aufgrund seiner einfacheren Handhabung und seiner größeren Stabilität vorzuziehen. Hohe Machtkonzentration, wie z. B. in einem bipolaren System gegeben, bedeutet zwangsläufig geringe Interdependenz zwischen den Teilen des Systems. Hohe Machkonzentration erhöht außerdem im Sinne der Theorie der hegemonialen Stabilität die Wahrscheinlichkeit der Bereitstellung von internationalen öffentlichen Gütern. Im Unterschied zu den Hegemonietheorien, die einen akteurszentrierten Ansatz verfolgen, da die Hegemonialmacht das internationale System ordnet, ist der strukturelle Realismus à la Waltz systemzentriert. Insofern weisen die Hegemonietheoretiker auch einen stärkeren Bezug zum klassischen Realismus auf, auch wenn sie im Unterschied dazu die ökonomische Grundlage von Macht betonen.

In der Tradition von Waltz stehen John Lewis Gaddis' *The Long Peace: Elements of Stability in the Postwar International System* (1986), Joseph M. Griecos *Cooperation among Nations* (1990) und John Mearsheimers *Back to the Future* (1990). Der Unterschied zum Klassischen Realismus à la Morgenthau und Niebuhr besteht darin, daß das Machtstreben der Staaten nicht mehr anthropologisch auf dem Wege des Analogieschlusses, sondern strukturalistisch begründet wird. Staaten müssen Macht entfalten, gleichviel ob sie Gutes oder Böses im Schilde führen, um sich in einer anarchischen Umwelt behaupten zu können.

Autoren wie Gilpin oder Krasner erweitern den strukturellen Ansatz um die ökonomische Dimension. Machtbehauptung und nationales Interesse von Staaten beschränken sich demzufolge nicht nur auf das Militärische. Es gibt keine Autonomie des Politischen, vielmehr sind die ökonomischen Grundlagen der Macht immer mit zu berücksichtigen; es besteht eine Interdependenz von Ökonomie und Politik. Damit wird der bei Morgenthau wie Waltz zu findende Primat der Außen- und Sicherheitspolitik relativiert. Wie schon zu Zeiten des absolutistischen Staates der Merkantilismus in den Dienst staatlicher Machtpolitik gestellt wurde, so ist heute die Wirtschaftspolitik nach innen wie nach außen von machtpolitischer Bedeutung. An dieser Stelle treffen sich die neorealistischen mit den revisionistischen Argumenten, wie sie etwa von Chalmers Johnson in den USA oder Konrad Seitz in Deutschland vorgetragen werden, die angesichts des asiatischen Verdrängungswettbewerbs eine Rückkehr zur Industriepolitik fordern.[1] Deshalb wird auch beim Ökonomischen Realismus die Dominanz des Politischen unterstellt, da die normative Ordnung der internationalen Politik letztlich eine Funktion politischer Macht ist. Im Unterschied zum Klassischen Realismus wird allerdings eine höhere Eigenständigkeit der Normen angenommen. Nicht nur das unmittelbare Wirken der Mächte, sondern auch die durch die Mächte konstituierte Weltordnung selbst und deren Wandel sind wichtig zum Verständnis der internationalen Politik.

1 Vgl. dazu die Aufsatzsammlung in Johnson 1995, insbesondere Abschnitt III, Johnson 2000, Seitz 1990.

Damit ist ausgesagt, daß es eine Ordnung, nämlich ein bestimmtes Verlaufsmuster im Prozeß der Weltgeschichte gibt, was im ahistorisch/statischen Verständnis des Klassischen Realismus geleugnet wird. An dieser Stelle konvergieren Neorealismus und Neoinstitutionalismus trotz ihrer unterschiedlichen Prämissen.

Noch stärker betont Kindleberger die normative Seite, wenn er erklären will, warum es trotz Anarchie zu Kooperation im internationalen System kommt. In seinem Ansatz sind Normen und kooperatives Verhalten Resultate hegemonialer Politik. Kommt es zum hegemonialen Niedergang, ist auch die internationale Ordnung gefährdet. Ordnungen sind zwar machtstrukturell entstanden, da die übrigen Mächte aber Nutznießer der internationalen öffentlichen Güter sind, die aus dieser Ordnung resultieren, ist es möglich, daß die Ordnung trotz des hegemonialen Niedergangs weiterbesteht. Alle haben ein Interesse an deren Fortbestehen und befolgen deshalb ihre Regeln weiter, obwohl der Hegemon bereits geschwächt ist. Die Nähe zum Neoinstitutionalismus ist bei Kindleberger also unverkennbar.

Stephen Krasner (Krasner 1976) stellt die ökonomische Dimension von Macht und nationalem Interesse noch stärker in den Vordergrund. Die staatliche Außenpolitik unterliegt einem doppelten Anpassungsdruck, nämlich den äußeren Zwängen aufgrund der internationalen Wettbewerbssituation und den inneren Forderungen der jeweiligen Interessengruppen. Der Staat ist in dieser Konstellation eine relativ autonom handelnde Einheit, die die jeweiligen Interessen vor dem Hintergrund des internationalen Anpassungsdrucks wahrzunehmen sucht. Primat der Außenpolitik meint dann, den Einfluß zu untersuchen, den die Position, die ein Staat in der internationalen Hierarchie einnimmt, auf die innergesellschaftlichen Verhältnisse ausübt. Die jeweiligen nationalen Interessen werden durch die Regierungen repräsentiert, wobei die Regierungen starker Staaten, die einen hohen Rang in der internationalen Hierarchie einnehmen, eher ein Interesse an einer liberalen Weltordnung haben, während die Regierungen schwacher Staaten, die einen niedrigen Rang in der internationalen Hierarchie einnehmen, ein Interesse an einem regulierten Weltmarkt haben.[2] Paradoxerweise ist damit eine liberale Politik

---

2 Hier gibt sich eine große Nähe zur Weltsystemtheorie von Wallerstein, vgl. z. B. Wallerstein 1979.

der Deregulierung, also der Rückzug des Staates, ein Ausdruck von Stärke, während Intervention zwar den starken Staat suggeriert, in Wirklichkeit aber ein Ausdruck von Schwäche ist. In diesem Sinne würde eine Durchsetzung revisionistischer Politik, d. h. eine Hinwendung zur Industriepolitik in den USA, das Eingeständnis ihres Niedergangs bedeuten, während umgekehrt eine Durchsetzung liberaler Politik in Japan dessen Stärke zum Ausdruck bringt. Der Staat wird in alter merkantilistischer Tradition zum Entwicklungsstaat nach außen und innen. Ob er dabei eher auf liberale oder eher auf regulierende Instrumentarien zurückgreift, hängt von seinem Rang in der internationalen Hierarchie ab, der sich letztlich aus seiner nationalen Wettbewerbsfähigkeit ergibt. Damit rücken wirtschaftliche Fragen ins Zentrum der Außenpolitik (vgl. Yoffie 1983).

Robert Gilpin schließlich, der sich explizit auf die systemtheoretischen Überlegungen von Waltz bezieht (Gilpin 1981, S. 10f.), markiert stärker noch als Krasner die Berührung zwischen Neorealismus und der konservativen Variante der Internationalen Politischen Ökonomie. Auch Gilpin geht von der Anarchie des internationalen Systems aus. Macht ist notwendig, um angesichts der Konfliktträchtigkeit seiner anarchischen Grundstruktur bestehen zu können. Wesentliche Akteure sind die Staaten und nicht etwa einzelne Firmen. Diese These wird bei Gilpin im Grunde in einer Mischung aus Morgenthau und Huntington sozialanthropologisch begründet. Die Essenz sozialer Realität ist die Gruppe bzw. der Stamm (Tribe). In der modernen Staatenwelt ist der Nationalstaat die wesentliche Gruppe. Der Nationalismus liefert die für den Zusammenhalt dieser Gruppe notwendige Loyalität. In erster Linie geht es den Staaten um die Maximierung von Macht und Sicherheit, wobei wirtschaftliche Sicherheit gegenüber militärischer Sicherheit wie im Klassischen Realismus sehr viel stärker betont wird. Dabei wird allerdings ein klares Kosten-Nutzen-Kalkül zugrunde gelegt. Um die eigene Macht und Sicherheit zu erhöhen, sind Ressourcen notwendig und wird der politische Wille vorausgesetzt, diese Ressourcen auch einzusetzen. Nur wenn der erwartete Nutzen größer ist als die veranschlagten Kosten, wird auch der Versuch unternommen, das System im eigenen Sinne zu ändern. Sonst bleibt es stabil.

Eine liberale ökonomische Ordnung beruht auf drei Prinzipien. Es gibt eine dominante Macht, die selber dem Liberalismus verpflichtet sein muß. Diese sind derzeit die USA. Die übrigen diesem Ordnungsprinzip entsprechenden Staaten sind durch gemeinsame Interessen, nämlich (damals) die Frontstellung gegenüber der Sowjetunion, miteinander verbunden. Außerdem orientieren sich alle Staaten an gemeinsamen liberalen Werten wie dem Rechtsstaat oder dem Sozialstaat. Allerdings ist Gilpin kein Vertreter der neoliberalen Interdependenztheorie, da er nicht vom Primat des Ökonomischen, sondern vom Primat des Politischen ausgeht, sich also als Politischer Ökonom und nicht nur als Ökonom versteht. Dieses bedeutet auch, daß die gesamte internationale Ordnung in die Krise geraten muß, wenn der Hegemon selber in die Krise gerät. Der Ausweg aus der Krise ist im Lichte des Ökonomischen Realismus am besten im Aufstieg einer neuen Hegemonialmacht bzw. in der Wiedererstarkung der alten Hegemonialmacht zu suchen, zu deren Positionsbehauptung industriepolitische Mittel legitim sind.

Letztlich ging es, abgesehen von Waltz, den Neorealisten fast aller Schattierungen um eine Politik, die dem amerikanischen Niedergang entgegenwirkt, um nach britischem Muster einen zweiten amerikanischen Hegemoniezyklus einzuleiten, wie er bei Modelski und Thompson (vgl. Abb. 7) prognostiziert wurde. Deswegen ist es auch sinnvoll, den Neorealismus als »Amerikanische Schule« der Lehre von den Internationalen Beziehungen zu bezeichnen. Die mögliche Ablösung der amerikanischen durch eine japanische Hegemonie diente in den 1980er Jahren wohl eher als Schreckgespenst denn als anzustrebende alternative Option.

Einen ganz anderen Ausweg offerierte die neoliberale bzw. neoinstitutionalistische Theorie. Statt auf nationale, staatliche und hegemoniale Optionen zu setzen, die internationale Ordnung konstituieren, wird hier in universalistischen, transnationalen und kooperativen Kategorien gedacht, um zu dem gleichen Ergebnis zu kommen. Damit wird deutlich, daß die letztgenannten Theorien von anderen weltanschaulichen Prämissen ausgehen.

20. OPEC und die liberale Gegenbewegung: Interdependenztheorie

Die theoretische Gegenposition, die sich parallel zum Neorealismus herausbildete, ist begrifflich nicht ganz eindeutig zu fassen. Mehr oder weniger synonym verwendet werden die Begriffe Neoidealismus, Neoliberalismus, Neoinstitutionalismus, Transnationalismus, Globalismus und Interdependenztheorie, um eine Richtung in der Lehre von den Internationalen Beziehungen zu bezeichnen, die in der Tradition des Klassischen Idealismus steht, ihre Wurzeln aber auch im Institutionalismus und Funktionalismus hat, die szientistische Wende der 1960er Jahre mitvollzog und ihre Fortsetzung in der aktuellen Debatte um Weltgesellschaft und Global Governance findet. »Neoliberaler Institutionalismus« wäre eine mögliche Sprachregelung, um die verschiedenen Facetten dieser Theorie begrifflich zusammenzufassen. Drei Axiome, wenn auch in ihrer Bedeutung unterschiedlich gewichtet, sind der Gegenposition zum Neorealismus gemeinsam:

1. Demokratien führen untereinander keine Kriege – eine Idee, die auf Kant zurückgeht;

2. Freihandel, internationale Arbeitsteilung und wachsender Wohlstand schaffen eine weltweite Interessenharmonie und reduzieren die Neigung zur Kriegführung – eine Idee, die auf die frühe Freihandelsbewegung der 1830er Jahre zurückgeht;

3. internationale Institutionen hegen die internationale Anarchie ein und schaffen geordnete Beziehungen zwischen den Staaten – eine Idee, die auf Hugo Grotius und das Völkerrecht zurückgeht.

Wenn ein Autor eher auf die friedensstiftende Wirkung weltweiter Demokratisierungsprozesse setzt, wird er sich eher in der Kantschen Tradition als Neoidealist verstehen. Wenn er auf die integrierende Funktion von wirtschaftlicher Verflechtung setzt, wird er sich eher als Neoliberaler verstehen, und wenn er auf die normative Kraft von internationalen Organisationen und Abkommen setzt, wird er sich als Neoinstitutionalist bezeichnen. Die Begriffe *Transnationalismus* oder *Interdependenz* nehmen insbesondere den Aspekt ins Visier, daß wachsende, v. a. wirtschaftliche Verflechtung die grundlegenden Axiome von Realismus bzw. Neorealismus in Frage stellt, nämlich daß der Nationalstaat der wichtigste Akteur ist, daß das internationale System prinzipiell anarchisch ist und daß die Verfolgung nationaler Interessen im Zentrum der Außenpolitik zu stehen habe. Wachsende Verflechtung zwischen den Staaten führe nicht nur, so das Gegenargument, zu gemeinsamen Interessen und damit zu normativ begründeter Ordnung, sondern auch zu einer Relativierung der Handlungsautonomie des Nationalstaats, der auch aus diesem Grund die Kooperation suchen muß. Statt der Metapher des »Billardball-Modells«, das von Realisten gerne zur Illustrierung des internationalen Systems verwendet wird (= jeder Staat ist eine Billardkugel), verwenden die in der idealistischen Tradition stehenden Autoren die Metapher des »Spinnwebmodells«, eine Vorstellung, die erstmals von John Burton (Burton 1972) formuliert wurde.

Das wirtschaftspolitische Pendant zum Realismus war der Merkantilismus, das Pendant zum Neorealismus ist eine revisionistische, d. h. auf Staatsintervention setzende Industrie- und Standortpolitik. Folglich muß das Pendant zum *politischen* Neoliberalismus der *ökonomische* Neoliberalismus sein, so wie die Friedens- und Freihandelsbewegungen des 19. Jahrhunderts eine enge Verwandtschaft aufgewiesen haben.

Der Anlaß für die Renaissance idealistischen bzw. liberalen Denkens in den Internationalen Beziehungen war derselbe, der auch dem ökonomischen oder strukturellen Neorealismus zum Durchbruch verholfen hat. Gemeint ist nochmals die Debatte um den tatsächlichen oder vermeintlichen amerikanischen Niedergang. Während der Neorealismus die damit in Verbindung zu bringenden internationalen Krisen in den Vordergrund stellte, nämlich das Ende des Bretton-Woods-Systems, die Erfolge der OPEC, die durch die Ölpreissteigerungen ausgelösten weltwirtschaftlichen Turbulenzen sowie die politischen und militärischen Niederlagen, die die USA in Vietnam und anderswo hinnehmen mußten, verwiesen die Vertreter des neoliberalen Institutionalismus auf den ebenfalls bemerkenswerten Umstand, daß etliche internationale Abkommen, Organisationen und Institutionen trotz des unterstellten amerikanischen Niedergangs weiter bestehenblieben und mehr oder weniger reibungslos auch weiter funktionierten. Gemeint war insbesondere das GATT mit seinen immer radikaleren Zollsenkungsrunden, die schließlich in die Welthandelsorganisation (WTO) mündeten und auf andere Bereiche wie den Handel mit Dienstleistungen, die Direktinvestitionen und den Schutz geistigen Eigentums ausgeweitet wurden, aber auch militärische Bündnisse wie die NATO oder die bilateralen Abkommen in Asien.

Verwiesen wurde auch auf den Umstand, daß die OPEC nicht nur das Ende des amerikanischen Ölregimes markierte, sondern auch die Abhängigkeit der westlichen Industriegesellschaften von der reibungslosen Ölversorgung zum Ausdruck brachte. Insofern ließ sich die Ölkrise auch als Bestätigung der Interdependenztheorie begreifen. Auch die in den 1970er Jahren so populäre Diskussion um die Multinationalen Konzerne ließ verschiedene Perspektiven zu. Aus kritischer entwicklungspolitischer Sicht wurden die Multis damals mitverantwortlich gemacht für die Unterentwicklung in der damals so genannten Dritten Welt. Aus strukturalistischer Sicht waren sie wichtige Akteure des Neoimperialismus bzw. der anhaltenden Abhängigkeit dieser Länder. Aus neorealistischer Sicht schwächten sie über ihre Produktionsauslagerungen die ökonomischen Grundlagen der Macht der westlichen Nationalstaaten. Aus neoliberaler Sicht schließlich wurden die Aktivitäten der Multis begrüßt, da sie neben der Integration via Außenhandel über ihre transnationalen Produktionsverbünde als Vorreiter der erst später so genannten Globalisierung zu neuen Formen der internationalen Arbeitsteilung und damit zum allgemeinen Wohlfahrtsgewinn beitrugen. Daß durch wirtschaftliche Interdependenz nationale Souveränität reduziert wurde, war aus dieser Perspektive nur begrüßenswert und ein weiteres Argument für kooperative Regelungsformen in den internationalen Beziehungen.

Um den Unterschied zwischen Neorealismus und neoliberalem Institutionalismus ganz deutlich zu machen: Der Anlaß der Theoriebildung war für beide Richtungen derselbe, nämlich die Debatte um den amerikanischen Niedergang seit Mitte der 1970er Jahre. Aus diesem Befund wurden allerdings unterschiedliche Konsequenzen gezogen, weil die axiomatischen Grundlegungen beider Richtungen unterschiedlich waren. Dieses war Gegenstand einer Kontroverse, die als »Dritte Debatte« in die Ideengeschichte der Internationalen Beziehungen eingehen sollte.

Diese Axiome lauteten aus neorealistischer Sicht: Macht ist

eine strukturelle Angelegenheit, die sich aus militärischen und ökonomischen Komponenten zusammensetzt; das internationale System ist anarchisch; die Staaten sind homogene Akteure, die als wesentliche Akteure in diesem System agieren; das internationale System ist durch das Souveränitätsprinzip, das Territorialprinzip und das Legalitätsprinzip gekennzeichnet; der (benevolente) Hegemon ist eine Möglichkeit, die Anarchie zu zügeln und internationale öffentliche Güter bereitzustellen. Angesichts der Erschütterung der amerikanischen Hegemonialposition folgt daraus im Sinne des Neorealismus eine stärkere Berücksichtigung ökonomischer Aspekte. Um seine relative Machtposition zu behaupten, ist eine neomerkantilistische Politik geboten, muß Druck auf andere, auch verbündete Staaten in Richtung »burden sharing« bei der Bereitstellung internationaler öffentlicher Güter ausgeübt werden. Macht wird nicht mehr im Sinne der Verfügung von Machtressourcen, sondern im Sinne der Kontrolle über die Resultate von Politik verstanden. Dieses Verständnis von Macht erlaubt sogar die Behauptung der amerikanischen Hegemonie trotz relativer Machteinbuße.[1]

Die neoliberal-institutionalistischen Axiome lauteten demgegenüber: Das internationale System ist durch eine komplexe Interdependenz gekennzeichnet, in der viele staatliche und nichtstaatliche, nationale und transnationale Akteure eine Rolle spielen. Nicht die Maximierung von nationaler Sicherheit, sondern die weltweite Wohlfahrtssteigerung ist das oberste Ziel. Daraus entstehen gemeinsame Interessen. Im übrigen sind die Akteure lernfähig und damit rationalen Überlegungen zugänglich. Verhaltens- und Einstellungsänderungen sind grundsätzlich möglich. Die Konsequenz läuft zwar auch auf eine Ökonomisierung der internationalen Beziehungen hinaus. Kooperatives Verhalten erfolgt jedoch nicht nur auf Druck des Hegemons, sondern auch freiwillig, wenn auch aus Eigeninteresse, nämlich aus der Erkenntnis heraus, daß Kooperation für alle von Vorteil ist. Internationale Institutionen gewinnen schließlich eine Eigendynamik unabhängig von den Interessen ihrer Mitglieder. Beide Positionen lassen sich, wie oben ausgeführt, spieltheoretisch modellieren.

Prominente Vertreter des neoliberalen Institutionalismus wa-

---

1 So lautete jedenfalls die Argumentation der Kritiker der These vom Hegemonieverlust der USA wie Russett 1985 oder Strange 1987.

ren Robert O. Keohane (*1941), als Schüler von Stanley Hoffmann und Kenneth Waltz ursprünglich ein Vertreter des Neorealismus, der zusammen mit Joseph S. Nye (*1937) die ersten grundlegenden Texte verfaßt hat. Dazu gehörten der Sammelband *Transnational Relations and World Politics* (1972) und v. a. *Power and Interdependence* (1977). Keohane allein verfaßte in den 1980er Jahren zahlreiche Aufsätze, die auch als Sammelbände erschienen sind (Keohane 1984, 1989a), in denen die neoinstitutionalistische Sichtweise herausgearbeitet wird. Zu nennen sind ferner James N. Rosenau (*1924), John Gerard Ruggie (*1944), Friedrich Kratochwil, Oran Young (*1941), Robert Axelrod (*1943), Peter M. Haas,[2] David Baldwin (*1936), Charles W. Kegley (*1912), Richard W. Mansbach (*1943), John A. Vasquez (*1945), Kenneth Oye (*1949), Peter J. Katzenstein (*1945) und Alexander Wendt (*1958).[3] Bemerkenswert ist, daß wie bei den klassischen Realisten auch hier zahlreiche deutsche bzw. deutschsprachige Autoren vertreten sind (Wendt, Ruggie, Kratochwil, Katzenstein, Haas). Diese sind aber nicht aus politischen Gründen in die USA emigriert, sondern markieren eher den Typus des jüngeren europäischen Politikwissenschaftlers, der als Postgraduierter von der Attraktivität des amerikanischen Universitätsbetriebs angezogen wurde, sich dort entweder etablieren konnte oder nach einigen Jahren (wie z. B. Kratochwil nach München) zurückgekehrt ist. Letztere haben vielfach auch eine prominente Rolle in der Regime-Diskussion gespielt, deren verschiedene Ansätze der eigentliche Schauplatz der »Dritten Debatte« waren. Als deutschsprachige Vertreter des liberalen Neoinstitutionalismus gelten ferner Ernst-Otto Czempiel (*1927), der zusammen mit James N. Rosenau zwei Sammelbände herausgegeben hat, sowie Walter L. Bühl (*1934) und Dieter Ruloff (*1947).[4]

Die Ölpreiserhöhungen der Jahre 1973 ff. führten aus Sicht der westlichen Industrieländer zu zwei Lehren. Erstens, daß auch die Industrieländer in Abhängigkeit geraten konnten bzw. daß Abhängigkeit nicht nur ein Phänomen ist, mit dem die Beziehungen der Länder der »Dritten Welt« zu den Industrieländern charakte-

2 Sohn des deutschen Emigranten Ernst Bernard Haas (*1924).
3 Vgl. dazu in Auswahl Keohane 1992, Oye 1986, Rosenau 1980, Ruggie 1983, 1993, Mansbach/Vasquez 1981.
4 Czempiel 1981, Czempiel/Rosenau 1989, Rosenau/Czempiel 1992, Bühl 1978, Ruloff 1988.

risiert werden können, sondern durchaus eine komplexe Beziehung der Gegenseitigkeit darstellt. Und zweitens, daß internationale Organisationen als wirksame kollektive Akteure auftreten können, ohne daß mächtige Länder Mitglied dieser Organisation sind, wie das Beispiel der OPEC unter Beweis stellte. Diese beiden Befunde hatten nicht nur Konsequenzen für die entwicklungspolitische Diskussion, die in der Debatte über eine »Neue Weltwirtschaftsordnung« kulminierte, sondern auch Einfluß auf die IB-Diskussion. Hier lautete das von Keohane und Nye geprägte Schlüsselwort »Komplexe Interdependenz«. Anknüpfungspunkte waren dabei die quantitative Integrationsforschung im Anschluß an Karl Deutsch und der Neofunktionalismus. Interdependenz im Sinne von Keohane/Nye meint die gegenseitige Abhängigkeit von Staaten, die wiederum das Resultat einer wachsenden, v. a. wirtschaftlichen, Verflechtung ist. Bereits in dem 1971 als Sondernummer von *International Organization* erschienenen Sammelband *Transnational Relations and World Politics* wird erstmals das Unbehagen am Realismus formuliert, der aufgrund seiner Fixiertheit auf den Nationalstaat mit diesen Phänomenen nicht umgehen konnte. Die Frage lautete: Wie muß die amerikanische Außenpolitik auf den Strukturwandel der Weltwirtschaft reagieren, der sich Anfang der 1970er Jahre ankündigte? Die Antwort lieferte ihr 1977 in erster Auflage erschienener Band *Power and Interdependence*, der laut Anspruch der Autoren *Politics among Nations* als zentralen Text der IB-Forschung ablösen sollte. Die zweite Auflage von 1989 wurde um einige Aufsätze erweitert, die die Grundthese im Licht der 1980er Jahre reflektierten und die Kritik an der ersten Auflage berücksichtigten.

Ausgangspunkt des Buches waren zwei Befunde: Mit Beginn der 1970er Jahre setzt ein Prozeß ein, der auf eine zunehmende weltwirtschaftliche Verflechtung, auf eine Internationalisierung des Mediensektors und wachsende grenzüberschreitende persönliche Kontakte hinausläuft. Außerdem sind neben die Nationalstaaten zahlreiche neue transnationale Akteure getreten. Beide Befunde standen auch am Beginn der gleichzeitig entstehenden Diskussion um die Weltgesellschaft (Burton 1972, Luhmann 1971) und der späteren Globalisierungsdiskussion der 1990er Jahre, die offensichtlich gar nicht so neu ist. Daraus wurde zweierlei gefolgert: Interdependenz beeinflußt die Weltpolitik und damit das Außenverhalten von Staaten. Staaten schaffen aber auch Interdependenzen, indem sie Internationale Organisationen und Abkommen konstituieren.

Aus diesen Befunden resultieren die beiden forschungsleitenden Fragen: Wie beeinflußt Interdependenz die Weltpolitik? Wie und warum verändern sich Internationale Regime? Bei der zweiten Frage wird der Unterschied zum Neorealismus besonders deutlich. Der Neorealismus fragt nach der Entstehung von Regimen, identifiziert den Hegemon als dafür verantwortliche Instanz und muß bei Hegemonieverlust davon ausgehen, daß zwangsläufig auch das Regime verfällt. Klassisches Beispiel des Neorealismus war das Bretton-Woods-System. Die Interdependenztheoretiker mochten zwar die Erklärung zur Entstehung von Regimen teilen, unterstellten aber, daß diese trotz hegemonialen Niedergangs weiterbestehen können. Sie interessierten sich also für die Frage: Wie reagieren Regime auf geänderte Rahmenbedingungen bzw. wie passen sie sich diesen an? Empirisches Material für Keohane/Nye waren deshalb Fallstudien zu prominenten Regimen wie dem Weltwährungs- und Meeresregime im 19. und 20. Jahrhundert. In späteren Untersuchungen wurden auch Fallstudien zu den Politikfeldern Handel und Ölversorgung unternommen. Erkenntnisleitende Begriffe waren dabei die *Interdependenzempfindlichkeit* und die *Interdependenzverwundbarkeit* von Staaten. Der erste Begriff annonciert deren Fähigkeit, auf externe Veränderungen reagieren zu können und damit Autonomie unter Beweis zu stellen. Der zweite Begriff annonciert den Umstand, daß die Kosten externer Veränderungen hingenommen werden müssen. Der Grad der Interdependenz mißt sich deshalb am Ausmaß dieser Kosten. Am Beispiel der Ölpreissteigerungen lassen sich die Begriffe illustrieren. Nur »interdependenzempfindlich« ist ein Land, wenn es in der Lage ist, durch eigene zusätzliche Ölförderung oder den Rückgriff auf andere Energieträger dem Preisanstieg entgegenzuwirken. »Interdependenzverwundbar« ist es, wenn es die Preissteigerung hinnehmen muß, wobei der Grad der Ölabhängigkeit, etwa angesichts alternativer Energieträger, den Grad der Interdependenz angibt.

Nun ist Interdependenz in der ökonomischen Theorie nicht nur eine Selbstverständlichkeit, sie wird seit der klassischen Formulierung in David Ricardos *Principles of Political Economy and*

Taxation (1817) auch *positiv* bewertet, da internationale Arbeitsteilung nach Maßgabe komparativer Vorteile aufgrund des Spezialisierungseffekts zum Nutzen aller ist und die allgemeine Wohlfahrt steigert. In der politischen Theorie steht einer solchen positiven Bewertung allerdings das Souveränitätskonzept des Realismus entgegen. Da Interdependenz zur Einbuße von Souveränität führt, insbesondere wenn die Variante der Interdependenzverwundbarkeit vorliegt, ist sie als *negativ* zu bewerten. Wenn man allerdings die realistischen Prämissen aufgibt und neben dem Politikziel Sicherheit auch das Politikziel Wohlfahrt als gleichberechtigt akzeptiert, dann tritt neben das realistische Nullsummenspiel (Macht als relatives Gut)[5] das idealistische Nichtnullsummenspiel (Wohlstand als absolutes Gut). Alle können gewinnen durch Kooperation. Es geht also um die Frage: Unter welchen Bedingungen ist Kooperation zur Optimierung gleichgerichteter Interessen möglich? Die Antwort lautet: Kooperation ist dann möglich, wenn auf dem Wege der Kooperation ein Eigeninteresse verfolgt werden kann. Ähnlich argumentierten auch die westlichen Befürworter des Konzepts der neuen Weltwirtschaftsordnung (z. B. im Brandt-Bericht) oder heute die Befürworter von entwicklungspolitischen Anstrengungen, um so z. B. die Armutswanderung einzudämmen.

Damit lauten die Grundannahmen der Theorie der komplexen Interdependenz folgendermaßen:

1. Die Welt besteht aus einem dichten Geflecht von Interaktionsbeziehungen unterschiedlicher Intensität und Qualität auf allen möglichen Politikfeldern.

2. Die Analyse- und Handlungseinheit Staat wird in viele staatliche und nichtstaatliche Akteure aufgefächert. Dazu gehören einzelne Behörden, Verbände, Firmen oder internationale Organisationen.

3. Das Erkenntnisinteresse der Lehre von den Internationalen Beziehungen darf sich nicht nur auf die großen Fragen von Krieg und Frieden (High Politics im realistischen Verständnis) be-

---

5 Auch im Merkantilismus, dem wirtschaftlichen Pendant zum Realismus, herrscht die Vorstellung des Nullsummenspiels. Wenn Wohlstand sich im Edelmetallvorrat eines Landes ausdrückt, dann ist ein Zufluß von Edelmetall (heute Devisen) in einem Land gleichbedeutend mit dem Wohlstandsverlust in einem anderen Land, das Edelmetall (Devisen) zum Ausgleich der Handelsbilanz abgeben muß.

schränken, sondern muß alle gesellschaftlichen Bereiche, gerade auch das Feld der Ökonomie, einbeziehen.

4. Militärische Macht besitzt im Instrumentarium staatlicher Außenpolitik nur eine begrenzte, womöglich sogar untergeordnete, Bedeutung. Kanonenboote als Instrumente zur Marktöffnung beispielsweise sind von fraglicher Wirkung. Statt dessen werden Normen und Institutionen zur Regelung von Konflikten eingesetzt. Insbesondere Demokratien verzichten untereinander auf den Einsatz von Gewalt.

5. Es gibt keine vorgegebene Hierarchie in der Rangfolge außenpolitischer Ziele. Status- und Sicherheitsinteressen können durchaus hinter Wohlfahrtsinteressen zurücktreten.

6. Neben den offiziellen Kanälen der großen Politik existiert ein dichtes und verzweigtes Netz grenzüberschreitender Kontakte formeller wie informeller Natur, die alle ihre Relevanz besitzen und auf diese Weise Gesellschaftswelt (Czempiel) konstituieren.

Gebündelt wurde die gesamte Debatte zwischen Neorealismus und neoliberalem Institutionalismus in der Regime-Diskussion, die 1975 ihren Anfang nahm und bis Ende der 1980er Jahre das vermutlich am meisten diskutierte Thema in der Lehre von den Internationalen Beziehungen überhaupt war, bevor es seit den 1990er Jahren durch die Debatte zwischen Konstruktivisten und Primordialisten bzw. Fundamentalisten abgelöst wurde.

21. Regimetheorie und Dritte Debatte

Am Anfang der Diskussion um internationale Regime stand ein Aufsatz von John Gerard Ruggie, der 1975 in einem Sonderheft der Zeitschrift *International Organization* (Ruggie/Haas 1975) erschienen ist und dessen Titel »International Responses to Technology: Concepts and Trends« damals kaum vermuten ließ, welche Debatte damit ausgelöst wurde. Ruggie lieferte auch gleich eine erste Definition, derzufolge mit Regimen nicht autoritäre Regierungen in Lateinamerika gemeint sind, sondern der »Zusammenhang von wechselseitigen Erwartungen, Regeln, Plänen, organisatorischen Energien und finanziellen Verpflichtungen, die von einer Gruppe von Staaten angenommen worden sind« (Ruggie 1975, S. 570). Die später weitgehend akzeptierte Definition stammt von Stephen Krasner: Regime sind

»Zusammenhänge von impliziten oder expliziten Prinzipien, Normen, Regeln oder Entscheidungsverfahren, an denen sich die Erwartungen von Akteuren in einem gegebenen Problemfeld der internationalen Beziehungen ausrichten. Prinzipien umfassen empirische, kausale und normative Grundsätze. Normen sind Verhaltensstandards, die sich in Rechten und Pflichten ausdrücken, Regeln sind spezifische Verhaltensvorschriften und Verbote. Entscheidungsverfahren sind die maßgeblichen Praktiken, wenn kollektive Entscheidungen getroffen und implementiert werden« (Krasner 1983b, S. 2).

Die Trennschärfe zwischen den vier Ebenen der Prinzipien, Normen, Regeln und Entscheidungsverfahren ist, so muß hinzugefügt werden, allerdings kaum jemals wirklich gegeben.

Warum konnte die Literatur zur Regimetheorie, mehrere hundert Titel (Fallstudien und theoretische Beiträge), in den 1980er Jahren einen derartigen Stellenwert einnehmen? Vermutlich, weil es angesichts des amerikanischen Niedergangs um nichts geringeres ging als darum, die Transformation der auf hegemoniale Weise errichteten Nachkriegsordnung in eine auf Kooperation basierende internationale Ordnung theoretisch zu begleiten und normativ anzuleiten. Das neorealistische Erkenntnisinteresse lautete: Wie entstehen Regime? Wie können sie trotz Hegemonieverlust weiterbestehen? Oder wie können sie im Sinne des erweiterten Machtbegriffs von Keohane/Nye und Susan Strange (Kontrolle über die Resultate von Politik) dazu beitragen, die amerikanische Hegemonieposition zu behaupten? Das neoliberale Erkenntnisinteresse lautete demgegenüber: Wie können Regime fortbestehen und sich verändern auch ohne Hegemon? Und warum können sie fortbestehen und sich verändern? Diese gut 20 Jahre anhaltende Debatte ist vorzüglich in den fünf Sammelbänden, ediert von Krasner (*International Regimes*, 1983), Keohane (*Neorealism and Its Critics*, 1986), Oye (*Cooperation under Anarchy*, 1986), Baldwin (*Neorealism and Neoliberalism*, 1993) und Kegley (*Controversies in International Relation Theory: Realism and the Neoliberal Challenge*, 1995), dokumentiert, die zusammen eine Art Bibliothek der Regimetheorie und damit auch der Dritten Debatte darstellen.

Dabei gingen beide Richtungen von unterschiedlichen Prämissen aus. Die Realisten behaupteten, daß die Staaten die einzig relevanten Akteure sind. Die Neoliberalen unterstellten hingegen, daß Normen und Institutionen ein Eigengewicht bekommen. Regime schaffen Interdependenz, und Interdependenz verändert das Verhalten von Staaten. Damit werden Regime im neoliberalen Verständnis zu intervenierenden Variablen zwischen der Machtstruktur und den Politikergebnissen. Zu unterscheiden ist schließlich noch der engere und der weitere Regime-Begriff. Neorealisten haben einen sehr engen Regime-Begriff und beziehen diesen auf wenige wichtige Felder der internationalen Beziehungen, wie Handel, Öl, Weltwährungssystem und Sicherheit, während Neoliberale einen sehr viel weiter gefaßten Regime-Begriff verwenden, der sich auf (fast) alles anwenden läßt. Das entsprechende Schlagwort lautet: Wir leben in einer Welt von Regimen!

Will man die amerikanische Regime-Diskussion systematisch gliedern, lassen sich fünf Erklärungsansätze unterscheiden, von denen drei den Rational-choice-Theorien und zwei der reflexiven[1] Theorie zuzuordnen sind (Haggard/Simmons 1987, Hüttig 1990, Wolf/Zürn 1986). Hinzu kommt noch ein eigenständiger deutscher Beitrag. Zur Gruppe der Rational-choice-Theorien gehören sowohl Beiträge von neorealistischer wie neoliberaler Seite, da beide weltanschauliche Richtungen davon ausgehen, daß Staaten Nutzen- oder Statusmaximierer sind. Also muß gezeigt wer-

---

[1] Heute würde man sagen: der Konstruktivistischen Theorie.

den, daß Staaten nur aufgrund rationaler Entscheidungen sich normengeleitetem Verhalten unterwerfen. Dabei werden drei Ansätze, der machtstrukturelle, der funktionale und der spieltheoretische Ansatz, unterschieden.

Am Anfang der Diskussion stand der von neorealistischer Seite favorisierte *machtstrukturelle Ansatz*, ausgelöst durch die American-Decline-Diskussion, die auch als Krise des Realismus verstanden wurde. Die Grundannahme des machtstrukturellen Ansatzes lautet: Hegemonialmächte schaffen Regime zur Durchsetzung ihrer Ordnungsvorstellungen, weil sie den politischen Willen und die Macht dazu haben. Es handelt sich dabei um starke Regime, die internationale kollektive Güter sehr gut bereitstellen können. Beispiel ist etwa das von Großbritannien Mitte des 19. Jahrhunderts errichtete Freihandelsregime. Dieses kam durch ein System von bilateralen Verträgen, die durch die Meistbegünstigungsklausel miteinander verknüpft waren, zustande oder wurde durch die sog. Kanonenbootdiplomatie, etwa zur Öffnung Chinas, Japans und Siams (Thailand), gewaltsam durchgesetzt. Zu nennen wäre auch der bis zum Ersten Weltkrieg gültige Goldstandard in den Währungsbeziehungen. Ein weiteres prominentes Beispiel ist das von den USA auf der Konferenz von Bretton Woods 1944 durchgesetzte neue Weltwährungssystem. Macht ist aus dieser Sicht die unabhängige Variable zur Erklärung der Entstehung und des Wandels von Regimen. Regime sind die abhängige Variable. Instrumente zu ihrer Durchsetzung können politischer Druck, militärischer Zwang oder die Gewährung von Anreizen sein. Kommt es zum hegemonialen Verfall, muß daraus eine Schwächung des Regimes resultieren, da die Kosten zu seiner Aufrechterhaltung im Vergleich zu ihrem Nutzen ansteigen. Der absteigende Hegemon wird also versuchen, die Kosten auf andere Staaten, die Nutznießer des Regimes sind, abzuwälzen. Damit verändert sich die Interessenlage der Free Rider, die versuchen werden, auf das Regime Einfluß zu nehmen.

Die Stärke des machtstrukturellen Ansatzes besteht darin, daß mit seiner Hilfe Entstehung und Verfall von Regimen nach 1945 sehr gut erklärt werden können, wie das vielzitierte Bretton-Woods-System unter Beweis stellt. Seine Schwäche besteht darin, daß er das Fortbestehen von Regimen oder sogar deren Weiterentwicklung trotz Hegemonialverlust nicht erklären kann, was sich etwa am Beispiel GATT/WTO zeigen läßt. Er kann auch nicht erklären, wie ganz neue Regime trotz Hegemonieverlust entstehen, wie z. B. das Regime zur Nichtverbreitung von Nuklearwaffen oder die Schaffung derivativer Finanzinstrumente zur Absicherung von Wechselkursrisiken, die in gewisser Weise das System fixer Wechselkurse ersetzt haben. Jedenfalls verwendeten Befürworter und Kritiker dieses Ansatzes unterschiedliche Beispiele.

Der *funktionale Ansatz* wird demgegenüber von neofunktionalistischen Autoren vertreten. Das Fortbestehen von Regimen trotz Hegemonieverlust wird erklärt mit dem Nutzen, den die Teilnehmer aus regimekonformem Verhalten ziehen. Das Regimeangebot des Exhegemons wird durch die Regimenachfrage der involvierten Staaten ergänzt. Die Nachfrage nach Regimen entsteht politikfeldspezifisch und in Abhängigkeit vom Grad der Nichtreguliertheit des Politikfeldes. Dessen Regulierung ist für alle Teilnehmer von Vorteil, da so die Möglichkeit einzelner, Kosten zu externalisieren (z. B. durch Protektionismus, Umweltverschmutzung), reduziert wird. Ferner werden Unsicherheiten, Risiken und hohe Transaktionskosten vermindert. Ein vielzitiertes Beispiel ist das Sicherheitsdilemma. Ein Regime zur Rüstungskontrolle überwindet das Dilemma, das durch das Selbsthilfeprinzip verstärkt wird, und liefert zudem Sicherheit zu geringeren Kosten als durch Aufrüstung. Die funktionalistische Annahme lautet: Je dichter ein Politikfeld ist, d. h. je intensiver die Transaktionen auf diesem Feld sind, desto eher kommt es auch zur Regimebildung, wie z. B. die frühen Beispiele des internationalen Post-, Telegraphen- oder Eisenbahnverkehrs illustrieren.

Kritisch zum funktionalistischen Ansatz ist zu bemerken, daß hier die Herrschaftsstrukturen im internationalen System unberücksichtigt bleiben. Positiv ist zu vermerken, daß sich sowohl die Entstehung von Regimen ohne hegemoniales Wirken als auch das Fortbestehen von Regimen trotz Hegemonieverlust erklären lassen. Andererseits ist zu fragen, warum es noch nicht entsprechend der funktionalistischen Annahme auf neuen Politikfeldern wie etwa der weltweiten Börsenspekulation oder dem Umweltschutz zu wirkungsvollen Regimen gekommen ist. Die Regime-Bildung im Internet hingegen läßt sich aufgrund der starken amerikanischen Position durchaus machtstrukturell erklären (Mathias 2000).

Der *spieltheoretische Ansatz*, der von neoliberaler Seite vertreten wird, läßt sich sehr gut anhand des bereits mehrfach erwähnten Gefangenendilemmas verdeutlichen (Keohane 1984, S. 68 ff.). Das Gefangenendilemma, resultierend aus einer Entscheidungssituation unter Unsicherheit, bildet das Grundmuster vieler Probleme internationaler Beziehungen wie auch der Internationalen politischen Ökonomie ab. Der Zugang zur Auflösung der Dilemmas durch Regimebildung ist rein deduktiv. Die Annahmen lauten, daß der Staat ein rational und strategisch handelnder Akteur ist, der seinen Nutzen maximieren will, und daß unkoordiniertes Verhalten der Akteure (Staaten) zu suboptimalen Ergebnissen für alle führt. Elemente des Spiels sind die Akteure (zwei oder mehr), die Verhaltensoptionen der Akteure (welche und wieviele Züge sind möglich) und die Präferenzordnung der Akteure (wie werden die unterschiedlichen Ergebnisse bzw. »Auszahlungen« der Züge bewertet).

Abb. 8: Illustration des Gefangenendilemmas

		Gefangener A	
		leugnet	gesteht
Gefangener B	leugnet	30 Tage 30 Tage	Freispruch 5 Jahre
	gesteht	5 Jahre Freispruch	1 Jahr 1 Jahr

Der Eintrag links oben in jedem Feld der Vierfeldertafel zeigt das Spielergebnis für A, der Eintrag rechts unten das Spielergebnis für B an.

Die in vielen Varianten geschilderte Spielsituation, die das Dilemma modelliert, sieht (vgl. Abb. 8) folgendermaßen aus: Zwei Ganoven werden geschnappt. Die Staatsanwaltschaft hat aber Probleme, den Beweis zu führen, daß die beiden den ihnen zur Last gelegten Einbruch auch begangen haben. Sie werden deshalb einzeln verhört und jeweils mit der Wahlmöglichkeit konfrontiert, den Einbruch zu leugnen oder zu gestehen. Je nachdem, wie sich die beiden verhalten, resultieren daraus vier mögliche Ergebnisse. Diese Ergebnisse, hier ausgedrückt durch die unterschiedliche Höhe der Strafe, werden »Auszahlungen« genannt. Wenn beide leugnen, kann man ihnen den Einbruch nicht nachweisen. Sie erhalten nur je 30 Tage Gefängnis wegen unerlaubten Waffenbesitzes. Wenn beide gestehen, erhalten sie jeweils die Mindeststrafe von einem Jahr, weil sie Reue gezeigt haben. Wenn A gesteht und B leugnet, gilt für A die Kronzeugenregelung und er wird freigesprochen, während B die Höchststrafe von fünf Jahren erhält, weil er nicht geständig war und dennoch überführt wurde. Das gilt analog umgekehrt, wenn A leugnet und B gesteht.

Die spieltheoretische Überlegung lautet nun: Unter anarchischen Bedingungen, d. h. ohne festen Verhaltenskodex unter den beiden Ganoven, wie er etwa bei den Mitgliedern der Mafia üblich ist, haben zwar beide einen starken Anreiz, zu leugnen, d. h. indirekt zu kooperieren, weil das Resultat für beide die geringe Strafe von 30 Tagen wäre, aber große Schwierigkeiten, diesem Anreiz zu folgen, da ungewiß ist, ob der andere auch leugnen wird, also auch kooperiert. Demnach werden beide, weil das Mißtrauen gegenüber dem anderen stärker ist als der Anreiz, nur die Mindeststrafe zu erhalten, um auf jeden Fall die Höchststrafe von fünf Jahren zu vermeiden, die Maximin-Strategie verfolgen und gestehen. Dieses nichtkooperative Verhalten wird auch »defektieren« genannt. Damit ist das Ergebnis, nämlich je ein Jahr Gefängnis, schlechter als das pareto-optimal Mögliche von je 30 Tagen, das eine vorausgegangene verpflichtende Absprache voraussetzt, die in diesem Modell nicht vorgesehen ist. Dieses Ergebnis tritt auch ein, wenn beide gestehen, um in den Genuß der Kronzeugenregelung zu kommen, da diese dann gegenstandslos geworden ist.

Ein pareto-optimales Ergebnis in einer Entscheidungssituation unter Unsicherheit ist aufgrund dieser Überlegungen nur dann erreichbar, wenn mehr als ein Zug zugelassen ist, wenn es zur »Evolution der Kooperation« (Axelrod 1991) kommt. Bei sog. iterierten Spielen ist es nämlich möglich, im ersten Zug einen kleinen Schritt zur Kooperation als eine Art Vorleistung zu erbringen. Die Wahrscheinlichkeit der Kooperation des anderen wächst, weil dessen nichtkooperatives Verhalten in der nächsten Spielrunde bestraft würde. Exemplifiziert wird diese Vorstellung anhand von Rüstungskontrollvereinbarungen, in denen einseitige kleine Abrüstungsschritte möglich sind, ohne daß dadurch die Sicherheit eines Akteurs gleich grundsätzlich in Frage gestellt ist.

Diese Vorleistung wird mit entsprechenden kleinen Abrüstungs-schritten der anderen Seite beantwortet werden, so daß weitere Runden sich anschließen können.

Kritisch gegenüber dem spieltheoretischen Ansatz kann einge-wendet werden, daß sich in der Quantifizierung der Präferenz-ordnung ein Problem verbirgt. Je größer die Unterschiede in den Auszahlungen sind (im angeführten Beispiel in der Höhe der Be-strafung), desto eher ist ein bestimmtes Verhalten wahrscheinlich. Wenn der Unterschied zwischen der Höchst- und der Mindest-strafe nur gering ist, ist die Bereitschaft, ein Risiko einzugehen, vermutlich größer, zumal auch das Mißtrauen, daß der andere sich unkooperativ verhält, sinkt. Also reicht die Modellannahme der Präferenzordnung allein nicht aus, vielmehr sind die Kenntnis des jeweiligen Kontexts der Entscheidungsalternativen und plausible Annahmen über das wahrscheinliche Entscheidungsverhalten des anderen notwendig. Auch ist es denkbar, daß die Präferenzord-nungen der Kontrahenten unterschiedlich sind.

Diese Einwände führten zu den sog. reflexiven Ansätzen in der Regimetheorie, bei denen die normativen Orientierungen der Akteure, ihr Wissensstand, ihre Perzeptionsmuster, ihre Risiko-bereitschaft etc. berücksichtigt werden. Regime werden damit zu sozialen Institutionen. Der kognitive Ansatz geht deshalb von der Überlegung aus, daß Akteure mit ihren jeweiligen Präferenzen keine fixen, sondern variable Größen darstellen. Akteure sind im Sinne der idealistischen Theorie normengeleitet und lernfähig. Damit wird die Bildung von Regimen wie deren Wandel als Funk-tion des Bewußtseinswandels von Akteuren bzw. Staaten be-trachtet und nicht als Resultat von Macht bzw. Machtverfall. Der sozialkonstruktivistische Ansatz in der Lehre von den Internatio-nalen Beziehungen, wie bei der Regimetheorie maßgeblich durch die Beiträge von Ruggie[2] in die Diskussion eingeführt, sollte hier später anknüpfen.

Institutionalistische Ansätze schließlich betonen die Eigen-dynamik von Institutionen im Hinblick auf das Bewußtsein und das Verhalten der Akteure, die in ein dichtes Interaktionsgeflecht eingebunden sind. Nicht das Entstehen, sondern das Funktionie-

---

2 Vgl. dazu die Aufsatzsammlung von Ruggie 1998a, insbesondere den Ein-leitungssatz »What Makes the World Hang Together?«, der auch im Heft 4, 1998, von *International Organization* erschienen ist.

ren von Regimen steht hier im Vordergrund des Erkenntnisinteresses. Regime sind in diesem Verständnis Wesensbestandteile einer interdependenten Welt und haben deshalb ein hohes Beharrungsvermögen. Kritisch ist hier anzumerken, daß die Operationalisierung dieses Ansatzes sehr schwierig ist. Immerhin ist hier die Wurzel des Neoinstitutionalismus in der Lehre von den Internationalen Beziehungen zu sehen.

Schließlich soll noch die deutsche Regime-Diskussion erwähnt werden, die den »Tübinger Problem- oder Situationsstrukturellen Ansatz« (Zürn 1992) beigesteuert hat. Hauptvertreter sind die in Tübingen Lehrenden oder aus Tübingen stammenden Volker Rittberger (*1941), Klaus-Dieter Wolf (*1953) und Michael Zürn (*1959) sowie Harald Müller (*1949) und Beate Kohler-Koch (*1941). Zu berücksichtigen ist dabei, daß die deutsche IB-Disziplin vor dem Hintergrund der eigenen idealistischen Tradition im Unterschied etwa zur amerikanischen Zunft stärker normativ geprägt ist. Dies läßt sich auch daran ablesen, daß Teildisziplinen, wie die Friedens- und Konfliktforschung, die Entwicklungsforschung und die Umweltforschung, in Deutschland besonders stark vertreten sind. In der deutschen Disziplin gab es aber im Unterschied zu den USA keinen zentralen theoretischen Fokus, sondern eine große Vielfalt der Ansätze. Die Übertragung der Regime-Diskussion aus den USA in die deutsche Lehre von den IB stellte deshalb den Versuch dar, einen solchen theoretischen Fokus, auf den sich alle beziehen konnten, zu schaffen.

Die deutsche Diskussion begann im Jahre 1986 mit dem Aufsatz von Wolf und Zürn »International Regimes‹ und Theorien der Internationalen Politik« und schlug sich 1989 und 1990 in zwei Tagungen der Sektion Internationale Politik der DVPW und den daraus resultierenden Sammelbänden von Kohler-Koch (1989) und Rittberger (1990a) nieder. Bezugspunkt war in Deutschland aber nicht der American Decline wie in den USA, sondern der Ost-West-Konflikt,[3] der für die Bundesrepublik eine ungleich größere Bedeutung hatte, nicht zuletzt, weil ein nuklearer Schlagabtausch zuallererst auf deutschem Boden stattgefunden hätte. Regime-Bildung sollte zur Einhegung des Ost-West-Konflikts führen und damit den Frieden in Europa sichern helfen. Ferner sollten internationale Regime zur Lösung der Entwick-

3 Neben Rittberger 1990 schon zuvor Efinger/Rittberger/Zürn 1988.

lungs- oder Umweltproblematik beitragen. Die Entstehung und nicht der Wandel von Regimen stand damit im Vordergrund der deutschen Diskussion. Die Grundüberlegung lautete, daß Regime als eine Art Zivilisierungsinstanz dienen und so ihren Beitrag zur zivilen, d. h. friedlichen Austragung von Konflikten und Interessengegensätzen leisten könnten. Höhepunkt der deutschen Regimediskussion war die von Rittberger veranstaltete »Tübinger Tagung« vom 14. bis 18. Juli 1991, an der mit Keohane, Krasner und Snidal auch einige Koryphäen der amerikanischen Regime-Diskussion teilgenommen haben (Beck/Efinger 1991). Die Referate der Tübinger Tagung sind dokumentiert in Rittberger/Mayer 1993.[4]

Zusammenfassen läßt sich die innerhalb der Regime-Diskussion ausgetragene »Dritte Debatte« folgendermaßen. Es ging um:

1. Die Natur und die Konsequenzen der Anarchie in der Staatenwelt. Die Neorealisten betonten den anarchischen Charakter des internationalen Systems, während dieser von den Neoliberalen relativiert wurde.

2. Die Möglichkeit und die Bedingungen internationaler Kooperation. Die Neorealisten sind hier eher skeptisch, die Neoliberalen eher optimistisch.

3. Das Verhältnis von relativen versus absoluten Gewinnen in den internationalen Beziehungen. Den Neorealisten geht es um Sicherheit durch Macht, die als relatives Gut verstanden wird. Also sind die internationalen Beziehungen ein Nullsummenspiel. Der Machtzuwachs des einen muß zu einem entsprechenden Machtverlust des anderen führen. Den Neoliberalen ging es um Sicherheit durch Wohlfahrt bzw. Konfliktprävention durch Lösung sozialer Probleme. Kooperatives Verhalten wirkt wohlfahrtssteigernd für alle. Damit sind die internationalen Beziehungen ein Nichtnullsummenspiel.

4. Die Priorität staatlicher Ziele. Die Neorealisten räumen dem Ziel einer militärisch verstandenen Sicherheit die oberste Priorität ein. Deshalb betreiben sie bevorzugt, wenn auch nicht ausschließlich, Sicherheitspolitische Studien (Security Studies).

4 Vgl. zur deutschen Regime-Forschung außerdem den Sammelband von Hasenclever/Mayer/Rittberger 1997 sowie die Monographien von Müller 1993, Wolf 1991, Zürn 1987. Zur Literatur über die deutsche Regimeforschung vgl. Hüttig 1990, Rittberger 1993 sowie die Kontroverse zwischen Senghaas 1992 und Rittberger/Zürn 1992.

Die Neoliberalen hingegen messen auch dem Ziel Wohlfahrtssteigerung eine hohe Priorität zu. Deshalb betreiben sie bevorzugt Internationale Politische Ökonomie (IPE).

5. Die Absichten versus Fähigkeiten der Akteure. Die Neorealisten betonen die Fähigkeiten, also die Ressourcen bzw. das Machtpotential der Akteure. Die Neoliberalen betonen die Absichten der Akteure und damit deren Lernfähigkeit und die Normen, durch die ihr Verhalten geleitet wird.

22. Entkolonialisierung und Neoimperialismus

Am Beginn dieses ideengeschichtlichen Überblicks über das 20. Jahrhundert stand die Imperialismustheorie und deren Einbettung in das Zeitalter des Imperialismus, der die letzte große Aufteilung der noch »herrenlosen« Gebiete unter die europäischen Kolonialmächte markiert hatte. Damit wurde gleichzeitig eines der vier großen Paradigmen, nämlich der Strukturalismus, begründet, der v. a. unter marxistischen, aber auch unter linksliberalen Autoren seine Anhängerschaft hatte. Die strukturalistische Theoriebildung wurde Anfang der 1930er Jahre unterbrochen, weil in den beiden wichtigsten Ländern mit einer einschlägigen kritisch-marxistischen akademischen Tradition – Deutschland und Rußland – der aufkommende Nationalsozialismus bzw. Stalinismus deren Fortsetzung nicht mehr zuließen. Diejenigen, die entkommen und in die USA emigrieren konnten, vermochten dort, soweit sie überhaupt Unterschlupf im amerikanischen Universitätsbetrieb gefunden hatten, nur eine Randexistenz zu führen, weil der Marxismus in den USA politisch wie akademisch immer nur eine marginale Bedeutung hatte und in der McCarthy-Ära der frühen 1950er Jahre regelrecht verfolgt wurde. Viele paßten sich deshalb dem jeweiligen Mainstream der Zunft an oder sahen sich sogar, wie etwa Karl August Wittfogel oder Herbert Marcuse, dem Vorwurf des Renegatentums ausgesetzt.

Um so bemerkenswerter ist es, daß es in den 1960er Jahren in den USA gleichermaßen wie in Europa, hier insbesondere in Frankreich, Italien, Großbritannien und Deutschland, zu einer Renaissance strukturalistischen Denkens kam, das konsequenterweise als Neostrukturalismus bezeichnet werden muß. Unter diesem Oberbegriff firmieren diverse Richtungen, die mit den Begriffen Neoimperialismustheorie, strukturelle Imperialismustheorie, Dependenztheorie oder Weltsystemtheorie belegt wurden.

Bemerkenswert ist diese Renaissance aber nicht nur, weil in Europa wie in den USA ein akademisches »Loch« zu füllen war, sondern weil der eigentliche Gegenstandsbereich der klassischen

Imperialismustheorie sich verflüchtigt hatte. Unmittelbar nach dem Zweiten Weltkrieg war es nämlich zur zweiten Welle der Entkolonialisierung[1] gekommen, die in erster Linie Asien (Indien, Pakistan, Sri Lanka, Indonesien, die Philippinen, Korea, Taiwan, China), aber auch den Nahen und Mittleren Osten betraf. Die dritte Welle folgte in den späten 1950er und frühen 1960er Jahren und erfaßte im wesentlichen das übrige Asien und Afrika südlich der Sahara.[2] Wenn es also in den 1960er Jahren keine nennenswerten Kolonialreiche mehr gab und auch keine imperiale Politik der territorialen Expansion, dann bedurfte es auch keiner Theorie mehr, die diese Expansion erklären wollte. Statt dessen etablierte sich eine neue Teildisziplin in der Politikwissenschaft, die sich mit Nord-Süd-Fragen im weitesten Sinne befaßte und unter dem Begriff *Modernisierungstheorie* oder enger *Theorie politischer Modernisierung* disziplinär der Vergleichenden Regierungslehre (comparative politics) zugeordnet wurde. Dabei ging es um die Fragen, wie nach der politischen Unabhängigkeit der ehemaligen Kolonien ein Prozeß der Modernisierung aller gesellschaftlichen Bereiche in Gang zu setzen ist, inwieweit dem Staat bei diesem Prozeß eine wesentliche, fördernde Rolle zukommt und inwieweit staatliche Institutionen in den postkolonialen Gesellschaften erst einmal aufzubauen bzw. selber zu modernisieren sind. Entwicklungspolitik und damit die Unterstützung der Modernisierungsprozesse von außen als neues Politikfeld innerhalb der internationalen Beziehungen fand dabei zunächst keine besondere akademische Beachtung, da dieses neue Politikfeld von Anfang an durch den Ost-West-Konflikt instrumentalisiert wurde, der seit der Chinesischen Revolution und später dem Koreakrieg und dem Vietnamkrieg in Asien neben Europa seinen zweiten großen Schauplatz hatte.

Erst die ausbleibende oder nur partielle Modernisierung in vielen postkolonialen Staaten, insbesondere in solchen, deren Unabhängigkeit, wie in Lateinamerika, schon lange zurücklag, ließ die

---

1 Die erste Welle erfolgte bereits in den 1820er Jahren in Lateinamerika als Folge der Französischen Revolution. Noch früher ist die Entkolonialisierung der englischen Siedlerkolonien in Nordamerika zu nennen.

2 Die vierte Welle folgte noch später und betraf die verbliebenen Kleinst- und Inselstaaten z. B. im Pazifik. In gewisser Weise stellt die Auflösung der Sowjetunion und der noch nicht abgeschlossene Zerfall Rußlands die fünfte Welle der Entkolonialisierung dar.

Frage aufkommen, ob die Entwicklungsproblematik allein inner-gesellschaftlich verursacht war oder ob nicht auch externe, in den weltpolitischen Machtkonstellationen gleichermaßen wie in den strukturellen Aspekten der Weltwirtschaft zu suchende Ursachen vorlägen. Damit geriet die Nord-Süd-Problematik auch ins Blickfeld der Lehre von den Internationalen Beziehungen, schlug die Geburtsstunde des Neostrukturalismus, der in Lateinamerika auch weite Verbreitung unter Nationalökonomen fand (z. B. Sunkel 1972). Nur wurde die Fragestellung der klassischen Imperialismustheorie umgedreht. Es ging nicht mehr primär um die Aufdeckung der tieferen Motive imperialistischer Politik aus Sicht der Kolonialmächte, sondern eher um die Frage, welche Konsequenzen anhaltende Asymmetrien in den internationalen politischen und wirtschaftlichen Beziehungen für die Entwicklungsproblematik in den ehemaligen Kolonien hatten. Dies war Gegenstand der lateinamerikanischen Dependenztheorie[3] und des lateinamerikanischen Neostrukturalismus in der ökonomischen Theorie. Letztere Diskussion wurde vor allen Dingen in der »Wirtschaftskommission der Vereinten Nationen für Lateinamerika« (CEPAL) betrieben und ist mit den Namen Raul Prebisch (1901-1986) und Hans Singer (*1910) verbunden, die die These von der säkularen Verschlechterung der Terms of Trade zuungunsten der Länder der Dritten Welt begründet haben. Die akademische Zeitschrift der CEPAL, *CEPAL Review* (gegr. 1976), war ein wichtiges Organ der neostrukturalistischen Diskussion.

Parallel dazu ist ein weiterer Umstand zu berücksichtigen. Der Entkolonialisierungsprozeß verlief keineswegs überall so reibungslos, wie ein kursorischer Überblick suggerieren mag. Insbesondere Frankreich war keineswegs gewillt, auf seine Kolonien so ohne weiteres zu verzichten, und versuchte wie Ende des 18. Jahrhunderts in Haiti auch in Vietnam und Algerien die Unabhängigkeitsbewegungen militärisch niederzuschlagen. Auch Portugal behauptete seinen Kolonialbesitz im südlichen Afrika (Angola, Mozambique) bis in die 1970er Jahre. Da auch die britischen Siedlerkolonien (Nord- und Südrhodesien) in der Region nach südafrikanischem Muster trotz Unabhängigkeit vom Mutterland ein Apartheid-Regime aufrechterhalten wollten und der

---

3 Vgl. dazu den klassischen Text von Cardoso/Faletto 1976 (span. 1969).

Apartheid-Staat Südafrika seine Nachbarländer kontrollierte bzw. dort militärisch intervenierte (Namibia, Mozambique), konnte das südliche Afrika lange Zeit als letztes großes Bollwerk des Kolonialismus bezeichnet werden. Hinzu kam die Verquikkung der antikolonialen Befreiungsbewegungen bzw. generell des Antiimperialismus mit dem Ost-West-Konflikt, ein Vorgang, der sich erstmals in China, später in Vietnam und anderen südostasiatischen Ländern, aber auch in Algerien, in Kuba, in Nicaragua, im Nahen Osten und in diversen afrikanischen Staaten gezeigt hatte. Damit schwenkten auch die USA, die vor dem Hintergrund ihrer eigenen Geschichte eigentlich eine antikoloniale Tradition aufwiesen und unmittelbar nach 1945 noch starken Druck auf ihre westeuropäischen Alliierten in Richtung Entkolonialisierung ausgeübt hatten, aus den übergeordneten Gründen des Ost-West-Konflikts von einer idealistischen auf eine realistische Position um. Sie intervenierten seit Ausbruch des Koreakriegs im Sommer 1950 in Korea, Taiwan, Vietnam, Kuba, Nicaragua, Iran und überall dort, wo marxistische oder marxistisch beeinflußte Regierungen an die Macht gelangten, wie z. B. in Chile 1973, militärisch, durch Wirtschaftsboykotte oder Geheimdienstoperationen.

Dies löste in der Dritten Welt nicht nur eine breite antiamerikanische Bewegung aus, die wahlweise von der Sowjetunion oder von China gestützt und ausgenützt wurde, sie löste auch eine breite Bewegung von Betroffenheit und Solidarität unter der Linken in den westlichen Industrieländern aus, die in der auch akademisch zu beantwortenden Frage gipfelte: Warum Vietnam, warum Kuba, warum Südafrika, warum Chile? Damit ging es dann doch wieder um die alte Frage, weshalb die Westmächte in Afrika, Asien und Lateinamerika intervenieren, eine Politik, die rasch mit dem Begriff des *Neoimperialismus* oder *Neokolonialismus* belegt wurde, wobei gleichermaßen politische wie wirtschaftliche Motive identifiziert wurden. Insbesondere der Vietnamkrieg zeigte hier seine Wirkung, der von seiten revisionistischer Autoren im nachhinein nur als weitere Etappe einer amerikanischen Außenpolitik betrachtet wurde, die mit der »atomaren Diplomatie« (Alperowitz 1965) in Potsdam und den beiden Atombombenabwürfen auf Hiroshima und Nagasaki begonnen hatte. Damit wurde der Vietnamkrieg, die Blockfreienbewegung und die OPEC, die aus konservativer Sicht als Krise des Realismus begriffen wurde, nicht nur zur Geburtsstunde des Neorealismus bzw. des Neoliberalismus, sondern aus linksliberaler bzw. marxistischer Sicht auch zur Geburtsstunde der Neoimperialismustheorie bzw. des Neostrukturalismus.

Und schließlich sollte nicht unerwähnt bleiben, daß der Marxismus schlechthin seit den späten 1960er Jahren eine weltweite Renaissance erfuhr, die sich auch auf die Lehre von den Internationalen Beziehungen auswirkte. Genuin marxistische Beiträge auf diesem Feld hatte aber nur die Imperialismustheorie bzw. die Internationale Politische Ökonomie[4] und deren Kritik zu bieten, so daß die Wiederentdeckung der klassischen Imperialismustheorie und der wenigen Marxschen Äußerungen zum Thema Weltmarkt naheliegende Bezugspunkte waren. Nicht zu vergessen ist aber auch, daß der Strukturalismus (insbesondere in Frankreich) und die Systemtheorie (insbesondere in den USA) auch linke Varianten aufwiesen, wobei aus dieser Sicht das internationale System durch die Struktur des Weltmarkts und der daraus resultierenden Asymmetrien geprägt ist.

In den USA sind als führende Vertreter der Neoimperialismustheorie die Autoren zu nennen, die sich um die Zeitschrift *Monthly Review* (gegr. 1950) gruppierten, insbesondere Paul Baran (1901-1964), Paul M. Sweezy (*1910), Leo Huberman (1903-1968) und Harry Magdoff. In Frankreich sind es Pierre Jalée (1909-1991), Christian Palloix, der Grieche Arghiri Emanuel (*1911) und der Ägypter Samir Amin (*1931). Die v. a. auf Baran (1966) zurückgehende Generalthese lautet, daß die mangelnde ökonomische Dynamik in der Dritten Welt nicht aus innergesellschaftlichen Ursachen herrührt, die den Modernisierungsprozeß blockieren, sondern aus der trotz Entkolonialisierung anhaltenden wirtschaftlichen Ausbeutung und des daraus resultierenden Transfers von Überschüssen, die zwar in der Dritten Welt erwirtschaftet, dort aber nicht produktiv verwendet werden, sondern in die Industrieländer abfließen. Die Mechanismen für diese Prozesse sind vielfältig. Dazu gehören die gegenläufige Entwicklung der Preisrelationen auf den Weltmärkten für Rohstoffe und Fertigwaren (sog. ungleicher Tausch zuungunsten der Dritten Welt), der Profittransfer von seiten Multinationaler Konzerne, aber

---

4 Der Begriff hat hier eine marxistische und nicht wie zuvor eine neorealistische oder neoinstitutionalistische Konnotation.

auch die interne Ausbeutung von seiten korrupter prowestlicher Eliten des Südens, die einen Teil der Überschüsse abzweigen und auf westlichen Konten deponieren, um ihre persönlichen Privilegien zu bedienen.

Damit die westlichen Industrieländer trotz Entkolonialisierung weiterhin an der Ausbeutung der Dritten Welt partizipieren, die notwendige Rohstoffversorgung, insbesondere mit Öl und anderen strategisch wichtigen Mineralien, aber auch die Absatzmärkte erhalten bleiben, bedarf es eines entsprechenden weltpolitischen Rahmens, der den westlichen Einfluß in der Dritten Welt garantiert, prowestliche Eliten an der Macht hält und damit verhindert, daß deren Länder in sowjetischen oder chinesischen Einflußbereich fallen. Der Begriff Neoimperialismus annonciert dabei eine Revision der klassischen Imperialismustheorie. Im Gegensatz zu den Prophezeiungen Lenins und anderer Imperialismustheoretiker war das Zeitalter des Imperialismus nun *nicht* mehr das höchste Stadium des Kapitalismus, das bereits auf seinen kommenden Niedergang hindeutet. Auch sei es so, daß die ehemaligen Kolonien eine eher abnehmende wirtschaftliche Bedeutung für die Industrieländer haben, da die Masse des Kapital- und Warenexports in andere Industrieländer geht. Insofern hatten weder die Oktoberrevolution noch die Chinesische Revolution das kapitalistische System substantiell zu schwächen vermocht, hatte auch Lenins Theorie vom schwächsten Glied der Kette versagt. Dieses gelte insbesondere für die USA, die wirtschaftlich stark binnenorientiert sind und nie ein nennenswertes Kolonialreich besessen haben. Das weltpolitische Engagement der USA in Vietnam und anderswo, dessen Kosten den möglichen Nutzen bei weitem überschreiten, sei vielmehr damit zu erklären, daß es nicht mehr wie zu Zeiten des Imperialismus um die auch militärische Aufteilung der Welt zwischen den Kolonialmächten gehe, sondern um den gemeinsamen Kampf der westlichen Industrieländer gegen die schrittweise Verkleinerung des westlichen Einflußbereichs, ein Prozeß, der gleichermaßen in Korea, in Vietnam, in Kuba und anderswo gestoppt werden müsse. Hier vermengt sich aus Sicht des Neostrukturalismus also das realistische sicherheitspolitische Motiv der Eindämmung des Kommunismus im Sinne Kennans mit dem Motiv, die Sphäre der weltweiten Kapitalakkumulation nicht weiter einzuschränken. Diese beiden globalen strategischen Interessen entziehen sich einer bloßen Kosten-Nutzen-Bilanz. Die Rolle der USA ist die der Führungsmacht und des Organisators dieses kapitalistischen Weltsystems ganz im Sinne der Vorstellung Kautskys vom Ultraimperialismus (Kautsky 1914). Auch wird hier die Nähe zur, allerdings kritisch gemeinten, neorealistischen Argumentation deutlich.

Hinzu kommen partielle Interessen, die von Fall zu Fall ein regionales Engagement erklären. Dazu gehört die strategische Abhängigkeit des Westens von einigen Rohstoffen, wie Öl, Bauxit, Uran, die, wie am Persischen Golf, Interventionen auslöst, wenn die Lieferung bedroht ist, oder das Engagement einzelner amerikanischer oder westeuropäischer Konzerne im Bergbau, in der Landwirtschaft oder auf anderen Investitionsfeldern, deren Interessen von Fall zu Fall geschützt werden sollen. All diese Interessen werden durch eine Vielzahl von Mechanismen wahrgenommen, wobei die Entwicklungshilfe, die Kredite, die Militärhilfe, die Entsendung von Beratern, die Aufrechterhaltung von militärischen Stützpunkten und im Extremfall die militärische Intervention bis hin zum großen Krieg wie in Vietnam zu nennen sind. Auch ohne die alte koloniale Struktur bleibt damit ein informelles internationales Herrschaftssystem erhalten, in dem die USA als neue Führungsmacht die alten Kolonialmächte weitgehend abgelöst haben (Jalée 1969, Magdoff 1970, Emanuel 1972).

Eine unorthodoxe Variante der Neoimperialismustheorie lieferte der Engländer und Trotzkist Bill Warren (1901-1978). In seinem posthum erschienenen Buch *Imperialism: Pioneer of Capitalism* (Warren 1980) versucht er den Marx der Indien-Schriften aus den 1850er Jahren gegen Lenin zu wenden. Laut Warren ist der Imperialismus nicht das höchste, bereits auf den Niedergang hindeutende Stadium des Kapitalismus. Wie der Kolonialismus im 19. Jahrhundert trotz aller kritikwürdigen Begleitumstände modernisierungsfördernd gewirkt habe (Marx), so würden heute die Investitionen Multinationaler Konzerne in der »Dritten Welt« Modernisierungsimpulse liefern. Damit erscheint Warren als marxistischer Vorläufer der Globalisierungsdiskussion bzw. als Fortsetzer der Luxemburgschen Durchkapitalisierungsthese.

23. Entkolonialisierung und Neostrukturalismus

Während die amerikanische Neoimperialismustheorie sehr stark an die klassische Imperialismustheorie anknüpfte, hat die strukturelle Imperialismustheorie ihre Wurzeln eher im französischen Strukturalismus, einer Denkrichtung, die v. a. in der Philosophie, in der Sprach- und Literaturwissenschaft und der Ethnologie entwickelt wurde und auf Autoren wie Lévi-Strauss, Foucault, Derrida, Lacan, Althusser und Balibar zurückgeht. Einflüsse der Systemtheorie und des Positivismus sind erkennbar. Wesentliche Merkmale strukturalistischen Denkens sind, daß nicht die Akteure oder Subjekte, sondern das System, in das diese eingebunden sind, die Analyseebene darstellen muß. Damit stehen die Funktion der einzelnen Teile für das System und die Prägung der Teile durch das System im Vordergrund des Interesses. Die Frage nach der Dominanz von System oder Akteur ist uns bereits bei Kaplan oder Waltz begegnet. Es handelt sich beim Strukturalismus wie bei der Systemtheorie also um eine eher ahistorische Betrachtungsweise, die, übertragen auf die Weltpolitik, keine grundsätzlichen Unterschiede zwischen den einzelnen Etappen der weltpolitischen Entwicklung erkennt; die nach globalen Erklärungen sucht, bei denen etwa kulturelle Unterschiede zwischen Ländern oder Regionen unberücksichtigt bleiben; die soziale Konflikte weitgehend ausblendet, da im strukturalistischen Verständnis alles durch das System determiniert ist. Ein Gewaltverhältnis kann demzufolge auch systembedingt vorliegen, ohne daß gewaltausübende Akteure überhaupt in Erscheinung zu treten haben. Dieses wird konsequenterweise als *strukturelle Gewalt* bezeichnet, ein Begriff, den Galtung 1969 mit seinem Aufsatz »Violence, Peace, and Peace Research« geprägt hat.

Imperialismus kann demnach in der Form des »strukturellen Imperialismus« (Senghaas 1972) vorliegen, ohne daß imperialistische Akteure überhaupt auf den Plan treten. Gesellschaft oder Ökonomie können durch strukturelle Heterogenität gekennzeichnet sein, ohne daß soziale Gruppen und deren Agieren überhaupt ins Blickfeld geraten. Die normative und damit handlungsleitende Konsequenz strukturalistischen Denkens ist, daß Problemlösungen immer auf der Systemebene und nicht der Akteursebene anzusetzen haben. Internationale Ausbeutung kann nur beseitigt werden durch Änderung des Weltwirtschaftssystems. Entwicklungsprozesse können nur stattfinden, wenn das internationale System grundlegend, d. h. in seiner Struktur, verändert wird. Symbolisch wird zur Bezeichnung des Strukturalismus die Metapher der pyramidenförmigen »Schichttorte« verwendet, wie sie etwa bei Hochzeitsfeiern serviert wird. Damit haben wir neben dem realistischen Billardball-Modell und dem idealistischen Spinnwebmodell ein drittes Modell zur Charakterisierung des internationalen Systems.

Prominentester Vertreter des Neostrukturalismus in den Internationalen Beziehungen war neben dem Chilenen Osvaldo Sunkel (z. B. Sunkel 1972) der Norweger Johan Galtung (*1930), der 1971 auch mit einem zweiten Aufsatz »Eine strukturelle Theorie des Imperialismus« für weltweite Resonanz gesorgt hat und deshalb hier ausführlich referiert werden soll.[1] Im Unterschied zur klassischen Imperialismustheorie geht es dabei nicht um internationale Ausbeutung oder die Motive der Industrieländer für den Kolonialerwerb, sondern um die Analyse eines strukturellen Herrschaftsverhältnisses zwischen Ländern, das unabhängig von den jeweiligen Erscheinungsformen formeller oder informeller Herrschaft vorliegt. Dabei wird die Welt nicht in Länder, Bündnissysteme oder Blöcke, sondern in Zentrum (Industrieländer) und Peripherie (Entwicklungsländer) unterteilt, die jeweils ihrerseits wiederum ein Zentrum von Privilegierten und eine Peripherie von Unterprivilegierten aufweisen. Imperialismus ist laut Galtung eine Beziehung zwischen Zentrum und Peripherie, bei der eine grenzüberschreitende Interessenharmonie zwischen dem »Zentrum des Zentrums« und dem »Zentrum der Peripherie« besteht, eine größere Interessendisharmonie innerhalb der globalen Peripherie als innerhalb des globalen Zentrums und bei der zwischen der »Peripherie des Zentrums« und der »Peripherie der Peripherie« absolute Interessendisharmonie besteht.

Übersetzt in eine nichtstrukturalistische Sprache heißt das: Die Eliten des Nordens und des Südens kooperieren, die soziale Kluft

---

1 Vgl. dazu auch seinen Aufsatz »A Structural Theory of Imperialism: Ten Years Later« (Galtung 1980).

in den Ländern des Südens ist viel krasser als in den Ländern des Nordens, und für die internationale Solidarität zwischen den Unterprivilegierten des Nordens und des Südens gibt es keine Basis. Es geht also nicht um Kooperation und Konflikt zwischen unterschiedlichen Typen von Ländern (z. B. Industrieländer versus Entwicklungsländer), sondern um ein Verhältnis, das durch eine Verschränkung *inter*nationaler und *intra*nationaler Beziehungen konstituiert wird, weil das Zentrum als Ersatz für die früheren Kolonialverwaltungen sog. Brückenköpfe in Form kooperierender Eliten in der Dritten Welt gebildet hat. Dafür wurde der alte portugiesische Begriff der »Kompradorenbourgeosie« wiederbelebt, der in den asiatischen Treaty Ports entstanden ist und die, oftmals chinesischen, Mittelsmänner zwischen europäischen Händlern und einheimischen Produzenten bezeichnete.

Galtung unterscheidet ferner zwei Mechanismen des Imperialismus, nämlich eine *vertikale Interaktionsbeziehung* und eine feudale Interaktionsstruktur. Erstere betrifft den Austausch von Werten zwischen den Akteuren und damit die Auswirkung zwischen den Akteuren (sog. Inter-Akteurs-Effekte) und die internen Auswirkungen auf die Akteure selbst (sog. Intra-Akteurs-Effekte). Weniger wichtig ist dabei, ob die Austauschbeziehungen Ausbeutung beinhalten, sondern ob die Struktur der Tauschbeziehungen, also etwa Rohstoffe gegen Fertigwaren, zu unterschiedlicher Dynamik bei den Beteiligten führt. Aufgrund der technologische Anforderungen in der Verarbeitenden Industrie seien die Qualifikation von Arbeitskräften, das Niveau der wissenschaftlich-technischen Forschung etc. sehr viel höher als im Rohstoffsektor. Zudem schlagen sich die erbrachten technologischen Kompetenzen auch anderswo, z. B. im Rüstungssektor, nieder und führen damit zu militärischer Überlegenheit und politischer Macht. Eine nichtimperialistische Beziehung liegt nur dann vor, wenn die Beziehung symmetrisch ist. Entwicklungsstrategisch geht es also nicht um Preiserhöhungen für Rohstoffe, etwa im Rahmen einer neuen Weltwirtschaftsordnung, wie sich im Anschluß an Prebisch und Singer fordern läßt, sondern um symmetrische Produktionsstrukturen, die etwa an ähnlich strukturierten Ex- und Importwarenkörben im Außenhandel der beteiligten Länder ablesbar sind.

Der zweite Mechanismus, die *feudale Interaktionsstruktur*, meint, daß die Interaktion zwischen Zentrum und Peripherie vertikal ist, daß eine Interaktion zwischen den Ländern der Peripherie nicht stattfindet, daß wesentliche multilaterale Interaktionsformen nur zwischen den Ländern des Zentrums gegeben sind und daß die Interaktion der Länder der Peripherie mit der Außenwelt vom jeweiligen Zentrum, also z. B. der ehemaligen Kolonialmacht, monopolisiert wird (vgl. Abb. 9).

Ferner unterscheidet Galtung fünf Typen von Imperialismus, den ökonomischen, den politischen, den militärischen, den kulturellen und den Kommunikationsimperialismus, die alle als gleichrangig betrachtet werden. Hier wird der Unterschied zur klassischen Imperialismustheorie wie zur Neoimperialismustheorie besonders deutlich, da letztere den Vorrang des Ökonomischen betonen. Begründet wird die Gleichrangigkeit der fünf Ebenen durch sog. Spill-over-Effekte. Strukturelle Überlegenheit auf wirtschaftlicher oder technologischer Ebene kann sich in militärische umsetzen, kulturelle die politische abstützen, der Bereich der Wirtschaft durch den Bereich des Militärs abgesichert werden usf. Dieses Argument wurde auch von Kritikern der These vom amerikanischen Niedergang wie Russett (1985) oder Strange (1987) verwendet.

Abb. 9: Feudale Zentrum-Peripherie-Struktur

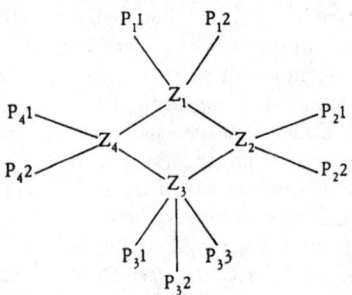

Quelle: Galtung 1972.

24. Die Weltwirtschaft
als modernes Weltsystem

Eine andere Richtung des linken Neostrukturalismus, nämlich die *Weltsystemtheorie*, verband systemtheoretische Einflüsse mit einer historischen Betrachtungsweise, wobei hier nach eigenem Anspruch weder die Perspektive der westlichen Industrieländer (Zentrum) noch die der Kolonien oder ehemaligen Kolonien (Peripherie), sondern der Gesamtprozeß kapitalistischer Entwicklung im Weltmaßstab analysiert wurde (Senghaas 1979). Trotz dieses Anspruchs mußte sich auch die Weltsystemtheorie später des Eurozentrismusvorwurfs erwehren. Hauptvertreter der Weltsystemtheorie sind der französische Wirtschafts- und Kulturhistoriker Fernand Braudel (1902-1985), der amerikanische Braudel-Schüler Immanuel Wallerstein (*1930), der in den USA mit dem von ihm gegründeten »Fernand Braudel Center for the Study of Economies, Historical Systems, and Civilizations« und mit seiner Zeitschrift *Review* (gegr. 1977) schulbildend gewirkt hat, ferner Christopher Chase-Dunn (*1944), André Gunder Frank, auch ein deutscher Emigrant (*1929), der Italiener Giovanni Arrighi (*1937) und der erwähnte Samir Amin.[1] In gewisser Weise ist dieser Richtung auch George Modelski zuzurechnen, der das Bindeglied zwischen Weltsystemtheorie und Hegemonietheorie darstellt. Prominente deutsche Vertreter sind Volker Bornschier[2] (*1944) und Hartmut Elsenhans (*1941), der allerdings eine internalistische und keine externalistische Argumentation verfolgt (Elsenhans 1979).

Da es sich bei der Weltsystemtheorie um ein theoretisch wie empirisch besonders ambitioniertes Unterfangen handelt, ist dieser Ansatz auch besonders starker Kritik im Detail wie insgesamt ausgesetzt gewesen. Das Hauptwerk der Weltsystemtheorie ist Wallersteins auf vier oder fünf Bände angelegtes monumentales Werk *The Modern World System* (1974, 1980, 1989), von dem bis-

---

1 Vgl. dazu Braudel 1990 (3 Bde.), Braudel 1998 (3 Bde.), Amin/Arrighi/ Frank/Wallerstein 1986, Amin 1975, Chase-Dunn 1989, Chase-Dunn/Hall 1997, vgl. ferner Blaschke 1983.
2 Vgl. Bornschier 1982, Bornschier/Lengyel 1990, 1992, 1994.

lang drei Bände erschienen sind und in dem die Herausbildung der kapitalistischen Weltwirtschaft von ihren Anfängen im 15. Jahrhundert im Anschluß an die sog. Krise des Feudalismus bis heute abgehandelt wird. Wallerstein ist der Meinung, daß nicht der Nationalstaat, dessen Subregionen oder Großregionen wie etwa Westeuropa, sondern nur die Welt insgesamt die angemessene Analyseeinheit sein kann, um ein wirkliches Verständnis der Herausbildung des Kapitalismus und dessen Konsequenzen für die internationalen Beziehungen zu gewinnen.

Dabei unterscheidet er in Anlehnung an Braudel (Braudel 1990, Bd. 3) zwei Typen des Weltsystems, nämlich Weltreich und Weltwirtschaft. *Weltreiche* zeichnen sich aus durch eine übergreifende politische Struktur, wie z. B. das Römische Reich, das Chinesische Kaiserreich, das Inkareich, das Osmanische Reich oder andere vormoderne Großreiche. Der historisch letzte Versuch, ein Weltreich zu errichten, war im Sinne Wallersteins das Reich der Spanischen Habsburger. Weltreiche sind redistributive Gebilde, die durch einen bürokratisch-militärischen Apparat zusammengehalten werden. Dessen Aufgabe ist die Eroberung und Verteidigung des Reiches, seine Verwaltung und die Aufbringung der Überschüsse aus der Peripherie in Form von Tribut, um die zentralen Macht- und Verwaltungsapparate zu unterhalten. Im Falle der Spanischen Habsburger hatten die Silberflotten aus Mexiko und Peru diese Funktion. Die Gegenleistung, die die Peripherie für ihre Tributleistung erhält, sind geordnete Verhältnisse und Schutz gegen äußere Feinde. Ähnlich argumentiert der Neorealismus, wenn er darauf verweist, daß ein Hegemon internationale öffentliche Güter wie Sicherheit und weltwirtschaftliche Stabilität zur Verfügung stellt. Fernhandel in Weltreichen sei immer staatlich kontrollierter oder gelenkter Handel im Bereich der Luxusgüter gewesen, wie das Beispiel des chinesischen Tributhandels unterstreicht.[3] Weltreiche besitzen keine inhärente Dynamik im Sinne einer modernisierungsfördernden Kapitalakkumulation, da alle produzierten Überschüsse durch die Tributleistung wegbesteuert werden. So besteht kein Anreiz für die Produzenten, ihre Produktivität über arbeitssparende technische Innovationen zu steigern. Weltreiche besitzen die Tendenz zur Desinte-

---

3 Daß es sich dabei vielfach aber nur um als Tributhandel deklarierten Privathandel gehandelt hat, läßt diese These zweifelhaft erscheinen.

gration, sobald der bürokratische Aufwand, der getrieben werden muß, um das Reich zusammenzuhalten, größer wird als der Ertrag, der aus dem Reich gezogen werden kann. Ist dies der Fall, setzt der Niedergang ein. Damit verwendet Wallerstein ein ähnliches Argument wie später Kennedy zur Begründung von Aufstieg und Niedergang der großen Mächte. Diese haben im Sinne Wallersteins aber nicht alle Weltreiche gebildet. Auch an dieser Stelle wird die Verwandtschaft zwischen Weltsystemtheorie und Hegemoniezyklentheorie bzw. zwischen Neostrukturalismus und Neorealismus erkennbar.

Eine *Weltwirtschaft* ist demgegenüber ein Weltsystem ohne politisches Zentrum, das durch den Markt zusammengehalten und durch internationale Arbeitsteilung und internationalen Handel strukturiert wird. Das ist der Unterschied zwischen traditionellem und modernem Weltsystem, das die Existenz von Kapitalismus voraussetzt. Eine Weltwirtschaft entsteht in dem Moment, in dem Nationalstaaten durch Fernhandel miteinander verbunden werden, wobei die Bedingung ist, daß dieser Fernhandel eine Regelmäßigkeit aufweist und eine substantielle Dimension annimmt, also nicht mehr nur im Bereich der Luxuswaren (Gewürze, Seide, Edelmetall), sondern der sog. Stapelgüter für den massenhaften Verbrauch angesiedelt ist. Dieses ist im Sinne Wallersteins zum erstenmal in der Weltgeschichte im 16. Jahrhundert der Fall und betrifft den Handel zwischen West- und Osteuropa, präziser den Handel zwischen dem Nordsee- und dem Ostseeraum, der weitgehend von den Holländern betrieben wurde. Also nicht die spanischen und portugiesischen Eroberungen in Amerika und das dort geraubte Edelmetall, wie etwa der frühe Frank (Frank 1978, 1980) argumentiert, und auch nicht die am Gewürzhandel interessierte Expansion der Portugiesen nach Asien (»Der Seeweg nach Indien«), sondern die Marktproduktion innerhalb von Europa habe in dieser Lesart den Kapitalismus begründet. Die damit einhergehende Etablierung einer innereuropäischen Arbeitsteilung führte in Westeuropa zur Spezialisierung auf Fertigwaren (insbesondere Wollverarbeitung) und in Osteuropa zur Spezialisierung auf Rohstoffe wie Getreide und Holz. Aus dieser Arbeitsteilung resultierte eine unterschiedliche wirtschaftliche und gesellschaftliche Dynamik in beiden Teilen Europas, die sich im Westen in der Bauernbefreiung und im Osten in der sog. zweiten Leibeigenschaft manifestierte.

Kapitalistische Entwicklung im Sinne Wallersteins war also zunächst eine agrarkapitalistische, an der in Osteuropa auch die Großgrundbesitzer, die mit Leibeigenen produzierten, Anteil haben konnten. Damit wurde auch die sog. Krise des Feudalismus überwunden. Vor diesem Hintergrund verwendet Wallerstein auch eine sehr einfache Definition von Kapitalismus. Kapitalismus ist die »Produktion zum Zweck des Absatzes auf einem Markt mit dem Ziel, den größtmöglichen Profit zu erzielen« (Wallerstein 1979, S. 43). Die Umstände, unter denen produziert wird, sind dabei nebensächlich. Kapitalismus im Sinne Wallersteins verlangt also nicht die Existenz einer freien Lohnarbeiterschaft wie etwa bei Marx, sondern kann auch unter den Bedingungen von außerökonomischem Zwang, also von Leibeigenschaft, Sklaverei oder allen Arten von Teilpachtsystemen funktionieren.

Handel und internationale Arbeitsteilung führten im Laufe der Zeit zu einer Dreiteilung des internationalen Systems, die bis etwa 1640 bereits fest etabliert war. Herausgebildet hat sich das Zentrum des »Modernen Weltsystems« in Westeuropa, eine Semiperipherie, nämlich das mediterrane Europa, zu dem auch Spanien gezählt wird, und eine Peripherie in Osteuropa und der Westlichen Hemisphäre, also den Kolonien in der Karibik und weiteren Teilen von Nord- und Südamerika. Die afrikanische Westküste, die über den berüchtigten transatlantischen Dreieckshandel die Sklaven für die Plantagen in der Karibik, im Norden von Brasilien und in den südlichen Neuenglandstaaten lieferte, war sozusagen die Peripherie der Peripherie. Im Zuge der fortgesetzten europäischen Expansion und der Ausbreitung der internationalen Arbeitsteilung werden in den folgenden Jahrhunderten weitere Teile der Welt in das System inkorporiert. Asien und Afrika werden zur Peripherie, Rußland und Japan erhalten einen semiperipheren Status.

Eine Aufwärts- und Abwärtsmobilität innerhalb des Systems ist allerdings möglich. So steigen z. B. die USA (und später Japan) von der Peripherie über die Semiperipherie ins Zentrum auf. Ähnliches gilt heute für die asiatischen Schwellenländer. Die Semiperipherie spielt in dem System herrschaftssoziologisch eine besondere Rolle, da sie (wie die Unteroffiziere in der Armee oder die Meister in der Fabrik) das stabilisierende Zwischenglied zwischen Zentrum und Peripherie bilden. Sie werden zwar ausgebeutet, beuten aber selber auch aus und mildern so die internationale

Polarisierung. Die Position jedes Landes im modernen Weltsystem wird durch seine Position in der Hierarchie der internationalen Arbeitsteilung bestimmt. Je höher das technologische Vermögen, desto höher der Rang im System. Die Länder des Zentrums produzieren Fertigwaren, die Länder der Peripherie Rohstoffe. Auch die sozialen Merkmale der Teile des Systems sind durch deren Funktion für das System determiniert. Die Länder des Zentrums zeichnen sich aus durch einen starken Staat, freie Lohnarbeit, eine kommerzielle und nicht nur verwaltende Rolle der Städte, eine starke einheimische Bourgeoisie und eine kulturell homogene Ideologie und Politik. Die Länder der Peripherie verfügen demgegenüber über schwache Staaten, sind gekennzeichnet durch außerökonomischen Zwang in den Arbeitsbeziehungen (z. B. Sklavenarbeit), durch Städte ohne eigene ökonomische Basis, die nur Verwaltungs- und Residenzstädte sind, durch eine schwache, vom Ausland durchsetzte Bourgeoisie und eine inhomogene Ideologie und Politik. Die Semiperipherie weist entsprechende Zwischenformen auf. Starker Staat meint also ein nichtrepressives System mit hoher Steuerungsfähigkeit und schwacher Staat ein repressives System mit geringer Steuerungsfähigkeit. Die internationale Arbeitsteilung ist mithin verantwortlich für Entwicklung und Unterentwicklung in den einzelnen Teilen des Systems, wobei der ungleiche Tausch die wesentliche Ursache des Ressourcentransfers ist.

Wieso der Kapitalismus gerade in Westeuropa entsteht, wird nicht näher begründet, sondern hängt wie die Entstehung der Industriellen Revolution von historischen Zufälligkeiten ab. Das Periodisierungsschema, das in etwa dem Aufbau des Gesamtwerks Wallersteins entspricht, sieht folgendermaßen aus: Auf die Krise des Feudalismus von 1300 bis 1450 folgt mit dem sog. langen 16. Jahrhundert von 1450 bis 1640 die erste Expansionsphase des modernen Weltsystems mit der bereits erwähnten Dreiteilung. Darauf folgt eine Phase der Konsolidierung von 1650 bis 1730, die sog. »Krise des 17. Jahrhunderts«, die gekennzeichnet ist durch Positionskämpfe zwischen den Niederlanden, England und Frankreich um die Führungsrolle mit merkantilistischen Mitteln. Darauf folgt bis in die 1840er Jahre eine zweite Phase der Expansion, in der neue Gebiete in Asien und Afrika in das System integriert werden. Daran schließt sich eine neue Phase des Umbruchs, der Krise und der Konsolidierung an, die durch den Aufstieg der USA, Rußlands, Deutschlands, Japans und anderer Länder und deren Positionskämpfe um die Führungsrolle gekennzeichnet ist. Unterlegt wird das ganze mit der bereits referierten Theorie hegemonialer Zyklen, die von Modelski übernommen wurde.

Kritisiert wurde an Wallerstein dessen vager Kapitalismusbegriff, der nur die Warenzirkulation, nicht aber die Produktionssphäre thematisiere; ferner, daß bei ihm soziale Konflikte nicht ins Blickfeld geraten (Brenner 1977). Betrachtet wird nur, welche Funktion die zweite Leibeigenschaft, die Bauernbefreiung, die Sklaverei oder die freie Lohnarbeit für das System haben, nicht aber, warum sie sich in unterschiedlichen Teilen der Welt herausbilden. Die Widersprüche zwischen einer staats- und einer weltzentrierten Perspektive werden zwar benannt, bleiben aber ohne Konsequenzen. Die Funktion der Semiperipherie wird zwar deutlich. Wie und warum es aber eine Aufwärtsmobilität einzelner Länder gibt und welche Rolle der Staat dabei als Akteur gegenüber dem System spielt, bleibt unklar. Ferner handele es sich um einen sehr ökonomistischen Ansatz. Markt und internationale Arbeitsteilung sind die unabhängige, der Staat ist die abhängige Variable. Das ganze System soll auf dem Mechanismus des ungleichen Tauschs beruhen. Diese weitgehende Festlegung wird getroffen, ohne daß Wallerstein sich damit näher theoretisch auseinandergesetzt hat. Trotz dieser Kritik[4] hat der Weltsystemansatz in den 1970er und 1980er Jahren unter allen neostrukturalistischen Varianten auch außerhalb der USA den größten Einfluß errungen, zumal Wallerstein mit seiner Zeitschrift *Review* schulbildend wirken konnte.

4 Zur aktuellen Debatte über Wallerstein vgl. den Sammelband von Frank/Gills 1996, Shannon 1996 und Antweiler 1989.

IV.
Postpositivismus

25. Das Ende des Ost-West-Konflikts, der Aufstieg Ost- und Südostasiens und die neue Unübersichtlichkeit in der Disziplin

Das Ende des Ost-West-Konflikts 1989/90 mußte vor allen anderen sozialwissenschaftlichen Disziplinen gerade für die Lehre von den Internationalen Beziehungen gravierende Konsequenzen haben. Die noch in den 1980er Jahren festgefügte Schlachtordnung – auf der einen Seite der akademische Mainstream des Neorealismus, auf der anderen Seite dessen Infragestellung durch den Neoliberalismus bzw. Neoinstitutionalismus, die sich in der Dritten Debatte manifestiert hatte – löste sich auch hier auf zugunsten einer »neuen Unübersichtlichkeit« (Habermas). Erste Schnellschüsse aus dem neorealistischen Lager, z. B. Charles Krauthamer (*The Unipolar Moment*, 1990/99), wie aus dem neoliberalen Lager, z. B. Charles W. Kegley (*The Neoidealist Moment in International Studies?*, 1993) zogen aus dem Zusammenbruch der Sowjetunion und der Auflösung der sozialistischen Weltordnung ganz unterschiedliche Schlüsse.

Die eine Konsequenz lautete, daß die USA siegreich aus dem Ost-West-Konflikt hervorgegangen sind, sie mithin als einzige oder »einsame« Supermacht (Huntington 1999) übrigblieben, von einem amerikanischen Hegemonialverlust also keine Rede mehr sein könne und nun, wie im Anschluß an den Ersten oder Zweiten Weltkrieg, wieder die Gelegenheit gekommen sei, eine neue Weltordnung unter amerikanischer Führung zu errichten. Das Zeitalter der »pax americana« (Koch 1996) sei also noch lange nicht zu Ende. Insbesondere der zweite Golfkrieg schien Evidenz für diese Argumentation zu bieten. Die Gegenposition lautete, daß mit Ende des Ost-West-Konflikts die Chance für eine neue Weltordnung gekommen sei, die nicht auf der amerikanischen Hegemonie, sondern auf der freiwilligen Kooperation der Staaten im Sinne des Kantschen Idealismus beruhe. Die Ausbreitung von Demokratie und Marktwirtschaft würde zu einer Zivilisierung der Welt im Sinne der erneut vieldiskutierten Theorie des Demokratischen Friedens führen (Lebow/Risse-Kappen 1995, Doyle

1995, Gowa 1999). Mit seinem »zivilisatorischen Hexagon« hat insbesondere Dieter Senghaas die deutsche Diskussion in diese Richtung bewegt.[1] Michael Zürn hat das Hexagon um die internationale Dimension zum »Mehrebenenhexagon« erweitert, indem er es zum normativen Maßstab auch für die »Weltinnenpolitik« macht (Zürn 2000).

Eine dritte, wieder neorealistische Sichtweise, prophezeite mit *Back to the Future* (Mearsheimer 1990) bzw. *The Unipolar Illusion* (Layne 1993) den Rückfall in die klassischen Großmachtkonflikte des 19. Jahrhunderts. Eine Variante dieser Sichtweise vermutete demgegenüber eine künftige Ökonomisierung der internationalen Beziehungen (Menzel 1991). Wirtschaftliche Konflikte, insbesondere zwischen den Mitgliedern der Triade aus Nordamerika, Westeuropa und Ost- und Südostasien, würden die ideologischen Konflikte ersetzen. Huntington verortete die künftigen Konflikte eher auf kulturellem Gebiet, wobei er insbesondere die Konfliktlage zwischen dem »Westen«, geschart um die Führungsmacht USA, und einem Bündnis aus China und der islamischen Welt zur hauptsächlichen Konfliktformation stilisierte (Huntington 1996). Hier deutet sich bereits die ganz aktuelle These an, daß China, gestützt auf sein außerordentliches Wirtschaftswachstum und seine militärische Rüstung, die auch die Raumfahrt mit einbezieht, zum neuen Herausforderer der USA wird und seinerseits eine Hegemonialposition anstrebt (Seitz 2000, Kreft 2000). Andere Beiträge reihten sich in die sog. »Endism-Debatte« ein und diagnostizierten mit dem Ende des Ost-West-Konflikts gleich das Ende der Theoriebildung in den Internationalen Beziehungen schlechthin (z. B. Allan/Goldmann 1992, Deibert 1997, Saurin 1995).

Wichtig für die Disziplin war auch der wirtschaftliche Aufstieg bzw. Wiederaufstieg Asiens, der sich, etwa in den Fällen China, Indien und Japan, auch in wachsendem weltpolitischen Gewicht niederschlug. Dessen mögliche Ursachen wurden zwar in der entwicklungspolitischen Teildisziplin des Fachs schon lange diskutiert (vgl. Menzel 1998, Kapitel 6), seine konfliktträchtigen Konsequenzen für den Westen, z. B. der industrielle Verdrängungswettbewerb, traten aber dort erst so richtig ins Bewußtsein,

---

[1] Vgl. dazu die diversen Beiträge von Senghaas 1990, 1994, 1995, 1997, den Sammelband von Menzel 2000a, der diesen Einfluß in vielen Beiträgen dokumentiert, sowie Müller 1998 als Gegenentwurf zu Huntington.

nachdem der alles andere in seiner Bedeutung in den Schatten stellende Ost-West-Konflikt seine Thematisierungsmacht verloren hatte. Die Konsequenzen für die neorealistische und neoinstitutionalistische Theorie (Stichwort American Decline und Regimetheorie) sind bereits thematisiert worden. Bedeutsam war der Aufstieg Asiens aber auch für den Neostrukturalismus. In dem Maße, wie sich herausstellte, daß der industrielle Aufstieg Japans kein Einzelfall in der Region bleiben sollte, sondern sich in den Schwellenländern der ersten Generation (Südkorea, Taiwan, Hongkong, Singapur) und der zweiten Generation (Malaysia, Thailand, Indonesien, China) fortsetzte und sogar Indien erstaunliche Entwicklungen zu verzeichnen hatte (Softwareindustrie, Rüstungsindustrie), waren damit auch die dependenztheoretischen Axiome frei nach dem Motto »Einmal Dritte Welt, immer Dritte Welt« in Frage gestellt.

Auch wenn die klassische Weltsystemtheorie à la Wallerstein mit ihrer Vorstellung von der Aufwärts- und Abwärtsmobilität innerhalb des Systems darauf flexibler reagieren konnte, so löste die Renaissance Asiens doch unter anderen Weltsystemtheoretikern (Frank, Abu-Lughod, Chaudhuri) eine radikale Revision überkommener Axiome aus. Die Revisionisten unter den Weltsystemtheoretikern stellten nämlich die fundamentalen Fragen, ob das moderne Weltsystem tatsächlich durch die europäische Welteroberung konstituiert worden sei, ob es nicht statt dessen zuvor schon asiatisch dominierte moderne Weltsysteme im Sinne von Weltökonomien gegeben habe, ob dieses Weltsystem nicht sehr viel älter sei, als Wallerstein annimmt, und sein Zentrum in langen zyklischen Bewegungen um die Welt wandere. Der Aufstieg Asiens sei demzufolge nur vor dem Hintergrund einer Jahrhunderte zurückliegenden ehemaligen technischen, wirtschaftlichen und politischen Hegemonie zu verstehen, die jetzt zurückkehre. Berührungspunkte zu staatstheoretischen und kulturalistischen (Konfuzianismusthese bzw. »asiatische Werte«) Argumenten in der entwicklungstheoretischen Diskussion werden deutlich, insbesondere wenn man die Krisen- und Katastrophenregion Afrika südlich der Sahara mit Ost- und Südostasien vergleicht, wobei das Elend dort umgekehrt immer stärker staatstheoretisch oder kulturalistisch und immer weniger ökonomisch erklärt wird.

Damit war auch das »Ende der Dritten Debatte« erreicht. Eine »Vierte Debatte« in den Internationalen Beziehungen kündigte sich an.[2] Diese Vierte Debatte, soweit sie überhaupt in der Disziplin als solche akzeptiert und apostrophiert und nicht fälschlicherweise als Fortsetzung der Dritten Debatte bezeichnet wird, ist aber, ähnlich wie die Zweite Debatte, eine methodologische. Den vielen neuen oder auch wiederentdeckten alten Ansätzen der 1990er Jahre ist nämlich gemeinsam, daß der Szientismus, damit die Rational-choice-Theorien, die quantitativen Methoden und die strikten wissenschaftstheoretischen Vorgaben des Positivismus in Frage gestellt werden. Unter dem Sammelbegriff *Postpositivismus* lassen sich erneut die vier Traditionen oder Paradigmen wiederfinden, nur daß im Unterschied zur positivistischen Ära der 1960er bis 1980er Jahre die hermeneutischen, reflexiven, konstruktivistischen, ideologiekritischen Verfahren wieder auf dem Vormarsch sind (vgl. Neumann/Waever 1997).

Der *Strukturalismus* findet sich unter den Begriffen »Postkolonialismus« (Darby 1997, San Juan 1998), »Postimperialismustheorie« (Becker/Sklar/Frieden/Schatz 1987), »Postdependenz« (James 1997) und »ReOrient« (Frank 1998, Frank/Gills 1993). Auch die »Kritischen Internationalen Beziehungen« sind dem Strukturalismus zuzurechnen. Diese Richtung wird von Robert Cox (*1926), der mit seinem Aufsatz »Social Forces, States and World Orders« 1981 diesen Ansatz begründete, sowie von Stephen Gill (*1950), Mark Hoffmann (*1957), Andrew Linklater und James Mittelman (*1944) vertreten und stellt den Versuch dar, die kritische Theorie der Frankfurter Schule und Gramscis Hegemoniebegriff mit der Internationalen Politischen Ökonomie, etwa in der Tradition von Susan Strange (1923-1998), zu vereinbaren.[3] Poststrukturalistische Autoren bemühen sich mit Hilfe der Diskursanalyse um die Dekonstruktion hegemonialer Weltbilder und wollen auf diese Weise politisch handlungsleitend wirken.

Der *Idealismus* reüssiert als Neoidealismus, als neue normative Theorie oder in der Wiederbelebung einer ethisch fundierten Lehre von den Internationalen Beziehungen (Falk 1992, 1995,

---

2 Vgl. dazu George 1989, Jäger 1996, Lapid 1989, Meyers 1994, Nicholson 1996, Schaber/Ulbert 1994, Sjolander/Cox 1994, Smith 1996, Zangl/Zürn 1996.
3 Vgl. ferner Cox 1983, 1986, 1987, Gill 1990, 1993, Hoffmann 1991, Linklater 1989, Rengger/Hoffman 1993.

Frost 1996, Graham 1997). Insbesondere die gerade auch in Deutschland wiederbelebte Diskussion um die Theorie des demokratischen Friedens als Folge des Zusammenbruchs der sozialistischen Systeme, der Auflösung des sowjetischen Herrschaftsbereichs und der neuen Demokratisierungswelle in Osteuropa, aber auch in Lateinamerika und Asien, ist ein Fokus neoidealistischer Theoriebildung.

Auch der *Institutionalismus* wird fortgesetzt in mehreren Diskussionssträngen, nämlich in der Theorie der Weltgesellschaft (Czempiel/Rosenau 1989, Rosenau/Czempiel 1992), der darauf bezogenen Debatte um Global Governance sowie im Sozialkonstruktivismus. Bei letzterem geht es um die Vorstellung, daß auch die internationalen Beziehungen wie andere soziale Beziehungen von Konstruktionsprozessen geleitet werden, die als Realität wahrgenommen werden, wobei Normen, Regeln und kulturelle, nationale oder ethnische Identitäten eine wesentliche Rolle spielen. An diese Überlegungen vermag auch die Englische Schule wiederum anzuknüpfen (Rengger 1996). Verwandt sind auch die feministischen (Enloe 1989, 1993, Tickner 1992, Sylvester 1994) und postmodernen Beiträge (Ashley, Der Derian, Luke, Shapiro, Walker) zur IB-Theorie, wobei die postmodernen Autoren konsequenterweise die Möglichkeit der »großen Theorie« in der Lehre von den Internationalen Beziehungen ganz in Frage stellen. »Forget IR Theory« – so der entsprechende Titel eines Aufsatzes von Roland Bleiker (1997).[4]

Selbst der klassische *Realismus* erfährt als Postrealismus oder neoklassischer Realismus eine ungeahnte Renaissance, wie etwa die erneute Beschäftigung mit Morgenthau (Frei 1993, 1998) und die Anfertigung von historischen Fallstudien im Sinne Kissingers unter Beweis stellen (Frankel 1996a, 1996b). Zielscheibe der postrealistischen Autoren ist aber konsequenterweise der Neorealismus und dessen szientistische Herangehensweise. Es handelt sich also um die Wiederauflage der Zweiten Debatte, wobei im Unterschied zu den 1960er Jahren die Traditionalisten diesmal in die Offensive gegangen sind. Und schließlich ist sogar eine neue geopolitische Diskussion in Gang gekommen (Agnew 1998, Agnew/Corbridge 1995, Taylor 1985), die auch als Kritische

4 Vgl. dazu in Auswahl Der Derian/Shapiro 1989, Der Derian 1992, Shapiro 1992, Luke 1989, Walker 1993 und als zeitweiligen Vertreter der deutschen postmodernen IB Albert 1994, 1996; kritisch dazu Jarvis 2000.

Geopolitik (Lacoste 1990) firmiert mit engen Bezügen zu den Kritischen Internationalen Beziehungen, zur Internationalen Politischen Ökonomie, aber auch zum Sozialkonstruktivismus, geht es hier doch um die Konstituierung neuer Räume als Folge der Entgrenzung der klassischen, nationalstaatlich definierten Räume, wobei diese Entgrenzung auf die Globalisierungs- und Fragmentierungsprozesse (Menzel 1998) zurückgeführt werden. Hierzu gehört auch die Diskussion um die globale Stadt oder sog. Technopole (Castells, Sassen, Soja), wobei angenommen wird, daß globale Städte in Zukunft als wichtige politische Akteure in den internationalen Beziehungen auftreten und die Zuständigkeit der Nationalstaaten auch von dieser Seite in Frage stellen.[5]

Welcher dieser Ansätze sich als neuer Mainstream durchsetzen wird, ist derzeit noch nicht absehbar. Gute Chancen haben aber ein klassisch gewendeter (Neo-)Realismus auf der einen und ein sozialkonstruktivistisch gedeuteter Institutionalismus auf der anderen Seite, zumal etliche Neorealisten ins postrealistische und viele prominente Neoliberale (Katzenstein, Wendt, Lapid, Kratochwil, Ruggie) ins konstruktivistische Lager gewechselt sind. Die aktuelle Diskussion um Globalisierung und Global Governance versammelt jedenfalls fast alle genannten Richtungen.

5 Vgl. dazu Castells 1989, Sassen 1991, Soja 1989, Knox/Taylor 1995.

26. Eurozentrismus versus ReOrientierung

Auch wenn die Weltsystemtheorie für sich in Anspruch genommen hatte, eine globale Perspektive einzunehmen, so hatte sie doch einen eurozentrischen Kern, insofern die Entstehung des Kapitalismus auf das Europa der Renaissance datiert wurde und die Konstituierung einer (kapitalistischen) Weltwirtschaft entweder auf den Beginn der europäischen Welteroberung am Ende des 15. Jahrhunderts (der frühe Frank) oder die frühe Arbeitsteilung zwischen West- und Osteuropa (Wallerstein) zurückgeführt wurde. Diese in den 1970er Jahren durch viele Beiträge immer wieder bekräftigte Interpretation von 500 Jahren Weltgeschichte wurde in den 1990er Jahren durch eine radikale zeitliche Ausweitung und Verschiebung der Perspektive in Frage gestellt, wenn behauptet wird, daß das moderne Weltsystem nicht 500, sondern 5000 Jahre alt ist (Frank/Gills 1993) und daß der in der klassischen Weltsystemtheorie zum Ausdruck kommende Eurozentrismus dem kolonialen Blick entsprungen ist. *The Colonizers Model of the World*, so lautet der provozierende Titel des Geographen James Morris Blaut (*1927), dem der späte Frank seine Reorientierung verdankt (Blaut 1993, 1992). Diese hier als *Poststrukturalismus* bezeichnete Position ist gleichzeitig der extremste Beitrag zur Globalisierungsdebatte, soweit diese sich um die Frage dreht, wann denn Globalisierung historisch eingesetzt habe.

Die Spannbreite der Debatte innerhalb des weltsystemtheoretischen Lagers läßt sich sehr schön anhand von zwei prominenten Beiträgen zur sog. Millenniums-Literatur[1] herausarbeiten, nämlich David Landes' *Wohlstand und Armut der Nationen* (1999)[2] und André Gunder Franks *ReOrient: Global Economy in the Asian Age* (1998). Auch wenn David Landes (*1924), amerikanischer Wirtschaftshistoriker und v. a. durch sein 1973 erschienenes

---

[1] Unter Millenniums-Literatur werden Bücher verstanden, die am Ende des Jahrtausends eine makrohistorische Bilanz versuchen. Neben Landes und Frank gehören dazu Sanderson 1999 oder Fernández-Armestro 1998.

[2] Anstelle von Landes ließe sich auch das Buch des Historikers Eric Lionel Jones *Das Wunder Europa* (1991) als Beispiel heranziehen. Jones ist auch der eigentliche Antipode von Blaut.

Werk *Der entfesselte Prometheus* bekannt geworden, nicht der Weltsystemtheorie zugerechnet werden kann, so geht er doch insofern damit konform, als er die Entstehung des Kapitalismus in Europa und dessen weltweite Ausbreitung als entscheidenden Vorgang zum Verständnis der heutigen Welt ansieht, wenn er auch im Unterschied zu Wallerstein nicht die internationale Arbeitsteilung, die Konstituierung der Weltwirtschaft oder andere ökonomische Faktoren als maßgeblich ansieht. Seine Kernthese lautet vielmehr: Die treibende Kraft der Weltgeschichte war seit etwa 1000 Jahren die westliche Zivilisation mit ihren technischen, institutionellen und geistigen Errungenschaften. Diese konnten sich entfalten, weil das frühmittelalterliche Europa mit seiner politischen Zersplitterung, dem Gegensatz von Staat und Kirche, den Freiräumen aus städtisch-bürgerlicher und klösterlicher Kultur, den dissenten religiösen und sozialen Bewegungen schon lange vor der Reformation ein idealer Nährboden war, während die zentralistischen und bürokratischen orientalischen oder altamerikanischen Großreiche trotz beachtlicher zivilisatorischer oder sogar technischer Höchstleistungen die freie Entfaltung des Individuums, des Unternehmertums, des Innovationsgeistes, der systematischen naturwissenschaftlichen Forschung und deren industrieller Umsetzung behinderten oder ganz unterdrückten. Montesquieu, Hegel, Marx, Weber, Polanyi, Wittfogel und Co. lassen grüßen. Der von Edward Said (*1935) (Said 1981, Sprinker 1992) dagegen erhobene Orientalismusvorwurf wird als Gegenkonstruktion, als die Ideologie der Gescheiterten zurückgewiesen.

Entwicklungsgeschichtlich einschneidende Etappen waren der Beginn der europäischen Welteroberung am Ende des 15. Jahrhunderts und die industrielle Revolution am Ende des 18. Jahrhunderts. Landes muß zeigen, wie einerseits die Renaissance bahnbrechend wirkte in den Naturwissenschaften, insbesondere in der Meteorologie, damit der Navigationskunde und der Kartographie, aber auch im Schiffsbau und in der Waffentechnik, wie andererseits die so ausgerüsteten Spanier und Portugiesen bei ihrer Welteroberung auf Großreiche stießen, die ihren Zenit bereits überschritten hatten. Nur weil das auf despotischem Zwang beruhende Aztekenreich bereits im Zerfall befindlich war, vermochte Cortez mit seiner kleinen Truppe aus gierigen Abenteurern die von den Azteken unterdrückten Völker in seinem Sinne zu instrumentalisieren; nur weil die Chinesen seit ihrer wirtschaftlichen Blüte in der Sung-Zeit stagnierten und die Ming nach 1433 ihre überragende Flottenpräsenz (vgl. Levathes 1994) im Indischen Ozean (1405-1433) freiwillig geräumt hatten und zusätzlich ein Verbot des Seehandels erließen (Wiethoff 1963), vermochten die Portugiesen 70 Jahre später mit einer viel kleineren Streitmacht das hinterlassene Vakuum ohne großen Widerstand zu füllen. Dennoch schätzt Landes das Entwicklungsgefälle zwischen Europa und Indien oder China bis zum Jahre 1750 auf lediglich 1,5-2 zu 1. Dies änderte sich erst grundsätzlich mit der industriellen Revolution, die als Frucht des langen wissenschaftlich-technischen Vorlaufs in Europa betrachtet wird und zur Spaltung der Welt zwischen arm und reich führte. Hinzu kamen die institutionellen und sozialen Voraussetzungen und Begleitumstände: frühzeitige Agrarreformen, Lockerung der Zunftordnungen, wachsende Einkommen der Masse der Bevölkerung, Herausbildung eines Binnenmarkts jenseits der Luxusgüter – all das, was im 20. Jahrhundert im sog. Fordismus kulminierte.

Nachholende Entwicklung auf dem europäischen Kontinent, in Nordamerika und später in Ost- und Südostasien sei immer in bester listianischer Manier unter Verletzung der komparativen Kostendoktrin und des Freihandelsgebots durch Protektionismus auf Zeit und kluge Staatsintervention gefördert wurden. Hier entpuppt sich Landes als scharfer Kritiker der Neoklassik, der an jeder sich bietenden Stelle gegen David Ricardo, John Bowring und andere Vertreter der universalistischen Freihandelslehre stichelt. Gleichzeitig wird aber immer wieder betont, wie die Nachzügler jeweils vom Vorreiter, zuerst Kontinentaleuropa von England und später Asien von Europa, gelernt haben. In dieser Möglichkeit, zu lernen, bereits vorhandenes Wissen und ausgereifte Techniken zu übernehmen, ist gar der besondere Vorteil des Nachzüglers zu sehen.

Auch wenn Landes die negativen Konsequenzen des Kolonialismus keineswegs leugnet, sie im Gegenteil mit drastischen Worten immer wieder anspricht, so sieht er doch hier keinesfalls die entscheidende Entwicklungsblockade. Für die Dependenztheorie hat er folglich nur Hohn und Spott übrig. Zum Beleg verweist er auf die lange zurückliegende Unabhängigkeit der Kolonien in Nord- und Südamerika und deren anschließende ganz unterschiedliche Entwicklung oder auf den Kontrast zwischen den asiatischen Schwellenländern und der afrikanischen Katastrophenregion oder die Krise in den postsozialistischen Staaten Osteuropas.

Auf die immer wieder gestellte Frage, warum die skizzierten Prozesse in Nordwesteuropa und nicht in Sung-China oder Renaissance-Italien, durchaus potentielle Kandidaten, einsetzte, hat Landes drei Antworten: Es war der kontinuierliche Aufbau von Wissen, es war die Durchsetzung der rationalistischen Methode, die über Staats- und Kulturgrenzen hinweg anerkannt, verwendet und verstanden wird; und es war die Erfindung der Erfindung, nämlich der Übergang zur routinemäßigen Forschung samt deren Verbreitung. Hilfreich war dabei die frühzeitige Überwindung der Scholastik in Europa, der Dualismus von Kirche und Staat, gegen den Widerstand der katholischen Kirche die Durchsetzung der auf empirische Beobachtung und systematisches Experimentieren gestützte wissenschaftliche Methode. Im Orient hingegen kam es nicht zu einer Trennung von Kirche und Staat, konnte der Konfuzianismus, die asiatische Form der Scholastik, sich behaupten. Warum zuerst das keineswegs von der Natur begünstigte England und nicht etwa Frankreich? – auf diese Frage liefert Landes institutionelle Antworten: Frühe Nationalstaatsbildung, frühe Konstitutionalisierung beginnend mit der Magna Charta von 1215, keine Diskriminierung religiöser Minderheiten (wie etwa in Spanien), die Einhegungen, das Verlagswesen, frühe Bauernbefreiung und Aufhebung der Zunftverfassung und nicht zuletzt eine kluge merkantilistische Politik, die erst aufgegeben wurde, als England bereits an der Spitze stand.

Geradezu konträr argumentiert André Gunder Frank, dessen Beiträge nicht nur fundamentale Konsequenzen für die Betrachtung der letzten 500 Jahre haben, sondern auch seine eigene Argumentation in der Weltsystemtheoriedebatte der 1970er Jahre revidieren (Frank 1978, 1980) und der keine Gelegenheit ausläßt, Wallerstein in einen Topf mit den europäischen Modernisierungstheoretikern zu werfen. Der englische Titel *ReOrient* birgt ein doppeltes Wortspiel. Einerseits ist damit eine Reorientierung im Hinblick auf die Weltgeschichte gemeint, zum anderen soll »ReOrient« heißen, daß der Orient zurückkehrt in eine weltwirtschaftliche Führungsposition, die er bis etwa 1800 schon einmal eingenommen habe.

Die Kernthesen lauten: Das moderne Weltsystem, so wie wir

es heute kennen, hat seinen Ursprung nicht in der europäischen Welteroberung am Ende des 15. Jahrhunderts, sondern ist sehr viel älter und reicht vermutlich etwa 5000 Jahre zurück. Damit relativiert sich auch die prägende Kraft besonderer oder gar exklusiver europäischer Errungenschaften, seien sie geistiger, technischer oder institutioneller Art. Das Jahr 1500 markiert keinen fundamentalen Strukturbruch im Sinne der Entstehung der kapitalistischen Weltwirtschaft, sondern lediglich den späten Eintritt Westeuropas in ein bereits lange zuvor existierendes eurasisches Weltsystem. Der Kapitalismus ist mithin auch nicht während der Renaissance und schon gar nicht exklusiv in Westeuropa entstanden, sondern sehr viel älter und gerade auch in orientalischen Gesellschaften zu finden, wenn nicht gar der Begriff als gesellschaftstheoretische Kategorie ganz fallengelassen werden sollte. Jedenfalls ist es für den fraglichen Zeitraum nicht sinnvoll, in Europa oder anderswo in Anlehnung an Polanyi (1978) von großen Transformationsprozessen, etwa vom Feudalismus zum Kapitalismus, zu sprechen. Überall und zu allen quellenmäßig belegbaren Zeiten bis in die frühe Antike habe es Handel, Geldwirtschaft, Kaufmannskapital, Marktproduktion und Arbeitsteilung gegeben. Unsere überkommene Sicht der Weltgeschichte und die ihr zugrundeliegenden Großtheorien seit der Aufklärung bis hin zu Braudel, Landes, Jones, Kennedy, Kindleberger und Wallerstein heute seien das Produkt eines ideologischen Eurozentrismus, an dessen Stelle eine wirklich globale, »menschheitszentrierte« Perspektive zu stellen sei. Dies gelte auch für die Gepflogenheit, die Zeit vom Zerfall des Weströmischen Reiches bis zur Renaissance als das finstere Zeitalter zu bezeichnen, auf das die Periode der Aufklärung gefolgt sei. Dabei werde vergessen, daß das oströmisch-byzantinische Reich und damit die antike Zivilisation nach dem Zerfall im Westen noch 1000 Jahre weiterbestanden habe, daß in Persien, Indien oder China von Finsternis bis zum Einbruch des Westens überhaupt keine Rede sein könne.

Franks Ausgangsüberlegung für diesen radikalen Perspektivenwechsel lautet: Wenn Kolumbus oder Vasco da Gama den Seeweg nach Indien zu den dort vermuteten Reichtümern gesucht haben, der zu Land von den Osmanen kontrolliert wurde, dann muß es in Asien schon eine florierende Wirtschaft gegeben haben, an der die Europäer zu partizipieren suchten und von der sie, etwa durch die Berichte Marco Polos, eher mythenhafte Vorstellungen hatten. Gestützt auf die grundlegenden Arbeiten von Janet Abu-Lughods *Before European Hegemony: The World System A. D. 1250-1350* und K. N. Chaudhuris (*1934) *Asia before Europe: Economy and Civilisation of the Indian Ocean from the Rise of Islam to 1750*[3] konstatiert Frank, daß das Weltsystem etwa von 1400 bis 1800 wechselweise arabisch, indisch und chinesisch dominiert war und sein regionales Zentrum im Indischen Ozean hatte mit den drei Subregionen Arabisches Meer (inkl. Persischer Golf und Rotes Meer), Golf von Bengalen und Südchinesisches Meer. Auf diese Weise sind auch der Islam nach Malaysia, Indonesien und die südlichen Inseln der Philippinen bzw. der Hinduismus nach Indonesien (z. B. Bali) gelangt, haben sich südindische und südchinesische Migranten über die ganze Region von Ostafrika bis Südostasien ausgebreitet und Hafenkolonien gegründet. West- und Osteuropa, Nord- und Südamerika sowie Afrika wurden zwar sukzessive integriert, bildeten aber damals die Peripherie.

Asien, insbesondere China und Indien, waren dem Westen in jeder Hinsicht, gerade auch technologisch, industriell und kommerziell, überlegen. Schätzungsweise 80% des Weltsozialprodukts sollen noch um 1750 in Asien erzeugt worden sein, wobei sich dieser Anteil gegenüber dem Jahre 1400 sogar noch erhöht hätte. Von einer portugiesischen oder später holländischen Hegemonie in Asien während des 16. und 17. Jahrhunderts, wie etwa von Modelski u. a. unterstellt, kann demnach gar keine Rede sein. Die Handelsbilanz zwischen Europa und Asien war immer negativ, weil europäische Waren in China und Indien nicht konkurrenzfähig waren, umgekehrt aber Tee, Seide, Porzellan, Gewürze, Baumwolltextilien u. a. aus Asien importiert wurden (vgl. Reinhard 1983). Lediglich am innerasiatischen Handel vermochten die Europäer als Juniorpartner zu partizipieren. Möglich war der Eintritt Europas in das asiatisch dominierte Weltsystem nur durch das in Lateinamerika, insbesondere in Mexiko, Peru und Brasilien, geraubte bzw. geförderte Edelmetall, mit dem die nega-

---

3 Vgl. parallel dazu vom selben Autor *Trade and Civilization in the Indian Ocean: An Economic History from the Rise of Islam to 1750* (Chaudhuri 1985) und Reid 1993. Zur grundsätzlichen Frage, ob das Jahr 1492 einen Wendepunkt darstellt, Blaut 1992 und Blaut 1993.

tive Handelsbilanz gegenüber Asien ausgeglichen werden konnte.[4] Dieser Edelmetallzufluß wirkte wiederum stimulierend auf Asien, insbesondere für die chinesische Wirtschaft.

Damit werden auch andere weitverbreitete Annahmen in Frage gestellt wie etwa die These von der Jahrhunderte währenden chinesischen oder japanischen Selbstisolation. Insbesondere die Auslandschinesen in Südostasien waren schon seit alters wichtige Akteure eines durchgängig betriebenen chinesischen Überseehandels gerade auch mit Japan, der phasenweise als Tributhandel kaschiert wurde. Auch hätte die Entdeckung des Seewegs nach Indien keineswegs zum raschen Niedergang der zwischen Europa und China gelegenen orientalischen Gesellschaften geführt. Nicht nur die Routen vom östlichen Mittelmeer über Aleppo zum Persischen Golf bzw. über Kairo und das Rote Meer, sondern sogar die zentralasiatische Karawanenroute, die sog. Seidenstraße, und die an ihr gelegenen Zentren, wie Samarkand und Buchara, hätten noch lange florieren können, obwohl der »Seeweg nach Indien« längst gefunden war. Dies erklärt auch, warum Venedig bis weit ins 16. Jahrhundert seine Position in Europa noch behaupten und im Gewürzhandel mit Portugal konkurrieren konnte. Arabische Händler hätten ihn überdies schon vor den Portugiesen in umgekehrte Richtung bis ins Mittelmeer befahren, ohne ihn weiter kommerziell zu nutzen. Dies änderte sich grundsätzlich erst in der Folge der industriellen Revolution ab etwa 1800, als Europa begann, mit Asien wettbewerbsfähig zu werden. Ganz im Stil der heutigen asiatischen Schwellenländer habe man sich damals zunächst protektionistisch gegenüber der überlegenen, v. a. indischen Konkurrenz abgeschottet und dann über eine aggressive Exportindustrialisierung, unterstützt durch eine Kanonenbootdiplomatie, die asiatische Industrie niederkonkurriert. Der Aufstieg des Westens korrespondiere also mit dem gleichzeitigen Abstieg des Ostens. Der Westen war lange Zeit nur Peripherie, vermochte auf den Schultern Asiens aufzusteigen, dank des amerikanischen Edelmetalls, der aus Amerika importierten Kulturpflanzen wie z. B. der Kartoffel und anderer Pro-

---

4 Diese These findet sich allerdings bereits bei Braudel 1990, Bd. 3, S. 548ff. Offengelassen wird aber die Entscheidung, ob die europäische Teilhabe am Asienhandel mit Hilfe des amerikanischen Silbers ein Ausdruck von Schwäche oder von Stärke ist.

dukte des »Kolumbianischen Austauschs«, der aus Afrika geraubten Sklaven, der aus Asien importierten wohlfeilen Waren.

Der Auf- und Abstieg von Großregionen innerhalb dieses Weltsystems wird dabei als ein noch langfristigerer zyklischer Prozeß als bei Modelski interpretiert. Der 200jährige Zyklus vom Aufstieg und Abstieg des Westens nähert sich derzeit seinem Ende, während Asien nach seinem langen Niedergang einen neuen Aufschwung erlebt. Wodurch diese Auf- und Abschwünge jeweils ausgelöst werden, darauf bleibt Frank allerdings eine wirklich befriedigende Antwort schuldig. Geleugnet wird jedenfalls die klassische These, der Kolonialismus habe den Niedergang in Asien bewirkt. Frank entwickelt eher die Vorstellung eines langfristigen gegenseitigen Lernens, wobei der gerade Unterlegene immer im Vorteil sei, weil er bereits vorhandenes Wissen übernehmen könne. Warum bestimmte technologische Kenntnisse, die in Asien vorhanden waren, wie z. B. im Schiffsbau, in der Metallurgie, in der Textilindustrie oder in der Waffentechnik, vor 200 Jahren im Unterschied zu Europa nicht zum Aufbau der modernen Fabrikindustrie genutzt wurden, wird auf demographische und ökologische Faktoren zurückgeführt. So habe etwa die geringere Bevölkerungsdichte in Europa zur Verknappung von Arbeitskraft, damit zu vergleichsweise höheren Löhnen und damit zu einem Rationalisierungsdruck geführt, während die hohe Bevölkerungsdichte in Asien trotz hoher technologischer Kompetenz das Verharren auf arbeitsintensiven Methoden habe ökonomisch sinnvoll erscheinen lassen. An dieser Stelle bleiben die Thesen von Frank trotz ihrer ansonsten inspirierenden Wirkung unbefriedigend, vielleicht auch deshalb, weil er eigene empirische Untersuchungen nicht betrieben hat, sich nur auf gerade passende Sekundärliteratur stützt.

Für die Weltsystemtheorie der 1990er Jahre ergeben sich somit drei mehr oder weniger unversöhnlich gegenüberstehende Schulen:

1. Die klassische eurozentrische Theorie stammt von Wallerstein, der aus Franks Perspektive gar nicht so weit von Landes entfernt ist. Ihr zufolge bildete sich etwa ab 1500 im Zuge der europäischen Welteroberung das moderne Weltsystem heraus, das wiederum auf fundamentale Transformationsprozesse in Westeuropa zurückgeht, die den Kapitalismus hervorgebracht haben. Im Laufe der Jahrhunderte hat es seine weltweite Ausbreitung gefun-

den. Innerhalb dieses Weltsystems sind nun Teile von Asien ins Zentrum aufgestiegen. Der Unterschied zwischen der Wallerstein-Richtung (Amin, Braudel, Chase-Dunn, Modelski) und Landes, Jones und Co. liegt lediglich darin, daß erstere dem materiellen Außenbeitrag als Resultat von internationaler Arbeitsteilung, kolonialer Ausbeutung, ungleichem Tausch etc. eine wesentliche Bedeutung beimessen, während letztere die geistigen und institutionellen Prozesse in Westeuropa in den Vordergrund stellen.

2. Die eher asienzentrierte Position wird von Abu-Lughod, Chaudhuri, Reid u. a. vertreten, die auch schon im Orient, also im arabisch-indisch-chinesischen Raum, moderne Weltsysteme im Sinne von Weltwirtschaften identifiziert haben, deren Aufstieg und Niedergang unabhängig vom Westen zu sehen ist. Die Portugiesen fanden im Indischen Ozean lediglich ein Machtvakuum vor, das die chinesischen Flotten mit ihrem freiwilligen Rückzug hinterlassen hatten. Internationale Arbeitsteilung, Handel, Kapitalismus, wissenschaftlich-technische Entwicklung sind demzufolge keine exklusiven westlichen Errungenschaften, sondern auch in anderen Kulturen zu finden. Auf ein orientalisch dominiertes Weltsystem kann demzufolge ein europäisch dominiertes folgen, das wieder von einem asiatisch dominierten abgelöst wird.

3. Die radikal-globalistische Position, vertreten Frank und Gills, derzufolge es bereits seit 5000 Jahren ein Weltsystem gibt, in dem die einzelnen Gesellschaften einem wiederkehrenden zyklischen Auf und Ab verhaftet sind.

Der postpositivistische Aspekt dieser Debatte besteht darin, daß im wesentlichen bekannte historische Ereignisse aus unterschiedlichen Sichtweisen betrachtet und interpretiert werden und so auch zu ganz unterschiedlichen »Konstruktionen« von 500 oder gar 5000 Jahren Weltgeschichte führen. James M. Blaut hat mit seinem Buch *The Colonizer's Model of the World* (1993) die Konstruktion der eurozentrischen Sicht der Welt auf den Punkt gebracht. Dies ist unabhängig davon, ob man eine modernisierungstheoretische oder eine kritisch dazu formulierte dependenztheoretisch-strukturalistische Position vertritt. Selbst Marx ist diesem Konstruktionsprozeß in seinen Indien- oder China-Schriften erlegen. Die Reorientierung von einer eurozentrischen zu einer globalen Perspektive, die der späte gegenüber dem frühen Frank vorgenommen hat, macht deutlich, wie ein Autor gleichermaßen Konstruktivist und Dekonstruktivist sein kann. Dieser Perspektivenwechsel hat natürlich die harsche Kritik der Wallerstein-Schule hervorgerufen und kann als strukturalistische Variante der Vierten Debatte bezeichnet werden.[5]

5 Vgl. dazu die Beiträge von Amin und Wallerstein in Frank/Gills 1993, Wallerstein 1992 und v. a. Blaut 1992.

27. Die Vierte Debatte:
Internationale Beziehungen als Konstrukt

Das Ende des Ost-West-Konflikts hat nicht nur zu den vielzitierten Brüchen und Umbrüchen in der Weltpolitik (Brock 1994) geführt, sondern auch zu Brüchen und Umbrüchen in der Lehre von den Internationalen Beziehungen. Bemerkenswert dabei ist v. a. die Infragestellung aller positivistischen Theorien oder Ansätze, gleichviel ob sie eher dem neorealistischen oder dem liberal-institutionalistischen Lager zuzurechnen sind. Gemeinsam ist diesen nämlich die Annahme, daß der internationalen Politik materielle und damit auch quantifizierbare, also objektiv vorhandene Strukturen zugrunde liegen, die unabhängig vom Wollen der politischen Akteure deren Handeln beeinflussen. Gemeint sind etwa die ungleiche Macht- und Wohlstandsverteilung im internationalen System und die daraus resultierenden Abhängigkeiten und Asymmetrien, die Abwesenheit eines internationalen Gewaltmonopols und die daraus resultierende Anarchie der Staatenwelt oder das Sicherheitsdilemma und der daraus resultierende Rüstungswettlauf. Unterschieden haben sich neorealistische und liberal-institutionalistische Ansätze in ihrem negativen oder positiven Menschenbild und damit in der Frage, ob die Strukturen des internationalen Systems veränderbar sind oder nicht, oder in der Frage, ob Selbsthilfe oder Kooperation der beste Weg im Umgang mit internationalen Problemen ist. Gemeinsam war beiden Richtungen hingegen wieder die Annahme, daß Staaten im Sinne des Homo oeconomicus einem rational erklärbaren und kalkulierbaren Interesse folgen und damit Macht- bzw. Nutzenmaximierer sind. Deswegen werden beide Richtungen auch der Gruppe der Rational-choice-Theorien zugerechnet. Die großen weltpolitischen Konflikte, sei es der Ost-West-Konflikt, der Nord-Süd-Konflikt oder die Handelskonflikte zwischen den westlichen Industrieländern, sowie der politische Umgang mit diesen Konflikten ließen sich entsprechend dieser Rationalität analysieren, interpretieren und in politische Handlungsanweisungen umsetzen.

Dieses positivistische, aus den Naturwissenschaften entlehnte Denken wird nun seit Ende der 1980er Jahre durch ein »sozialwissenschaftliches«, d.h. hermeneutisches bzw. postpositivistisches Denken in Frage gestellt. Diese Kontroverse ist der Kern der Vierten Debatte (Adler 1997, Checkel 1997), die sich wiederum in diverse postmodernistische, poststrukturalistische, kritische, feministische und konstruktivistische (früher hätte man gesagt ideologiekritische) Ansätze untergliedern läßt. Besonders viel Zulauf bekommen hat darunter der Konstruktivismus oder Sozialkonstruktivismus, manchmal auch als reflexiver oder interpretativer Ansatz apostrophiert, nicht zuletzt deshalb, weil er sowohl international (Onuf, Wendt, Ruggie, Katzenstein, Adler) wie auch in Deutschland (Kratochwil, Risse, Müller, Hummel) viele prominente Vertreter gefunden hat, denen insbesondere die jüngeren Vertreter der Disziplin nachzueifern suchen. Bahnbrechende Beiträge waren Fritz Kratochwils *Rules, Norms, and Decisions* von 1989, John Gerard Ruggies *Constructing the World Polity* von 1998 und zuletzt Alexander Wendts *Social Theory of International Politics* von 1999. Geprägt wurde der Begriff *Konstruktivismus* 1989 durch Nicholas Greenwood Onufs Buch *World of Our Making: Rules and Rule in Social Theory and International Relations*, popularisiert wurde er 1992 durch Wendts Aufsatz »Anarchy Is What States Make of It: The Social Construction of Power Politics«.[1] Die Infragestellung einer fundamentalen axiomatischen Annahme des Realismus, nämlich die Anarchie der Staatenwelt, macht deutlich, daß der Sozialkonstruktivismus der institutionalistischen Richtung in der Lehre von den Internationalen Beziehungen zugerechnet werden kann (vgl. Abb. 2). Eine erste Bilanz der konstruktivistischen in ihrer Auseinandersetzung mit den rationalistischen Ansätzen ziehen die Beiträge im Jubiläumsheft der Zeitschrift *International Organization* »International Organization at Fifty: Explorations and Contestations in the Study of World Politics«.[2] Die deutsche Debatte wird v. a. in der *Zeitschrift für Internationale Beziehungen* geführt (z. B. Jäger 1996, Zehfuß 1998).[3]

1 Vgl. dazu auch den Sammelband von Kubálková/Onuf/Kowert 1998 mit Sekundärliteratur zum Konstruktivismus.
2 Hg. von Peter Katzenstein, Robert O. Keohane und Stephen D. Krasner = Nr. 4, 1998. Vgl. insbesondere die Beiträge von Ruggie und Finnemore/Sikkink aus konstruktivistischer und Martin/Simmons, Milner und Mastanduno aus rationalistischer Sicht sowie vergleichend Kahler.
3 Zur Debatte in Großbritannien und deren Bezug zur Englischen Schule vgl. Rengger 1996.

Die Grundthese des Konstruktivismus lautet, daß die internationalen Beziehungen nicht oder jedenfalls nicht nur durch materielle Strukturen geprägt werden, sondern daß fundamentale Annahmen über internationale Politik wie etwa die Anarchie der Staatenwelt, die nukleare Bedrohung, das Sicherheitsdilemma, aber auch die »Gemeinschaft der westlichen Staaten«, die »Kommunistische Weltbewegung«, die »Länder der Dritten Welt« oder Huntingtons »Zivilisationen« nur Konstrukte sind. Diese resultieren aus transnationalen sozialen Beziehungen, denen wiederum bestimmte Ideen, Normen, Identitäten und Wertvorstellungen zugrunde liegen. Konstruktivistische Ansätze gehen davon aus, »daß die gesellschaftliche Wirklichkeit eine sozialkonstruierte ist, in der sich handelnde Subjekte und gesellschaftliche Strukturen gegenseitig konstruieren« (Jäger 1996, S. 314), eine allerdings reichlich tautologische Definition. Zentrale Fragestellungen des Konstruktivismus sind deshalb:

1. Wie bilden Nationalstaaten eine Identität heraus?
2. Wie beeinflussen diese Identitäten deren Interessen und damit auch die Politikergebnisse?
3. Welche normativen Faktoren wie z. B. die Verfassungsordnung beeinflussen die sozialpolitische Orientierung oder die Menschenrechte?
4. Welche Ideen, wie z. B. ein zivilisatorischer Auftrag oder der Marxismus/Leninismus, beeinflussen das Verhalten von Staaten (Ruggie 1998)?

Soziologen und Ökonomen sprechen in diesem Zusammenhang nicht von Normen, sondern von Institutionen, was auf die Verwandtschaft des Sozialkonstruktivismus mit der Neuen Institutionenökonomik hinweist.

Wendt stellt in diesem Zusammenhang die provozierende Frage, warum aus amerikanischer Sicht die britische Nuklearrüstung nicht als Bedrohung, sehr wohl aber die mögliche atomare Rüstung Nordkoreas (oder des Irak bzw. anderer »Schurkenstaaten«) als Bedrohung empfunden wird, der mit entsprechenden Maßnahmen wie etwa einer militärischen Intervention oder der Entwicklung eines Anti-Raketen-Raketenprogramms begegnet wird. Die Antwort lautet: Weil die einen als Freunde und die anderen als Feinde angesehen werden und damit ein soziales Verhältnis konstituiert ist, das unterschiedliche Perzeptionen hervorruft. Diese finden dann in materiellen Strukturen wie z. B.

Rüstungsprogrammen ihren Niederschlag. Wenn diese Erkenntnis zutreffend ist, wird in der Tat die Bedeutung der genannten fundamentalen Annahmen über internationale Politik relativiert. Die Anarchie der Staatenwelt wäre dann nicht a priori gegeben, sondern ist nur das, was die Staaten daraus machen. Die normative Konsequenz lautet dann, daß die Dekonstruktion solcher Konstrukte, also ideologiekritische Aufklärung, der erste Schritt politischen Handelns sein muß. An dieser Stelle wird auch die Nähe zum liberalen Neoinstitutionalismus deutlich und erklärlich, warum so viele prominente Konstruktivisten aus dieser Richtung gekommen sind.

Konsequenz dieser Grundannahme ist, daß Ideen, Normen und Werte zur unabhängigen Variable werden, die das Verhalten von Staaten bestimmen und nicht umgekehrt zur Wahrnehmung von machtpolitischen oder wirtschaftlichen Interessen von Staaten instrumentalisiert werden. Der Staat wird deshalb nicht als nutzenmaximierender und rational handelnder Homo oeconomicus, sondern als gesellschaftliches Wesen, als Homo sociologicus, betrachtet, der eine gesellschaftliche Rolle spielt. Einerseits ist sein Verhalten durch Normen geprägt, andererseits kann er durch sein Verhalten diese Normen aber auch beeinflussen bzw. verändern (vgl. Boekle/Rittberger/Wagner 1999). Benedict Andersons *Erfindung der Nation*, Anthony Giddens' »Strukturierungstheorie«, Jürgen Habermas' *Theorie des kommunikativen Handelns*, aber auch die Richtungen der außenpolitischen Entscheidungstheorie, die nicht auf dem Rational-choice-Ansatz basieren, haben hier Pate gestanden.

Konstruktivistisch heißt mithin, daß staatliches Handeln nicht als machtinduziert, sondern als normengeleitet zu verstehen ist, wobei subjektive Faktoren, historisch-kulturelle Erfahrungen und institutionelle Einbindungen gleichermaßen eine Rolle spielen. Dabei geht es aber nicht um die Wertvorstellungen einzelner (Staaten), sondern um intersubjektiv (und damit transnational) geteilte wertgestützte Erwartungen eines angemessenen Verhaltens – all das, was man heutzutage so gerne als politisch korrekt bezeichnet. Definitionsmerkmale von Normen sind Intersubjektivität, unmittelbare Verhaltensorientierung und Wertebezug. Die Stärke einer Norm hängt ab von ihrer Kommunalität und ihrer Spezifität. Unter Kommunalität wird die Menge der Akteure eines sozialen Systems verstanden, die eine wertgestützte Verhaltenserwartung teilt, unter Spezifität die Genauigkeit, mit der eine Norm angemessenes von unangemessenem Verhalten unterscheidet. Angemessenheit wird so zum Bindeglied zwischen der unabhängigen Variable »Norm« und dem außenpolitischen Verhalten von Staaten.

Die Entstehung, Ausbreitung und Wirkung von Normen wird gleichermaßen auf innergesellschaftliche wie transnationale Sozialisationsprozesse zurückgeführt (Finnemore/Sikkink 1998). Die Charta der Vereinten Nationen z. B. ist das Produkt aufklärerischen Denkens. Wird ein Staat Mitglied der UN, verpflichtet er sich gleichzeitig auf die Ziele bzw. Normen, die in der Charta festgehalten sind. Wenn Staaten von anderen Staaten als legitime Mitglieder der Staatengemeinschaft anerkannt werden wollen, müssen sie sich entsprechend normengerecht verhalten. Andernfalls drohen ihnen Sanktionen bzw. Ausschluß aus der Mitgliedschaft. Der Prozeß der Ausweitung der Europäischen Union, bei der Mitglieder nur solche Staaten werden können, die demokratisch legitimiert und marktwirtschaftlich verfaßt sind, ließe sich ähnlich erklären. Der Prozeß der europäischen Integration sowie die Dekolonisierung und anschließende Gründung postkolonialer Staaten lassen sich aus dieser Perspektive als die beiden großen sozialen Konstruktionsprozesse der Gegenwart begreifen.

Besonderes Interesse widmet der Konstruktivismus der Frage, wie Normen entstehen, wodurch Normen staatliches oder auch nichtstaatliches Verhalten beeinflussen und welche Normen sich unter welchen Bedingungen durchsetzen. Zur Beantwortung dieser Frage läßt sich ein Stadienmodell (vgl. Abb. 10) oder Lebenszyklus der transnationalen Ausbreitung von Normen formulieren, bei dem drei Phasen – die Normentstehung, die Normverbreitung und die Norminternalisierung – sowie drei Dimensionen – die Akteure, die Motive und die Mechanismen – unterschieden werden. Wichtig ist dabei die Feststellung, daß es keinen fließenden Übergang zwischen den drei Stadien gibt, sondern jeweils kritische Schwellenwerte überschritten werden müssen, soll das nächste Stadium erreicht werden.

In Phase 1, der *Normentstehung*, treten sog. Normaktivisten auf, die über eine entsprechende organisatorische Basis wie z. B. Menschenrechts- oder Umweltgruppen oder andere NGO verfügen, die sich mit Unterstützung der Medien darum bemühen, Einfluß auf Politiker, Regierungen, Parlamente zu gewinnen. Ziel

Abb. 10: Stadienmodell zur transnationalen Ausbreitung von Normen

	(1) Norment-stehung	(2) Normver-breitung	(3) Norminter-nalisierung
Akteure	Aktivisten mit organisatori-scher Basis NGO Medien	Staaten Internationale Organisationen	Recht Spezialisten Bürokratie
Motive	Altruismus Empathie Idealismus	Legitimation Reputation	Konformitäts-wunsch
Mechanismen	Überzeugung	Sozialisation Institutiona-lisierung Demonstration	Gewohnheit

Quelle: Finnemore/Sikkink 1998 (modifiziert).

ist es, eine kritische Masse von Staaten zu überzeugen, die, sind sie überzeugt, international die Rolle von normativen Vorreitern übernehmen. Die Motive der Normaktivisten sind altruistisch und idealistisch. Als Mechanismus zur Normentstehung fungiert deren Überzeugungsarbeit durch Aufklärung, Kampagnen, Aktionen, Demonstrationen etc.

Gelingt es in Phase 1, eine kritische Menge von Staaten zu überzeugen, kommt es zur Phase 2, der *Normverbreitung.* Weitere Staaten imitieren das normative Verhalten der Vorreiter. Eigentliche Akteure sind also jetzt nicht mehr die Normaktivisten, sondern die normativen Vorreiterstaaten, ggf. auch internationale Organisationen, die sich an solchen Normen orientieren und direkten oder indirekten Druck auf andere Staaten ausüben. Die Motive der normativen Nachzügler zur Anpassung an die Normen der Vorreiter sind Legitimation und internationale Reputation. Als Mechanismen zur Normverbreitung fungieren Demonstrationen von seiten der Vorreiter, Konformitätsdruck, Institutionalisierung von Normen durch das Völkerrecht, aber auch Urteile des Internationalen Gerichtshofs, die Charta der Vereinten Nationen oder anderer internationaler Organisationen sowie internationale Abkommen. Dieses alles wird mit dem Begriff transnationaler Sozialisationsprozeß bezeichnet.

Hat dieser Sozialisationsprozeß eine bestimmte Schwelle überschritten, kommt es zu Phase 3, der *Norminternalisierung*. Akteure sind jetzt Bürokratien, professionelle Spezialisten, Juristen u. a. Deren Motive sind z. B. der Wunsch nach Konformität. Als Mechanismus der Norminternalisierung dient die Gewohnheit.

Die Annahme von kritischen Schwellen, die zu überschreiten sind, ist deshalb von Bedeutung, weil damit zum Ausdruck gebracht wird, daß nicht jedes normative Projekt auch zur transnationalen Norminternalisierung führen muß. Nur wenn eine kritische Masse von Staaten dem Atomwaffensperrvertrag beigetreten ist, den Vertrag zum Verbot von Landminen unterzeichnet hat, einem Artenschutzabkommen, einem Abkommen zur Reinhaltung der Luft etc. beigetreten ist, nur dann gibt es einen kaskadenartigen Effekt, der andere Staaten aus Gründen der Legitimität und Reputation zwingt, ebenfalls beizutreten, zu unterschreiben, zu ratifizieren, Mitglied zu werden. Dafür ist es dann nicht mehr notwendig, daß die anfänglichen Normaktivisten auch in den Nachzüglerländern Überzeugungsarbeit leisten, Druck ausüben etc. Es fragt sich allerdings, ob hier nicht durch die Hintertür doch wieder ein »machtstruktureller« Aspekt hereinkommt, läßt sich doch argumentieren, daß Normen dann die besten Chancen auf internationale Verbreitung haben, wenn die normativen Vorreiter auch die mächtigsten oder wirtschaftlich stärksten Länder sind. Das Beispiel der internationalen Umweltpolitik zeigt ja, wie sehr deren Erfolg von der Bereitschaft der USA abhängt, sich den vorgeschlagenen Standards zu beugen.

Als besonders geeignete Zeitpunkte, normative Projekte weltweit zu lancieren, werden herausragende welthistorische Ereignisse, große Kriege oder internationale Krisen angesehen. Das Ende des Ersten Weltkriegs, das Ende des Zweiten Weltkriegs oder eben das Ende des Ost-West-Konflikts waren solche Ereignisse. Damit haben wir eine Erklärung, warum 1918/19, 1944/45 oder 1989/90 jeweils das Thema »Neue Weltordnung« auf der internationalen Tagesordnung stand. Damit haben wir gleichzeitig auch einen Hinweis darauf, daß die konstruktivistischen Ansätze weltanschaulich doch eher dem idealistischen Lager zuzurechnen sind, selbst wenn es in der Vierten Debatte in erster Linie um eine methodologische Kontroverse geht. Es zeichnet sich aber bereits ab, daß es, sollten sich die postpositivistischen Ansätze durchsetzen, demnächst zu einer Fünften Debatte kommen wird, die dann wieder eine weltanschauliche ist. Diese Prognose gilt gleichermaßen für die postpositivistischen Ansätze untereinander, zu denen ja auch der Postrealismus, der Poststrukturalismus, der Postmodernismus, die Kritische Theorie, die Kritische oder Neue Geopolitik, der Neue Idealismus und der Feminismus zu zählen sind, wie für das Lager des Konstruktivismus im engeren Sinne.

Ruggie[4] z. B. unterscheidet bereits drei Varianten des Sozialkonstruktivismus, nämlich den von ihm sog. neoklassischen (gemeint ist vermutlich ein liberal-institutionalistischer) Konstruktivismus in der Tradition von Durkheim und Weber, dem er Haas, Kratochwil, Onuf, Adler, Finnemore, Katzenstein und Jean Elshtain zurechnet, einen postmodernen Konstruktivismus in der Tradition von Nietzsche, Foucault und Derrida mit Ashley, Campbell, Der Derian, Walker und Spike Peterson als Vertretern und einen materialistischen Konstruktivismus mit Wendt, Bashkar und Dessler, die damit in die Nähe des Realismus gebracht werden. Im Hinblick auf die deutschen Beiträge zur Vierten Debatte[5] muß hinzugefügt werden, daß hier die kommunikationstheoretischen Arbeiten von Jürgen Habermas (*1929) eine große Rolle spielen. Dabei geht es vor allen Dingen um den Gedanken, daß Menschen zwar Realität durch Handlungen konstruieren, diese Handlungen aber auch Sprechakte sein können. Diese Sprechakte wiederum können mit Hilfe von Regeln institutionalisiert werden und damit den Kontext für weiteres Handeln bilden (Zehfuß 1998).

Diese Hinweise machen deutlich, auf welch hohem Abstraktionsniveau die Vierte Debatte bislang geführt wird. Deswegen lautet ein wesentlicher Vorwurf[6] aus dem positivistischen bzw. Rational-choice-Lager, daß der Konstruktivismus erst noch unter Beweis stellen muß, ob der neue Ansatz auch für empirische For-

---

4 Vgl. dazu das Einleitungskapitel »What Makes the World Hang Together? Neo-utilitarism and the Social Constructivist Challenge« zu der Aufsatzsammlung Ruggie 1998b, das einen guten Überblick zum Thema liefert.
5 Vgl. dazu Schneider 1994, Keck 1995 versus Müller 1994, 1995, Risse-Kappen 1995.
6 Vgl. dazu die Debatte in *International Security* Mearsheimer 1994/95 und 1995 versus Ruggie 1995 und Wendt 1995 sowie später Hopf 1998.

schung wirklich fruchtbar gemacht werden kann und ob er auch prognosefähig ist, d. h. zur Anleitung künftigen politischen Handelns geeignet ist. Erste Beispiele für konstruktivistisch angeleitete empirische Arbeiten sind *National Interests in International Society* von Martha Finnemore (1996), *The Culture of National Security: Norms and Identity in World Politics*, herausgegeben von Peter Katzenstein (1995), *Norms in International Relations: The Struggle Against Apartheid* von Audie Klotz (1995) (vgl. Checkel 1998). Unter den empirischen Arbeiten in Deutschland sind v. a. die Beiträge von Hartwig Hummel (*1957) über den Handelskonflikt zwischen den USA und Japan (Hummel 2000) bzw. zur Frage der »Ethnisierung« der internationalen Wirtschaftsbeziehungen (Hummel/Menzel 2001) hervorzuheben. Bemerkenswert ist, wie sich in der Vierten Debatte die Fronten im Vergleich zur Zweiten Debatte verkehrt haben. Damals lautete der Vorwurf der Traditionalisten gegenüber den Szientisten, daß letztere bloß Modellschreinerei betreiben würden, während dieser Vorwurf jetzt aus dem szientistischen Lager zurückschallt.

28. Globalisierung und Global Governance

Diese Ideengeschichte wäre unvollständig ohne das Thema Globalisierung. Kaum ein anderes Thema hat nämlich seit etwa Mitte der 1990er Jahre eine derartige Aufmerksamkeit gefunden wie das Zauberwort »Globalisierung«. Entsprechend groß war auch die Aufmerksamkeit, die die daraus resultierenden politischen Schlußfolgerungen unter dem Begriff »Global Governance« – zu deutsch »Weltregieren«, »Weltordnungspolitik« oder »Weltinnenpolitik« (Rittberger 2000, Zürn 2000), keinesfalls aber »Weltregierung«, sondern »Governance Without Government« (Rosenau/Czempiel 1992) – in der Lehre von den Internationalen Beziehungen gewonnen hat. Bereits die Begrifflichkeit deutet an, daß wir es hier wieder mit der idealistischen Tradition des Fachs zu tun haben, während realistische Vertreter dem Phänomen Globalisierung und den daraus resultierenden Konsequenzen für die internationale Politik eher skeptisch bis ablehnend gegenüberstehen. Letztere votieren eher für eine Stärkung des klassischen Nationalstaats oder setzten auf eine von den USA exekutierte neue hegemoniale Ordnung.

Unter Globalisierung wird hier kein Zustand, sondern ein Prozeß der Vertiefung und Beschleunigung von grenzüberschreitenden Transaktionen bei deren gleichzeitiger räumlicher Ausdehnung verstanden, der sich gleichermaßen in der Ökonomie, der Ökologie, den Medien, der Kultur und der Sozialstruktur von ursprünglich territorial, d. h. »westfälisch« verfaßten Systemen aufzeigen läßt und in letzter Instanz zur weltweiten Konvergenz dieser Subsysteme führen muß. Grenzüberschreitende Transaktionen können sein Handel, Finanzströme, Migration, Postverkehr, Emails, Fernsehprogramme, Tourismus, Emissionen u. a. Intensivierung heißt, daß das grenzüberschreitende Aufkommen dieser Transaktionen schneller wächst als die jeweilige nationale Bezugsgröße. Beschleunigung heißt, daß aufgrund der technischen Entwicklung im Bereich von Transport und Kommunikation die Umschlaggeschwindigkeit immer weiter zunimmt. Und räumliche Ausdehnung heißt, daß immer weitere Teile der Welt in den Globalisierungsprozeß einbezogen werden. Eine Kurzformel für diese Vorgänge lautet demzufolge: Globalisierung ist die Kompression von Raum und Zeit.

Gegenstand der Globalisierungsdebatte sind die Ursachen, die treibenden Kräfte und die Konsequenzen von Globalisierung. Bei den Konsequenzen stehen zwei Aspekte im Vordergrund, nämlich einmal die These, daß Globalisierung aufgrund der daraus resultierenden Entgrenzungsprozesse auch zu einem schrittweisen Kompetenz- und Souveränitätsverlust des klassischen Nationalstaats führt und damit Globalisierung dafür verantwortlich ist, daß sich die überkommene Welt der Nationalstaaten, die Staatenwelt, in eine Gesellschaftswelt (Czempiel 1990, 1991) oder Weltgesellschaft (Beck 1998a) transformiert. Habermas hat hierfür den Begriff »postnationale Konstellation« (Habermas 1998), Menzel den Begriff »postwestfälische Konstellation« (Menzel 2000b) vorgeschlagen. Diese Debatte hatte zwar bereits Anfang der 1970er Jahre gleichzeitig in Deutschland und England durch die Beiträge von Luhmann (1971)[1] und Burton (1972) begonnen, wurde aber aus aktuellem Anlaß erst in den 1990er Jahren wiederaufgegriffen.

Weltgesellschaft ist dadurch charakterisiert, daß neben die klassischen Nationalstaaten weitere nationale und transnationale, staatliche und nichtstaatliche Akteure getreten sind. Die Fortschreibung der Interdependenztheorie bzw. des Transnationalismus wird an dieser Stelle deutlich. Dieser Weltgesellschaft liegt aber keine Vertragstheorie zugrunde, sondern die Vorstellung, daß sich auch Gesellschaft im weltweiten Rahmen ganz im Sinne der klassischen Modernisierungstheorie und der Theorien sozialen Wandels durch Arbeitsteilung, durch Tauschakte, durch funktionale Differenzierung, durch soziale und politische Differenzierung und v. a. durch Kommunikationsprozesse (Luhmann, Stichweh) konstituiert, die alle den nationalen Rahmen gesprengt haben. Weltgesellschaft bietet mithin auch die Chance, durch Global Governance den Verlust nationalstaatlicher Kompetenz durch transnationale Kompetenz wieder auszugleichen (Zürn 1998). Dies wirft aber die Frage der demokratischen Legitimierung transnationaler Institutionen auf. Da auch Demokratie bislang eine territoriale Gebundenheit aufweist, bedarf es folglich neuer transnationaler Formen politischer Legitimation, die mit Begriffen wie Kosmopolitische Demokratie (Held 1995) oder Weltbürgergesellschaft (Beck) belegt werden.

1 Explizit an Luhmann schließt jetzt auch Stichweh 2000 an.

Empirisch fundierte, wenn man so will: szientistische Beiträge zum Thema, die Globalisierung mit Hilfe ausgeklügelter Indikatoren und der Bildung von Zeitreihen auch quantitativ zu bestimmen suchen, sind erst seit Ende der 1990er Jahre vorgelegt worden. Besonders hervorzuheben sind hier der Band von Held, McGrew, Goldblatt und Perraton, *Global Transformations: Politics, Economics and Culture* (1999), im Klappentext-Urteil von James R. N. Rosenau »das definitive Werk über Globalisierung«, und in Deutschland die Bände von Albert, Brock, Hessler, Menzel und Neyer, *Die Neue Weltwirtschaft. Entstofflichung und Entgrenzung der Ökonomie* (1999), sowie Beisheim, Dreher, Walter, Zangl und Zürn, *Im Zeitalter der Globalisierung? Thesen und Daten zur gesellschaftlichen und politischen Denationalisierung* (1999).[2] Dabei sind diese Untersuchungen keineswegs nur auf die wirtschaftlichen Aspekte von Globalisierung – nämlich Produktion, Handel, Finanzmärkte und Dienstleistungen – beschränkt, sondern befassen sich gleichermaßen mit Migration, Umwelt, Militär, Medien, Sprache, Kultur etc.

Die darauf bezogene Globalisierungsdebatte läßt sich in viele Einzelaspekte zerlegen, von denen nur die wichtigsten hier genannt werden können:[3]

1. Was ist überhaupt Globalisierung? Ist damit ein offener Prozeß gemeint oder ein bestimmtes Stadium gesellschaftlicher Entwicklung, in dem wir uns derzeit befinden?

2. In welchen gesellschaftlichen Dimensionen findet Globalisierung statt, in welchen nicht? Im Hinblick auf manche Bereiche der Ökonomie, insbesondere den Finanzsektor oder die Umwelt, herrscht darüber eher Einigkeit in der Literatur als etwa im Hinblick auf die kulturelle Sphäre, wo es auch Evidenz für das Gegenteil, nämlich Fragmentierung, gibt, wie die Diskussion um die Thesen Huntingtons (Huntington 1996) beweist.

3. Gibt es überhaupt Globalisierung? Oder ist das, was wir als Globalisierung bezeichnen, nicht vielmehr ein Ausdruck von Regionalisierung? Schließlich hat der genannte Prozeß der Ausweitung, Vertiefung und Beschleunigung von grenzüberschreitenden Transaktionen in Wirklichkeit keinen globalen, sondern eher einen regionalen, lediglich auf Nordamerika, Westeuropa und Ost-

---

2 Zu nennen wäre auch noch die Arbeit von Hirst/Thompson 1996, die allerdings dem Thema skeptisch gegenüberstehen.
3 Vgl. zum folgenden Held/McGrew/Goldblatt/Perraton 1999, S. 2 ff.

und Südostasien bezogenen Charakter, erfaßt er eher die Länder der Triade als die Welt als ganze. Man könnte ganz im Gegenteil argumentieren, daß die Länder außerhalb der Triade statt dessen einer wachsenden Marginalisierung unterworfen werden, so daß die Gegenthese von der Fragmentierung der Welt eigentlich der passendere Begriff ist. Mindestens ist aber »Globalisierung versus Fragmentierung« (Menzel 1998) zu konstatieren, die von Benjamin Barber mit dem Titel *Jihad vs. McWorld* (1995) so schön auf den Begriff gebracht wurde.

4. Ist Globalisierung ein neues Phänomen, das sich womöglich erst in der zweiten Hälfte der 1990er Jahre, also seit der Begriff entstanden ist, manifestiert, oder ist es eine alte Geschichte, die in früheren Zeiten nur mit anderen Begriffen wie z. B. europäische Welteroberung, Weltmarktdiskussion, Herausbildung des modernen Weltsystems, gar mit Kolonialismus oder Imperialismus belegt wurde? Entsprechend breit ist das Angebot, wann Globalisierung eingesetzt haben soll. Die extreme, zuvor referierte, Position spricht von 5000 Jahren Weltsystem (Frank/Gills 1993). Eine weitverbreitete These lautet: mit der Suche des »Seewegs nach Indien« und den Reisen von Kolumbus und Vasco da Gama am Ende des 15. Jahrhunderts oder gar noch früher, als über die Seidenstraße die mediterrane Welt der Antike bereits mit dem Fernen Osten in Kontakt geriet. Etliche Autoren votieren für das letzte Viertel des 19. Jahrhunderts, als infolge von Eisenbahnbau und Dampfschiffahrt die relative Dichte von Transaktionen, wie etwa der Außenhandel oder die internationalen Finanzströme, ein ähnliches Ausmaß wie derzeit erreicht hatte. Wieder andere lassen diesen Prozeß 1945 mit dem ersten Atombombenabwurf und der Kapazität zur globalen Zerstörung (Albrow 1998) und der Etablierung einer liberalen Weltwirtschaftsordnung beginnen. Auch der Abschuß der ersten Interkontinentalrakete zur Entsendung des »Sputnik« in eine Erdumlaufbahn im Jahre 1957 bietet sich als Datum an. Einiges spricht auch für einen Zeitpunkt Mitte der 1980er Jahre, wobei hier das New Yorker Plaza-Abkommen vom September 1985 den symbolischen Auftakt von Globalisierung markiert (Menzel 1998). Diese Angebotspalette unterstreicht auch den Konstruktionsprozeß von Globalisierung. Nur weil den Begriff derzeit jeder im Munde führt, ist das Bewußtsein entstanden, Globalisierung sei ein Phänomen, das erst in den 1990er Jahren entstanden ist.

5. Was sind die Triebkräfte von Globalisierung? Handelt es sich hierbei um einen naturwüchsigen Prozeß als Folge des technischen und/oder ökonomischen Wandels unter den Bedingungen der Weltmarktkonkurrenz, oder ist Globalisierung durch eine Politik der Deregulierung regelrecht inszeniert worden? Diese Frage hat Konsequenzen für den politischen Gestaltungsspielraum von Global Governance.

6. Wie kann man Globalisierung messen? An dieser Stelle zeigt sich die szientistische Dimension der Debatte, die sich um eine empirische, d. h. quantitative Aufarbeitung des Themas bemüht. Fragen der Datensammlung, Datentransformation und Indikatorenbildung stehen hier im Vordergrund. Berührungspunkte zur frühen Integrationsforschung von Karl Deutsch werden sichtbar (Albert u. a. 1999, Beisheim u. a. 1999).

7. Was sind die Konsequenzen von Globalisierung für Staat und Gesellschaft? Wie wird die »Schlacht um die Kommandohöhen« zwischen Staat und Markt (Yergin/Stanislaw 1998) ausgehen? Läßt sich eher ein Niedergang, ein Wiedererstarken oder eine neue große, diesmal sogar globale, Transformation von staatlicher Macht und Souveränität konstatieren? Kommt es zur Fragmentierung oder zur Transformation von Gesellschaften? Welche Konsequenzen ergeben sich für das Westfälische Staatensystem?

8. Führt Globalisierung zu neuen Grenzen und neuen Formen der Politik? Diese werden mit Begriffen wie Global Governance, Weltregieren, Weltinnenpolitik, Weltordnungspolitik belegt. Oder sind dies alles nur unerreichbare Utopien? Gerade anhand der beiden letztgenannten Fragenkomplexe unterscheiden sich Autoren, die in einer realistischen Tradition stehen, von solchen, die eher dem liberal-institutionalistischen Lager zuzurechnen sind.

9. Wie ist Globalisierung überhaupt zu bewerten? Positiv oder negativ? Für die einen erscheint sie als Zauberwort zur Lösung aller sozialen und wirtschaftlichen Probleme, für die anderen ist sie ein Schreckgespenst, das gerade für diese Probleme verantwortlich gemacht wird.

10. Und schließlich: Wie kann Globalisierung zivilisiert, wie kann der politische Umgang mit Globalisierung im Sinne einer kosmopolitischen Demokratie legitimiert werden?

Die einzelnen Positionen und Antworten zu diesen Fragen lassen sich grob in drei Schulen gliedern, nämlich die Hyperglobalisierer, die Skeptiker und die Transformationalisten, wobei eine weltanschauliche Zuordnung der Beiträge zu den drei Schulen nicht immer eindeutig möglich ist. Zur ersten Schule gehören neoliberale Ökonomen ebenso wie Marxisten und Weltsystemtheoretiker, die sich zwar nicht im empirischen Befund, wohl aber in den normativen und politischen Konsequenzen unterscheiden. Zur zweiten Schule gehören eher Neorealisten und Keynesianer und zur dritten Schule eher neoliberale Politikwissenschaftler.

Hyperglobalisierer wie Kenichi Ohmae (*1942) (1990, 1996), Jean-Marie Guéhenno (*1949) (1996), Walter B. Wriston (1992) oder Francis Fukuyama (*1952) (1992) haben ein affirmatives Verhältnis zur Globalisierung. Sie erkennen darin eine neue Epoche gesellschaftlicher Entwicklung, in der die Nationalstaaten als Regulierungsinstanz durch den globalen Markt und den globalen Wettbewerb ersetzt werden, die als die effektiveren Regulierungsinstanzen angesehen werden. Die argumentative Nähe zur Wallerstein-Schule ist trotz der konträren weltanschaulichen Grundhaltung frappierend. Der ökonomische Neoliberalismus ist folglich der adäquate Ausdruck der Globalisierung, Deregulierung und Privatisierung sind in seinem Sinne die angemessenen politischen Rezepte. Es wird neue Gewinner und Verlierer in der globalisierten Welt geben, die sich nicht mehr an dem überkommenen Nord-Süd-Schema orientieren. Herausbilden wird sich neben dem globalen Markt auch die globale Zivilisation. Alle national verfaßten Systeme wie Nationalstaat, Nationalökonomie, Sozialstaat und Nationalkultur und damit auch das Westfälische Staatensystem werden absterben. Diese Tendenzen werden nicht nur beschrieben, sondern auch grundsätzlich positiv bewertet.

Die *Globalisierungsskeptiker* wie Elmar Altvater (*1938) und Birgit Mahnkopf (Altvater/Mahnkopf 1996) und insbesondere Paul Hirst und Grahame Thompson (*1945) (Hirst/Thompson 1996) argumentieren vielfach empirisch, indem sie anhand quantitativer Untersuchungen zu belegen suchen, daß das Ausmaß grenzüberschreitender Transaktionen derzeit keineswegs, zumindest was deren relative Bedeutung anbelangt, größer ist als etwa am Vorabend des Ersten Weltkriegs. Mindestens sind aber die empirischen Befunde in den einzelnen Dimensionen, in denen Globalisierung konstatiert wird, sehr heterogen. Die Gegenthese lautet, daß die ganze Diskussion maßlos übertrieben ist und nicht von Globalisierung, sondern eher von der Zunahme grenzüberschreitender Transaktionen zwischen Nationalökonomien gesprochen werden sollte. Dabei handelt es sich auch nicht um naturwüchsige Prozesse, sondern um die Ergebnisse staatlichen Handelns (Deregulierung), die folglich prinzipiell auch wieder rückführbar sind. Gegentendenzen zur Globalisierung sind einerseits eine Regionalisierung der Weltwirtschaft in den Räumen der Triade. Transnationale Politik ist deshalb eher Regionalismus oder »regional governance« (wie z. B. in der EU) statt Global Governance. Gegentendenzen sind aber auch die Marginalisierung weiter Teile der Welt außerhalb der Triade und die Fragmentierung oder Balkanisierung vieler Gesellschaften selber. Statt der Herausbildung einer globalen Zivilisation sind eher wachsende ethnisch, religiös und kulturell bedingte Konflikte zu konstatieren (Barber 1995, Huntington 1996).

Die Vorstellungen von Global Governance, von kosmopolitischer Demokratie, von Weltgesellschaft werden als utopisch bezeichnet und statt dessen gefordert, daß der klassische Nationalstaat wieder gegen den ausufernden Markt gestärkt werden muß (Scharpf 1991, 1997; Streeck 1997). Die Erste Debatte läßt grüßen! Soweit eine transnationale Kooperation notwendig ist, sollte es sich um die Kooperation von Staaten und nicht von gesellschaftlichen Akteuren handeln. Folglich wird auch der von den anderen Schulen konstatierte Souveränitätsverlust des Nationalstaats relativiert. Umgekehrt wird argumentiert, daß die Globalisierungseuphoriker die Kompetenzen des Staates zu früheren Zeiten übertreiben, um so das Argument vom Souveränitätsverlust um so stärker betonen zu können. In Wirklichkeit habe die staatliche Regulierungsfähigkeit auf vielen Politikfeldern eher zugenommen. Aus all diesen Argumenten spricht eine sehr realistische Sichtweise, die im Grunde mit Hilfe klassischer merkantilistischer und/oder keynesianischer Politik den Wettbewerbsstaat nach außen und den Sozialstaat nach innen bewahren will.

Die dritte Richtung, die der *Transformationalisten*, vertreten durch die »neue englische Schule«, aus Martin Albrow (*1937), Anthony Giddens (*1938), David Held (*1951), Roland Robertson, Martin Shaw (*1947) u. a., die den einschlägigen sozialwissenschaftlichen Diskurs der 1990er Jahre bestimmten und den französischen Poststrukturalisten der 1980er Jahre den Rang abgelaufen haben, versteht Globalisierung als ein welthistorisch neues Phänomen. Dieses setzt frühestens am Ende des 19. Jahrhunderts ein und beschleunigt sich seit dem Zweiten Weltkrieg und v. a. seit Mitte der 1980er Jahre. Gesellschaft und Staat müssen sich dem anpassen, ob sie wollen oder nicht, wobei die Richtung und das Ergebnis dieses Transformationsprozesses noch unklar sind. Es handelt sich hier also um eine Mittelposition zwischen »alles ändert sich« und »nichts ändert sich bei einer entsprechenden Politik«. In Deutschland gehören zu dieser Schule Michael Zürn, Ulrich Menzel (*1947) und Ulrich Beck (*1944). Die von Beck herausgegebene »Edition Zweite Moderne« bildet das prominente Forum dieser Diskussion (Beck 1997, 1998a, 1998b). Zu nennen ist auch das Duisburger Institut für Entwicklung und Frieden und die einschlägigen Arbeiten von Dirk Messner (*1962) und Franz Nuscheler (*1938) (Messner 1995, 1998, Messner/Nuscheler 1996). »Zweite Moderne« meint hier, daß angesichts der zweiten großen, d. h. globalen Transformation die Prinzipien und Errungenschaften der ersten Moderne auf eine transnationale Ebene übertragen werden müssen.[4]

Um also von Globalisierung sprechen zu können, müssen die Raum-Zeit-Dimension und die institutionelle Dimension unterschieden werden. Zur ersten Dimension gehören die Ausdehnung der globalen Netzwerke, die Intensität der Verknüpfungen, die Geschwindigkeit der globalen Ströme von Waren, Nachrichten und Menschen sowie die Auswirkungen dieser globalen Verknüpfungen. Bei letzteren sollten unterschieden werden die Auswirkungen auf die Entscheidungen von Regierungen, auf den Entscheidungsprozeß selber, auf die Verteilung von Macht und Wohlstand zwischen den Ländern und auf die politischen, sozialen und wirtschaftlichen Institutionen. Wie verändert sich das Verhältnis von Markt und Staat? Wie verarbeitet die Gesellschaft die Globalisierung? Wo liegen deren Chancen, wo deren Risiken? In der zweiten Dimension wird unterschieden zwischen der Infrastruktur der Globalisierung, die wiederum technische, regulative und symbolische Aspekte hat, der Institutionalisierung der Globalisierung durch Organisationen und Regime, der Machtverteilung in den Institutionen der Globalisierung und den Formen der Interaktion, die hegemonial, kooperativ oder konfliktträchtig sein können.

4 Während die »erste Moderne« die »Great Transformation« im Sinne Karl Polanyis (1978) begleitete, muß die »zweite Moderne« die »global transformations« im Sinne von Held u. a. (1999) begleiten.

Daraus läßt sich eine Typologie der Globalisierung vornehmen, bei der Held/McGrew/Goldblatt/Perraton vier Typen, nämlich »dichte Globalisierung«, »diffuse Globalisierung«, »expansive Globalisierung« und »geringe Globalisierung«, und vier Merkmale, nämlich »Extensität«, »Intensität«, »Geschwindigkeit« und »Wirkung«, unterscheiden.

Abb. 11: Typologie der Globalisierung

Typus	Merkmale				Beispiel
	Extensität	Intensität	Geschwindigkeit	Wirkung	
1) Dichte Globalisierung	hoch	hoch	hoch	groß	Welt seit Ende des 19. Jahrhunderts
2) Diffuse Globalisierung	hoch	hoch	hoch	gering	Wie Typ 1, aber Staat interveniert
3) Expansive Globalisierung	hoch	niedrig	gering	groß	Frühe Moderne: Beginn der europäischen Welteroberung
4) Geringe Globalisierung	hoch	niedrig	gering	gering	Antike: Seidenstraße zwischen Mittelmeerraum und China

Quelle: Held/McGrew/Goldblatt/Perraton 1999, S. 25.

Typus 1, die »dichte Globalisierung«, entspricht den Vorstellungen der Schule der Hyperglobalisierer, in gewisser Weise auch den Transformationalisten, während Typus 2, die »diffuse Globalisierung«, eher den Vorstellungen der Globalisierungsskeptiker nahekommt. In ihrem Befund bezüglich Extensität, Intensität und Geschwindigkeit sind sie sich also eher einig, während sie sich in den Konsequenzen unterscheiden. Typus 3, »expansive Globalisierung«, entspricht den Vorstellungen der Weltsystemtheoretiker à la Wallerstein, und Typus 4, »geringe Globalisierung«, der radikaleren Variante der Weltsystemtheorie, wie sie neuerdings von Andre Gunder Frank vertreten wird. Mit Hilfe dieser Typologie ist es zumindest möglich, die normative Dimension der Debatte wie die Periodisierungsfrage klassifikatorisch in den Griff zu bekommen. Welche Position in der Globalisierungsdiskussion sich durchsetzt bzw. ob es, wie bei vielen anderen großen IB-Debatten, wieder einen unentschiedenen Ausgang gibt, ist derzeit noch nicht absehbar.

29. Das Kreuz von Globalisierung versus Fragmentierung

Diese Aussagen sind allerdings eher aus einer idealistischen Perspektive in der Tradition der europäischen Aufklärung formuliert worden. Nur so erschließt sich der Sinn des Begriffs »Zweite Moderne«. Es gibt aber nicht nur das idealistische, sondern auch das konkurrierende realistische Paradigma. Der Umgang mit den beiden globalen Trends von Globalisierung und Fragmentierung aus realistischer Warte muß folglich auch ein grundsätzlich anderer sein. Zur Illustration dieser Konkurrenz läßt sich idealtypisch die folgende Matrix konstruieren, die wahlweise vertikal oder horizontal zu lesen ist und hier »Das Kreuz der Globalisierung und Fragmentierung« genannt wird.[1]

Abb. 12: Das Kreuz der Globalisierung und Fragmentierung

		Trends			
		Globa-lisierung	Fragmen-tierung		
Politische Theorien	Idealismus	(1) Global Governance	(2) Intervention	Universalismus	Prinzipien
	Realismus	(3) Hegemoniale Stabilität	(4) Abschottung	Kulturrelativismus	
		Frieden Integration	clash of civilizations clash of capitalisms		
		Ergebnisse			

1 Zuerst formuliert in Menzel 2000b.

Im Zentrum des Kreuzes steht eine Vierfeldertafel, die mit den Begriffen »Global Governance« (1), »Intervention (2), »Hegemoniale Stabilität« (3) und »Abschottung« (4) belegt ist. Die Spalten »Globalisierung« und »Fragmentierung« markieren die beiden globalen Trends, durch die die postwestfälische Konstellation gekennzeichnet ist. Die beiden Zeilen »Idealismus« und »Realismus« unterscheiden die konkurrierenden politischen Theorien (links), mit deren Hilfe sich der politische Umgang mit Globalisierung und Fragmentierung analytisch bestimmen läßt. Beide Theorien basieren auf konträren Prinzipien (rechts), nämlich »Universalismus« und »Kulturrelativismus«, die den normativen Rahmen setzen. Am Fuß der Spalten sind die Politikergebnisse bilanziert, die sich aus den globalen Trends, je nach Art der politischen Bearbeitung, ergeben können – nämlich Frieden und Integration oder »clash of civilizations« bzw. »clash of capitalisms«.

Das Kreuz liest sich wie folgt: Die idealistische Antwort auf Globalisierung ist Global Governance. Die idealistische Antwort auf Fragmentierung ist all das, was im weitesten Sinne unter humanitärer Intervention verstanden wird, weil dem Idealismus universalistische Prinzipien, nämlich die Menschenrechte, zugrunde liegen, die als höheres Rechtsgut als der Souveränitätsgedanke und damit das Interventionsverbot angesehen werden. Global Governance und idealistisch, also humanitär motivierte Intervention sind mithin gleichberechtigte postmoderne Facetten der postwestfälischen Konstellation.

Die einzig angemessene realistische Antwort auf Globalisierung ist hingegen die Errichtung einer Weltordnung auf hegemoniale Weise, wie sie mit Hilfe der Theorie der hegemonialen Stabilität bestimmt wird. Aus dieser Perspektive, die gleichermaßen von Neorealisten, Weltsystemtheoretikern und Zyklentheoretikern wie Kindleberger, Kennedy, Modelski, Wallerstein oder Frank geteilt wird, ist Globalisierung eine alte, bis in die europäische Antike zurückreichende Geschichte, die im Sinne der Pax Romana, Pax Sinica, Pax Britannica, Pax Americana politisch gestaltet wurde. Auch im gegenwärtigen Stadium der Globalisierung spricht aus dieser Sicht nur wenig dagegen, daß die amerikanische Hegemonie (wirtschaftlich wie militärisch) trotz aller Decline-Argumente wirklich gebrochen ist. Im Gegenteil, mit dem Scheitern des sowjetischen Hegemonialaspiranten, der den »Kalten hegemonialen Ausscheidungskrieg« verloren hat, ist sie

um so gefestigter, beginnt ein neuer amerikanischer Hegemoniezyklus, der sich v. a. auf die überlegene Leistungsfähigkeit der
USA in den neuen Dienstleistungsbereichen, der IT-Branche, der
Biotechnologie und anderen Sektoren der »New Economy«, aber
auch der elektronischen Kriegsführung stützt und als postmoderne Hegemonie (Menzel 1998, Kap. 8) bezeichnet werden kann.

Da der Realismus aber, anders als der Idealismus, nicht von
universalistischen Wertvorstellungen ausgeht, damit auch dem
Missionierungsgedanken fern steht und das Souveränitätsgebot
als das höhere Rechtsgut ansieht, ist seine Antwort auf Fragmentierung eher die Nichtintervention, die Abschottung, der Isola-
tionismus – ganz so wie die Römer nach der Etablierung ihres
Weltreichs den Limes gegen die »Barbaren« errichtet haben (Rufin 1993) und wie er auch derzeit als Neo- bzw. »Postisolationa-
lismus« wieder aufersteht (Nordlinger 1995). Die Alternative zur
humanitären Intervention ist die neue Abschottung, der Abbau
von Entwicklungshilfe und Asylrecht, die Infragestellung der
Wirksamkeit des UN-Systems, das Beiseiteschauen bei Staatszer-
fall und humanitären Katastrophen, die Zurückdämmung der
Elendswanderung etc. Aus einer kulturrelativistischen Perspektive ist die Idee der einen Welt, der Weltgemeinschaft und damit
auch der Weltgesellschaft eine unerreichbare Utopie.

Das Ergebnis von idealistischer wie realistischer Antwort auf
Globalisierung ist zwar gleichermaßen Frieden und Integration,
nur wird beides in einem Falle auf kooperative und im anderen
Falle auf hegemoniale Weise herbeigeführt. Auch die Konsequenzen von idealistischer und realistischer Antwort auf Fragmentierung sind ähnlich. Die idealistisch motivierte Intervention,
gleichviel ob neoliberal via IMF, Weltbank oder WTO, ob humanitär via Peace-Keeping oder Peace-Enforcement exekutiert,
führt zunächst einmal zum Clash – wahlweise der Kulturen oder
der Kapitalismen –, ist allerdings von dem missionarischen Ziel
beseelt, daß am Ende das Trennende überwunden wird, die Welt-
zivilisation möglich ist, der eine (liberale) Kapitalismus gegenüber seiner bürokratischen oder rheinischen Variante sich durchsetzt. Die realistisch motivierte Nichtintervention unterstellt aus
ihrer kulturrelativistischen Perspektive prinzipiell, daß die Frag-
mente nicht zusammengefügt werden können, daß es den aufklärerischen Kitt nicht gibt, da die Aufklärung ein Produkt westlichen und nicht universalistischen Denkens ist. Der Clash in

seinen vielen Dimensionen kann also nur eingehegt werden durch Abschottung, Abschreckung, Abwehr. Das Kreuz der Globalisierung besteht also im übertragenen Sinn darin, daß auch sein Alter ego, die Fragmentierung, Ausdruck der postwestfälischen Konstellation ist. Intervention oder Nichtintervention – beides hat konfliktreiche Folgen.

Wie auch immer es weitergehen wird mit den internationalen Beziehungen im 21. Jahrhundert, sicher ist zumindest, daß die *Lehre* von den Internationalen Beziehungen sich weiterhin bewegen wird zwischen Idealismus und Realismus.

Literatur

Abu-Lughod, Janet, Before European Hegemony: The World System A. D. 1250-1350. New York 1989

Adler, Emanuel, Seizing the Middle Ground: Constructivism in World Politics. In: European Journal of International Relations 3.1997.3. S. 319-363

Adorno, Theodor W./Albert, Hans/Dahrendorf, Ralf/Habermas, Jürgen/Pilot, Harald/Popper, Karl R., Der Positivismusstreit in der deutschen Soziologie. Neuwied 1969

Agnew, John, Geopolitics: Re-visioning World Politics. London 1998

Agnew, John/Corbridge, Stuart, Mastering Space: Hegemony, Territory and International Political Economy. London 1995

Albert, Mathias, »Postmoderne« und Theorie der internationalen Beziehungen. In: Zeitschrift für Internationale Beziehungen 1.1994,1. S. 45-63

Albert, Mathias, Fallen der (Welt-)Ordnung. Internationale Beziehungen und ihre Theorien zwischen Moderne und Postmoderne. Opladen 1996

Albert, Mathias/Brock, Lothar/Hessler, Stephan/Menzel, Ulrich/Neyer, Jürgen, Die Neue Weltwirtschaft. Entstofflichung und Entgrenzung der Ökonomie. Frankfurt/M. 1999

Albrow, Martin, Abschied vom Nationalstaat. Staat und Gesellschaft im globalen Zeitalter. Frankfurt/M. 1998 [1996]

Alker, Hayward R./Biersteker, Thomas J., The Dialectics of World Order: Notes for a Future Archeologist of International Savoir Faire. In: International Studies Quarterly 28.1984,2. S. 121-142

Allan, Pierre/Goldmann, Kjell, The End of the Cold War: The End of International Relations Theory? In: dies. (Hg.), The End of the Cold War: Evaluating Theories of International Relations. Dordrecht 1992. S. 226-241

Allison, Graham T., Essence of Decision: Explaining the Cuban Missile Crisis. Boston 1971

Allison, Graham T./Halperin, Morton H., Bureaucratic Politics: A Paradigm and Some Policy Implications. In: Tanter, Raymond/Ullman, Richard H. (Hg.), Theory and Policy in International Relations. Princeton, N. J. 1972. S. 40-79

Alperowitz, Gar, Atomic Diplomacy: Hiroshima and Potsdam. New York 1965

Altvater, Elmar/Mahnkopf, Birgit, Grenzen der Globalisierung. Ökonomie, Ökologie und Politik in der Weltgesellschaft. Münster 1996

Amin, Samir, Die ungleiche Entwicklung. Essay über die Gesellschaftsformationen des peripheren Kapitalismus. Hamburg 1975 [1973]

Amin, Samir/Arrighi, Giovanni/Frank, Andre Gunder/Wallerstein, Immanuel, Dynamik der globalen Krise. Opladen 1986 [1982]

Anderson, Benedikt, Die Erfindung der Nation. Zur Karriere eines folgen-reichen Konzepts. Frankfurt/M. 1993

Angell, Norman, Europe's Optical Illusion. London 1909

Angell, Norman, Die große Täuschung. Eine Studie über das Verhältnis zwischen Militärmacht und Wohlstand der Völker. Leipzig 1910

Angell, Norman, The Great Illusion: A Study of the Relation of Military Power of Nations to Their Economic and Social Advantage. New York 1972 [1911]

Angell, Norman, »The Great Illusion«: A Reply to Rear-Admiral A. T. Mahan. In: North American Review 195.1912,679. S. 754-772

Angell, Norman, Who Are the Utopians? And Who Are the Realists? In: Headway, Januar 1940. S. 4-5

Antweiler, Christoph, Immanuel Wallerstein (1930-). Alle Entwicklung ist eingebettet im kapitalistischen Weltsystem. In: Entwicklung und Zusammenarbeit 40.1999,9. S. 253-255

Arendt, Hannah, Elemente und Ursprünge totaler Herrschaft. Frankfurt/M. 1958 [1955]

Arndt, Hans-Joachim, Die Besiegten von 1945. Versuch einer Politologie für Deutsche samt Würdigung der Politikwissenschaft in der Bundesrepublik Deutschland. Berlin 1978

Aron, Raymond, On War: Atomic Weapons and Global Diplomacy. London 1958

Aron, Raymond, Frieden und Krieg. Eine Theorie der Staatenwelt. Frankfurt/M. 1963

Aron, Raymond, Einführung in die Atomstrategie. Die atlantische Kontroverse. Köln 1964

Aron, Raymond, The Great Debate: Theories of Nuclear Strategy. Garden City, N. Y. 1965

Ashworth, Lucian M., Creating International Studies: Angell, Mitrany, and the Liberal Tradition. Aldershot 1999

Avery, William P./Rapkin, David P. (Hg.), America in a Changing World Political Economy. New York 1982

Axelrod, Robert M. (Hg.), The Structure of Decision: The Cognitive Maps of Political Elites. Princeton, N. J. 1976

Axelrod, Robert M., Die Evolution der Kooperation. München 1990

Axelrod, Robert M./Keohane, Robert O., Achieving Cooperation Under Anarchy: Strategies and Institutions. In: World Politics 38.1985,1. S. 226-254

Aydinli, Ersel/Mathews, Julie, Are the Core and Periphery Irreconcilable? The Curious World of Publishing in Contemporary International Relations. In: International Studies Perspectives 1.2000. S. 289-303

Baldwin, David A. (Hg.), Neorealism and Neoliberalism: The Contemporary Debate. New York 1993

Banks, Michael, The Evolution of International Relations Theory. In: ders. (Hg.), Conflicts in World Society: A New Perspective on International Relations. New York 1984. S. 3-21

Baran, Paul A., Politische Ökonomie des wirtschaftlichen Wachstums. Neuwied 1966 [1957]

Barber, Benjamin R., Jihad vs. McWorld. New York 1995

Barlow, Jeffrey G./Gray, Colin S., Inexcusable Restraint: The Decline of American Military Power in the 1970s. In: International Security 10.1985,2. S. 27-69

Barone, Charles E., Marxist Thought on Imperialism: Survey and Critique. New York 1985

Bassin, Mark, Race Contra Space: The Conflict Between German Geopolitik and National Socialism. In: Political Geography Quarterly 6.1987,2. S. 115-135

Beck, Harald/Efinger, Manfred, Stand und Perspektiven der Regimeforschung in der Disziplin der Internationalen Beziehungen. Internationales Symposium in Tübingen vom 14. bis 18. Juli 1991. In: Politische Vierteljahresschrift 32.1991,4. S. 667-670

Beck, Ulrich, Was ist Globalisierung? Jenseits des Globalismus – Antworten auf Globalisierung. Frankfurt/M. 1997

Beck, Ulrich (Hg.), Perspektiven der Weltgesellschaft. Frankfurt/M. 1998 (Beck 1998a)

Beck, Ulrich (Hg.), Politik der Globalisierung. Frankfurt/M. 1998 (Beck 1998b)

Becker, David G./Frieden, Jeffry A./Schatz, Sayre P./Sklar, Richard L. (Hg.), Postimperialism: International Capitalism and Development in the Late Twentieth Century. Boulder, Col. 1987

Beer, Francis A./Hariman, Robert (Hg.), Post-realism: The Rhetorical Turn in International Relations. East Lansing, Mich. 1996

Behrens, Henning/Noack, Paul, Theorien der Internationalen Politik. München 1984

Beisheim, Marianne/Dreher, Sabine/Walter, Gregor/Zangl, Bernhard/Zürn, Michael, Im Zeitalter der Globalisierung? Thesen und Daten zur gesellschaftlichen und politischen Denationalisierung. Baden-Baden 1999

Bentham, Jeremy, Grundsätze für Völkerrecht und Frieden. In: Raumer 1953. S. 379-417 [1786/89]

Berki, Robert N., On Political Realism. London 1981

Berman, Marshall, All That Is Solid Melts Into Air: The Experience of Modernity. London 1983

Bertalanffy, Ludwig von, An Outline of General Systems Theory. In: British Journal of the Philosophy of Science 1.1950. S. 139-164

Bertalanffy, Ludwig von, General System Theory: Foundations, Development, Applications. New York 1969

Beyme, Klaus von (Hg.), Politikwissenschaft in der Bundesrepublik Deutschland. Entwicklungsprobleme einer Disziplin. Opladen 1986 = Sonderheft 17 der Politische Vierteljahresschrift

Bienen, Henry S., America: The Firsters, the Decliners, and the Searchers for a New American Foreign Policy. In: Leaver, Richard/Richardson, James L. (Hg.), Charting the Post-cold War Order. Boulder, Col. 1993. S. 160-167

Binmore, Ken, Essays on the Foundation of Game Theory. Cambridge, Mass. 1990

Blaschke, Jochen (Hg.), Perspektiven des Weltsystems. Materialien zu Immanuel Wallerstein »Das moderne Weltsystem«. Frankfurt/M. 1983

Blaut, James M., 1492: The Debate on Colonialism, Eurocentrism, and History. Trenton 1992

Blaut, James M., The Colonizer's Model of the World: Geographical Diffusionism and Eurocentric History. New York 1993

Bleek, Wilhelm/Lietzmann, Hans J. (Hg.), Schulen der deutschen Politikwissenschaft. Opladen 1999

Bleiker, Roland, Forget IR Theory. In: Alternatives 22.1997,1. S. 57-85

Bloch, Johann v., Der Krieg. Der zukünftige Krieg in seiner technischen, volkswirtschaftlichen und politischen Bedeutung. 6 Bde. Berlin 1899

Bluestone, Barry/Harrison, Bennet, The Deindustrialization of America: Plant Closing, Community Abandonment, and the Dismantling of Basic Industry. New York 1982

Boekle, Henning/Rittberger, Volker/Wagner, Wolfgang, Normen und Außenpolitik: Konstruktivistische Außenpolitiktheorie. Tübingen 1999 = Tübinger Arbeitspapiere zur internationalen Politik und Friedensforschung Nr. 34

Booth, Ken/Smith, Steve (Hg.), International Relations Theory Today. University Park, Penns. 1995

Bornschier, Volker, The World Economy in the World System: Structure, Dependence and Change. In: International Social Science Journal 24.1982,1. S. 37-59

Bornschier, Volker/Lengyel, Peter (Hg.), World Society Studies. Bd. 1. Frankfurt/M. 1990

Bornschier, Volker/Lengyel, Peter (Hg.), Waves, Formations and Values in the World System. World Society Studies, Volume 2. New Brunswick, N. J. 1992

Bornschier, Volker/Lengyel, Peter (Hg.), Conflicts and New Departures in World Society. World Society Studies, Volume 3. New Brunswick 1994

Boucher, David, Political Theories of International Relations: From Thukydides to the Present. Oxford 1998

Boyer, Mark A., International Cooperation and Public Goods: Opportunities for the Western Alliance. Baltimore 1993

Brams, Steven, Superpower Games: Applying Game Theory to Superpower Conflict. New Haven, Conn. 1985

Brams, Steven, Theory of Moves. Cambridge 1994

Braudel, Fernand, Das Mittelmeer und die mediterrane Welt in der Epoche Phillips II. 3 Bde. Frankfurt/M. 1998 [1966]

Braudel, Fernand, Sozialgeschichte des 15.-18. Jahrhunderts. Bd. 1: Der Alltag. Bd. 2: Der Handel. Bd. 3: Aufbruch zur Weltwirtschaft. München 1990 [1979]

Brennan, Donald (Hg.), Arms Control, Disarmament, and National Security. New York 1961; dt. Strategie der Abrüstung. Achtundzwanzig Problemanalysen. Hg. unter der Schirmherrschaft der American Academy of Arts and Sciences von Donald G. Brennan, deutsche erweiterte Ausgabe in Verbindung mit dem Forschungsinstitut der Deutschen Gesellschaft für Auswärtige Politik von Uwe Nerlich. Gütersloh 1962

Brenner, Robert, The Origins of Capitalist Development: A Critique of Neo-Smithian Marxism. In: New Left Review Nr. 104, 1977. S. 25-92

Brewer, Anthony, Marxist Theories of Imperialism: A Critical Survey. London 1980

Brilmayer, Lea, American Hegemony: Political Morality in an One-Superpower World. New Haven 1994

Brock, Lothar, Brüche im Umbruch der Weltpolitik. In: Krell, Gert/Müller, Harald (Hg.), Frieden und Konflikt in den internationalen Beziehungen. Frankfurt/M. 1994. S. 19-37

Brodie, Bernard (Hg.), The Absolute Weapon. New York 1946

Brodie, Bernard, The Anatomy of Deterrence. In: World Politics 11.1959,2. S. 173-191 (Brodie 1959a)

Brodie, Bernard, Strategy in the Missile Age. Princeton, N. J. 1959 (Brodie 1959b)

Brodie, Bernard, Escalation and the Nuclear Option. Princeton, N. J. 1966

Brodie, Bernard, Strategy and National Interest: Reflections for the Future. New York 1971

Brodie, Bernard, War and Politics. New York 1973

Brodie, Bernard, The Continuing Relevance of »On War«. In: Howard/Paret 1976. S. 50-65

Brodie, Bernard/Dunn, Frederick S. (Hg.), The Absolute Weapon: Atomic Power and World Order. Freeport, N. Y. 1972

Brown, Chris, Understanding International Relations. London 1997

Brzezinski, Zbigniew, Die einzige Weltmacht. Amerikas Strategie der Vorherrschaft. Frankfurt/M. 1999 [1997]

Bucharin, Nikolai, Imperialismus und Weltwirtschaft. Mit einem Vorwort von W. I. Lenin. Frankfurt/M. 1969 [1915]

Buchstein, Hubertus, Politikwissenschaft und Demokratie. Wissenschaftskonzeption und Demokratietheorie sozialdemokratischer Nachkriegspolitologen in Berlin. Baden-Baden 1992

Bühl, Walter L., Transnationale Politik. Internationale Beziehungen zwischen Hegemonie und Interdependenz. Stuttgart 1978

Bull, Hedley, International Theory: The Case for a Classical Approach. In: Knorr/Rosenau 1969. S. 20-38 [1966]

Bull, Hedley, »The Twenty Years' Crisis« Thirty Years On. In: International Journal 24.1969,4. S. 625-638

Bull, Hedley, The Theory of International Politics 1919-1969. In: Porter 1972. S. 30-55

Bull, Hedley, The Anarchical Society: A Study of Order in World Politics. London 1977

Bull, Hedley, Hobbes and the International Anarchy. In: Social Research 48.1981,4. S. 717-738

Bull, Hedley/Kingsbury, Benedict/Roberts, Adam (Hg.), Hugo Grotius and International Relations. Oxford 1990

Burchill, Scott/Linklater, Andrew, Theories of International Relations. London 1996

Burke, Edmund, Betrachtungen über die Französische Revolution. Frankfurt/M. 1967 [1790]

Burns, Tom/Buckley, Walter, The Prisoner's Dilemma Game as a System of Social Domination. In: Journal of Peace Research 11.1974. S. 221-228

Burton, John W., World Society. Cambridge 1972

Busse-Steffens, Meggy, Systemtheorie und Weltpolitik. Eine Untersuchung systemtheoretischer Ansätze im Bereich internationaler Beziehungen. München 1980

Butterfield, Herbert, Statecraft of Machiavelli. London 1940

Butterfield, Herbert, Christianity and History. London 1949

Butterfield, Herbert, The Scientific Versus the Moralistic Approach in International Affairs. In: International Affairs 27.1951,4. S. 411-422

Butterfield, Herbert, Christianity, Diplomacy and War. London 1953

Butterfield, Herbert/Wight, Martin (Hg.), Diplomatic Investigations: Essays in the Theory of International Politics. London 1966

Buzan, Barry, From International System to International Society: Structural Realism and Regime Theory Meet the English School. In: International Organization 47.1993,3. S. 327-352

Calleo, David P., Beyond American Hegemony: The Future of the Western Alliance. New York 1987

Callinicos, Alex, Against Postmodernism: A Marxist Critique. New York 1989

Cardoso, Fernando/Faletto, Enzo, Abhängigkeit und Unterentwicklung in Lateinamerika. Frankfurt/M. 1976 [1969]

Carlsnaes, Walter, The Agency-structure Problem in Foreign Policy Analysis. In: International Studies Quarterly 36.1992,3. S. 245-270

Carr, Edward Hallett, The Twenty Year's Crisis, 1919-1939: An Introduction to the Study of International Relations. London 1939. 2. überarb. Aufl. 1946. [19]1995

Carr, Edward Hallett, The Future of Nations: Independence or Inter-dependence? London 1941

Carr, Edward Hallett, Grundlagen eines dauerhaften Friedens. Zürich 1943 [1942]

Castel de Saint-Pierre, Charles Irenée, Der Traktat vom ewigen Frieden. Berlin 1922 [1713]

Castells, Manuel, The Informational City: Information Technology, Eco-nomic Restructuring, and the Urban-regional Process. Oxford 1989

Chase-Dunn, Christopher, Global Formation: Structures of the World Economy. Cambridge, Mass. 1989

Chase-Dunn, Christopher/Hall, Thomas D., Rise and Demise: Comparing World-systems. Boulder, Col. 1997

Chaudhuri, K. N., Trade and Civilisation in the Indian Ocean: An Econo-mic History from the Rise of Islam to 1750. Cambridge 1985

Chaudhuri, K. N., Asia Before Europe: Economy and Civilisation of the Indian Ocean from the Rise of Islam to 1750. Cambridge 1990

Checkel, Jeffrey T., International Norms and Domestic Politics: Bridging the Rationalist-Constructivist Divide. In: European Journal of Interna-tional Relations 3.1997,4. S. 473-495

Checkel, Jeffrey T., The Constructivist Turn in International Relations Theory. In: World Politics 50.1998,2. S. 324-348

Chwaszcza, Christine/Kersting, Wolfgang (Hg.), Politische Philosophie der Internationalen Beziehungen. Frankfurt/M. 1998

Clausewitz, Carl von, Vom Kriege. Frankfurt/M. 1991 [1832]

Cline, Ray S., World Power Trends and U. S. Foreign Policy for the 1980s. Bolder, Col. 1980

Coffey, John W., Political Realism in American Thought. Lewisburg, PA 1977

Conybeare, John A. C., Public Goods, Prisoner's Dilemmas, and the Inter-national Political Economy. In: International Studies Quarterly 28.1984,1. S. 5-22

Cox, Robert W., Social Forces, States, and World Orders: Beyond Inter-national Relations Theory. In: Millennium 10.1981,2. S. 126-155

Cox, Robert W., Gramsci, Hegemony and International Relations: An Essay in Method. In: Millennium 12.1983,2. S. 269-291

Cox, Robert W., Social Forces, States and World Orders: Beyond Inter-national Relations Theory. Postscript 1985. In: Keohane 1986. S. 204-254

Cox, Robert W., Production, Power, and World Order: Social Forces in the Making of History. New York 1987

Crawford, Robert M. A., Idealism and Realism in International Relations. London 1999

Crawford, Robert M. A./Jarvis, Darryl S. (Hg.), International Relations: Still an American Social Science? Toward Diversity in International Thought. New York 2001

Crick, Bernard, The American Science of Politics: Its Origin and Conditions. London 1959

Cutler, A. Claire, The »Grotian Tradition« in International Relations Theory: A Critique. In: Review of International Studies 17.1991,1. S. 41-65

Czempiel, Ernst-Otto, Die Entwicklung der Lehre von den Internationalen Beziehungen. In: Politische Vierteljahresschrift 6.1965,3. S. 270-290

Czempiel, Ernst-Otto (Hg.), Die Lehre von den Internationalen Beziehungen. Darmstadt 1969

Czempiel, Ernst-Otto, Internationale Politik. Ein Konfliktmodell. Paderborn 1981

Czempiel, Ernst-Otto, Der Stand der Wissenschaft von den Internationalen Beziehungen und der Friedensforschung in der Bundesrepublik Deutschland. In: Beyme 1986. S. 250-263

Czempiel, Ernst-Otto, Konturen einer Gesellschaftswelt. Die neue Architektur der internationalen Politik. In: Merkur 44,1990. S. 835-851

Czempiel, Ernst-Otto, Weltpolitik im Umbruch. Das internationale System nach dem Ende des Ost-West-Konflikts. München 1991

Czempiel, Ernst-Otto, Friedensstrategien. Eine systematische Darstellung außenpolitischer Theorien von Machiavelli bis Madariaga. Frankfurt/M. [2]1998

Czempiel, Ernst-Otto, Rückkehr in die Hegemonie. Zur Weltpolitik der USA unter Präsident Clinton. In: Aus Politik und Zeitgeschichte B 43/96. S. 25-33

Czempiel, Ernst-Otto/Rosenau, James N. (Hg.), Global Changes and Theoretical Challenges: Approaches to World Politics for the 1990s. Lexington, Mass. 1989

Darby, Phillip (Hg.), At the Edge of International Relations: Postcolonialism, Gender, and Dependency. London 1997

De Landa, Manuel, War in the Age of Intelligent Machines. New York 1991

Dehio, Ludwig, Gleichgewicht oder Hegemonie. Betrachtungen über ein Grundproblem der neueren Staatengeschichte. Hg. von Klaus Hildebrandt. Darmstadt 1996 [1948]

Deibert, Ronald J., »Exorcismus Theoriae«: Pragmatism, Metaphors, and the Return of the Medieval in IR Theory. In: European Journal of International Relations 3.1997,2. S. 167-192

Der Derian, James, Antidiplomacy: Spies, Terror, Speed, and War. Cambridge, Mass. 1992

Der Derian, James/Shapiro, Michael J. (Hg.), International/Intertextual Relations: Postmodern Readings of World Politics. New York 1989

Deutsch, Karl W., Nationalism and Social Communication: An Inquiry into the Foundations of Nationality. New York 1953

Deutsch, Karl W., Politische Kybernetik. Modelle und Perspektiven. Freiburg 1969 [1963]

Dickinson, G. Lowes, The Choice Before Us. London 1917

Dietz, Bernhard, Medienberichterstattung, »Öffentliche Meinung« und Außenpolitik. Grundelemente eines interdisziplinären Forschungsansatzes. Braunschweig 2000 = Forschungsberichte aus dem Institut für Sozialwissenschaften, TU Braunschweig Nr. 35

Dietz, Bernhard/Menzel, Ulrich, »Brandstifter« oder Anwälte des demokratischen Friedens? Die Rolle der Medien in bewaffneten Konflikten. Braunschweig 1999 = Forschungsberichte aus dem Institut für Sozialwissenschaften, TU Braunschweig Nr. 27

Dill, Günter (Hg.), Clausewitz in Perspektive. Materialien zu Carl von Clausewitz: Vom Kriege. Berlin 1980

Diner, Dan, »Grundbuch des Planeten«. Zur Geopolitik Karl Haushofers. In: Vierteljahreshefte für Zeitgeschichte 32.1984,1. S. 1-28

Dorpalen, Andreas, The World of General Haushofer: Geopolitics in Action. New York 1942

Doughterty, James E./Pfaltzgraff, Robert L. Jr., Contending Theories of International Relations: A Comprehensive Survey. New York ⁴1997

Douhet, Giulio, The Command of the Air. Washington D.C. 1983 [1921]

Doyle, Michael W., Empires. Ithaca 1986

Doyle, Michael W., Liberalism and the End of the Cold War. In: Lebow/Risse-Kappen 1995. S. 85-108

Doyle, Michael W., Ways of War and Peace: Realism, Liberalism, And Socialism. New York 1997

Dressler, David, What's at Stake in the Agent-structure Debate? In: International Organization 43.1989,3. S. 441-473

Dryzek, John S./Clark, Margaret L./McKenzie, Garry, Subject and System in International Interaction. In: International Organization 43.1989,3. S. 475-504

Dunne, Timothy, Inventing International Society: A History of the English School. London 1997

Dunne, Tim/Wheeler, Nicholas J. (Hg.), Human Rights in Global Politics. Cambridge 1999

Dyer, Hugh C./Mangasarian, Leon (Hg.), The Study of International Relations: The State of the Art. New York 1989

Ebeling, Frank, Karl Haushofer und seine Raumwissenschaft 1919-1945. Berlin 1994

Efinger, Manfred/Rittberger, Volker/Zürn, Michael, Internationale Regime in den Ost-West-Beziehungen. Ein Beitrag zur Erforschung der friedlichen Behandlung internationaler Konflikte. Frankfurt/M. 1988

Eisenbeiß, Wilfried, Einsicht vor der Zeit: Der seit 1900 sinnlose Krieg. Über die Schriften der Kriegskritiker Johann von Bloch und Norman Angell. In: Steinweg, Rainer (Red.), Lehren aus der Geschichte? Historische Friedensforschung. Frankfurt/M. 1990. S. 369-401 = Friedensanalysen 23

Eisermann, Daniel, Außenpolitik und Strategiediskussion. Die Deutsche Gesellschaft für Auswärtige Politik 1955-1972. München 1999

Eisfeld, Rainer, Ausgebürgert und doch angebräunt. Deutsche Politikwissenschaft 1920-1945. Baden-Baden 1991

Elbaum, Bernard/Lazonick, William, The Decline of the British Economy: An Institutional Perspective. Oxford 1986

Elsenhans, Hartmut, Grundlagen der Entwicklung der kapitalistischen Weltwirtschaft. In: Senghaas 1979. S. 103-148

Emmanuel, Arghiri, Unequal Exchange: A Study of the Imperialism of Trade. New York 1972

Enloe, Cynthia, Bananas, Beaches & Bases: Making Feminist Sense of International Politics. London 1989

Enloe, Cynthia, The Morning After: Sexual Politics and the End of the Cold War. Berkeley, Cal. 1993

Epp, Roger, The English School on the Frontiers of International Society: A Hermeneutic Recollection. In: Review of International Studies 24.1998. Special Issue. S. 47-63

Etzold, Thomas H./Gaddis, John Lewis (Hg.), Containment: Documents on American Policy and Strategy. New York 1978

Evans, Tony/Wilson Peter, Regime Theory and the English School of International Relations: A Comparison. In: Millennium 21.1992,3. S. 329-351

Falk, Richard A., The Interplay of Westphalia and Charter Conceptions of International Law. In: Black, Cyril E./Falk, Richard A. (Hg.), The Future of the International Legal Order. Princeton, N. J. 1969

Falk, Richard A., Explorations at the Edge of Time: The Prospects for World Order. Philadelphia 1992

Falk, Richard A., On Humane Governance: Toward a New Global Politics. Cambridge 1995

Falter, Jürgen W., Die Behavioralismus-Kontroverse in der amerikanischen Politikwissenschaft. In: Kölner Zeitschrift für Soziologie und Sozialpsychologie 31.1979,1. S. 1-24

Falter, Jürgen W., Der »Positivismusstreit« in der amerikanischen Politikwissenschaft. Entstehung, Ablauf und Resultate der sogenannten Behavioralismus-Kontroverse in den Vereinigten Staaten 1945-1975. Opladen 1982

Ferguson, Yale H./Mansbach, Richard W., The Elusive Quest: Theory and International Politics. Columbia, S. C. 1988

Ferguson, Yale H./Mansbach, Richard W., Political Space and Westphalian States in a World of »Polities«: Beyond Inside/Outside. In: Global Governance 2.1996,2. S. 261-287

Fernández-Armesto, Felipe, Millennium. Die Weltgeschichte unseres Jahrtausends. München 1998

Finnemore, Martha, National Interests in International Society. Ithaca, N. Y. 1996

Finnemore, Martha/Sikkink, Kathryn, International Norm Dynamics and Political Change. In: International Organization 52.1998,4. S. 887-917

Fischer-Baling, Eugen, Theorie der auswärtigen Politik. Köln, Opladen 1960

Fliess, Peter J., Thucydides and the Politics of Bipolarity. Baton Rouge, Louis. 1966

Fox, William T. R., The American Study of International Relations. Columbia, S. C. 1968

Fox, William T. R./Fox, Anette Baker, The Teaching of International Relations in the United States. In: World Politics 13.1960/61,3. S. 339-359

Frank, André Gunder, World Accumulation, 1492-1789. London 1978

Frank, André Gunder, Abhängige Akkumulation und Unterentwicklung. Frankfurt/M. 1980 [1978]

Frank, André Gunder, ReORIENT: Global Economy in the Asian Age. Berkeley 1998

Frank, André Gunder/Gills, Barry K. (Hg.), The World System: Five Hundred Years or Five Thousand? London 1993

Frankel, Benjamin (Hg.), Roots of Realism. London 1996 (Frankel 1996a)

Frankel, Benjamin (Hg.), Realism: Restatements and Renewal. London 1996 (Frankel 1996b)

Frankel, Joseph, Die außenpolitische Entscheidung. Köln 1965

Frankel, Joseph, Nationales Interesse. München 1971

Frei, Christoph, Hans J. Morgenthau. Eine intellektuelle Biographie. Bern 1993

Frei, Christoph, The Intellectual Roots of »Politics Among Nations«. St. Gallen 1998 = Beiträge und Berichte des Instituts für Politikwissenschaft an der Hochschule St. Gallen Nr. 274

Frei, Daniel (Hg.), Theorien der internationalen Beziehungen. München 1973

Friedberg, Aaron L., The Weary Titan: Britain and the Experience of Relative Decline, 1895-1905. Princeton 1988

Friedman, Gil/Starr, Harvey, Agency, Structure, and International Politics: From Ontology to Empirical Inquiry. London 1997

Friedrich, Carl Joachim/Brzezinski, Zbigniew, Totalitäre Diktatur. Stuttgart 1957 [1956]

Fromkin, David, Remembering Hans J. Morgenthau. In: World Policy Journal 10.1993. S. 81-88

Frost, Mervyn, Ethics in International Theory: A Constitutive Theory. Cambridge 1996

Fukujama, Francis, The End of History and the Last Man. New York 1992

Gabriel, Jörg Martin, World Views and Theories of International Relations. London 1994

Gaddis, John Lewis, Strategies of Containment: A Critical Reappraisal of Postwar American National Security Policy. New York 1982

Gaddis, John Lewis, The Long Peace: Elements of Stability in the Postwar International System. In: International Security 10.1986,4. S. 99-142

Gadzey, Anthony Tuo-Kofi, The Political Economy of Power: Hegemony and Economic Liberalism. London 1994

Galtung, Johan, Violence, Peace, and Peace Research. In: Journal of Peace Research. 6.1969,2. S. 167-191

Galtung, Johan, Eine strukturelle Theorie des Imperialismus. In: Senghaas 1972. S. 29-104

Galtung, Johan, A Structural Theory of Imperialism: Ten Years Later. In: Millennium 9.1980,3. S. 183-196

Galtung, Johan, Frieden mit friedlichen Mitteln. Friede und Konflikt, Entwicklung und Kultur. Opladen 1998

Gantzel, Klaus Jürgen, System und Akteur. Beiträge zur vergleichenden Kriegsursachenforschung. Düsseldorf 1972

Gantzel, Klaus Jürgen (Hg.), Internationale Beziehungen als System. Opladen 1973. = Sonderheft 5 der Politische Vierteljahresschrift

Gantzel, Klaus Jürgen (Hg.), Kolonialrechtswissenschaft, Kriegsursachenforschung, Internationale Angelegenheiten. Materialien zur Geschichte des Instituts für Internationale Angelegenheiten der Universität Hamburg 1923-1983 im Widerstreit der Interessen. Baden-Baden 1983

Gantzel, Klaus Jürgen (Hg.), Wissenschaftliche Verantwortung und politische Macht. Zum wissenschaftlichen Umgang mit der Kriegsschuldfrage 1914, mit Versöhnungsdiplomatie und mit dem nationalsozialistischen Großmachtstreben. Wissenschaftsgeschichtliche Untersuchungen zum Umfeld und zur Entwicklung des Instituts für Auswärtige Politik Hamburg/Berlin 1923-1945. Berlin 1986

Gantzel, Klaus Jürgen, Handel und Frieden. Ein klassischer Topos der Friedensbestrebungen und seine Bedeutung im Zeitalter der Globalisierung. In: Menzel 2000a. S. 323-346

Gantzel, Klaus Jürgen/Schwinghammer, Torsten/Siegelberg, Jens, Kriege der Welt. Ein systematisches Register der kriegerischen Konflikte 1985-1992. Bonn 1992 = Interdependenz Nr. 13

Gantzel-Kress, Gisela/Gantzel, Klaus Jürgen, The Development of International Relations Studies in Germany. In: Krippendorff, Ekkehart/Rittberger, Volker (Hg.), The Foreign Policy of West Germany: Formation and Contents. Beverly Hills 1980. S. 197-269

Gebhardt, Jürgen, Macht und Maß: Morgenthau und Kissinger. In: Greven, Michael Th. (Hg.), Macht in der Demokratie. Denkanstöße zur Wiederbelebung einer klassischen Frage in der zeitgenössischen Politischen Theorie. Baden-Baden 1991. S. 87-105

Gehl, Günter (Hg.), Der Frieden von Münster und Osnabrück. Weichenstellung für Europa 1648. Weimar 1999

Gellman, Peter, Hans J. Morgenthau and the Legacy of Political Realism. In: Review of International Studies 14.1988,4. S. 247-266

Gentz, Friedrich, Über den ewigen Frieden. In: Raumer 1953. S. 461-497 [1800]

George, Jim, International Relations and the Search for Thinking Space: Another View of the Third Debate. In: International Studies Quarterly 33.1989,3. S. 269-279

Gerassimow, Genadi I., Spieltheorie und internationale Beziehungen. In: Sowjetwissenschaft, Gesellschaftswissenschaftliche Abteilung Nr. 1, 1967. S. 54-64

Gill, Stephen, American Hegemony and the Trilateral Commission. Cambridge 1990

Gill, Stephen (Hg.), Gramsci, Historical Materialism and International Relations. Cambridge 1993

Gilpin, Robert G., U. S. Power and the Multinational Corporation: The Political Economy of Foreign Direct Investment. London 1975

Gilpin, Robert G., War and Change in World Politics. New York 1981

Gilpin, Robert G., The Political Economy of International Relations. Princeton, N. J. 1987

Girard, Michel/Eberwein, Wolf-Dieter/Webb, Keith (Hg.), Theory and Practice in Foreign Policy-making: National Perspectives on Academics and Professionals in International Relations. London 1994

Göhler, Gerhard/Zeuner, Bodo (Hg.), Kontinuitäten und Brüche in der deutschen Politikwissenschaft. Baden-Baden 1991

Goldstein, Joshua S., Long Cycles: Prosperity and War in the Modern Age. New Haven, Conn. 1988

Gollwitzer, Heinz, Geschichte des weltpolitischen Denkens. Bd. 1: Vom Zeitalter der Entdeckungen bis zum Beginn des Imperialismus. Bd. 2: Zeitalter des Imperialismus und der Weltkriege. Göttingen 1972, 1982

Gowa, Joanne S., Rational Hegemons, Excludable Goods, and Small Groups: An Epitaph for Hegemonic Stability Theory? In: World Politics 41.1989,3. S. 307-324

Gowa, Joanne, Ballots and Bullets: The Elusive Democratic Peace. Princeton 1999

Gowing, Nick, The CNN Factor. Cambridge, Mass. 1994

Grabowsky, Adolf, Staat und Raum. Grundlagen räumlichen Denkens in der Weltpolitik. Berlin 1928

Grabowsky, Adolf, Raum als Schicksal. Das Problem der Geopolitik. Berlin 1933

Grabowsky, Adolf, Raum, Staat und Geschichte. Grundlegung der Geopolitik. Köln 1960

Grader, Sheila, The English School of International Relations: Evidence and Evaluation. In: Review of International Studies 14.1988,1. S. 29-44

Graham, Gordon, Ethics and International Relations. Oxford 1997

Green, Philip, Science, Government, and the Case of RAND: A Singular Pluralism. In: World Politics 20.1968,2. S. 301-326

Greiff, Bodo von/Kiersch, Gerhard/Megerle, Klaus (Hg.), Das OSI. Wissenschaft, Studium und Organisation am Fachbereich Politische Wissenschaft der Freien Universität Berlin. Berlin 1989

Grieco, Joseph M., Realist Theory and the Problem of International Cooperation: Analysis with an Amended Prisoner's Dilemma. In: Journal of Politics 50.1988,3. S. 600-624

Grieco, Joseph M., Cooperation Among Nations: Europe, America, and Non-tariff Barriers to Trade. Ithaca, N. Y. 1990

Gross, Leo, The Peace of Westphalia, 1648-1948. In: Falk, Richard W./ Hanrieder, Wolfram F. (Hg.), International Law and Organization: An Introductory Reader. Philadelphia 1968

Grotius, Hugo, Von der Freiheit des Meeres. Leipzig 1919 [1633]

Grotius, Hugo, Vom Recht des Krieges und des Friedens. Tübingen 1950 [1625]

Gu, Xuewu, Theorien der Internationalen Beziehungen. Einführung. München 2000

Guéhenno, Jean-Marie, Das Ende der Demokratie. München 1996

Gulick, Edward Vose, Europe's Classical Balance of Power: A Case History of the Theory and Practise of One of the Great Concepts of European Statecraft. New York 1955

Haass, Richard N., What to Do With American Primacy. In: Foreign Affairs 78.1999,5. S. 37-50

Habermas, Jürgen, Die postnationale Konstellation. Politische Essays. Frankfurt/M. 1998

Hacke, Christian, Weltmacht wider Willen? Die Außenpolitik der Bundesrepublik Deutschland. Frankfurt/M. 1993

Hacke, Christian, Zur Weltmacht verdammt. Die amerikanische Außenpolitik von Kennedy bis Clinton. Berlin 1997

Haftendorn, Helga (Hg.), Theorie der Internationalen Politik. Gegenstand und Methode der internationalen Beziehungen. Hamburg 1975

Haftendorn, Helga, Zur Theorie außenpolitischer Entscheidungsprozesse. In: Rittberger 1990b. S. 401-423

Haggard, Stephen/Simmons, Beth A., Theories of International Regimes. In: International Organization. 41.1987,3. S. 491-517

Hall, John A., Will the United States Decline as Did Britain? In: Mann 1990. S. 114-145

Hampe, Peter, Die »ökonomische Imperialismustheorie«. Kritische Untersuchungen. München 1976

Harbeck, Karl-Heinz, Die »Zeitschrift für Geopolitik« 1924-1944. Diss. Kiel 1963

Hardin, Russell, Collective Action as an Agreeable n-Prisoner's Dilemma. In: Behavioral Science 16.1971, September. S. 472-481

Hasenclever, Abdreas/Mayer, Peter/Rittberger, Volker (Hg.), Theories of International Regimes. Cambridge 1997

Haushofer, Karl, Geopolitik des Pazifischen Ozeans, Studien über die Wechselbeziehungen zwischen Geographie und Geschichte. Berlin 1924

Haushofer, Karl, Grenzen in ihrer geographischen und politischen Bedeutung. Berlin 1927. [2]1939

Haushofer, Karl, Geopolitik der Pan-Ideen. Berlin 1931

Haushofer, Karl, Wehr-Geopolitik. Geographische Grundlagen einer Wehrkunde. Berlin 1932. [5]1941

Haushofer, Karl, Weltmeere und Weltmächte. Berlin 1937

Haushofer, Karl/Obst, Erich/Lautensach, Herrmann/Maull, Otto, Bausteine zur Geopolitik. Berlin 1928

Hauswedell, Corinna, Friedensforschung und Friedenswissenschaft an den Hochschulen. Neue Entwicklungstendenzen und Perspektiven 2 Bde. Bonn 1989, 1990

Heckscher, Eli F., Der Merkantilismus. 2 Bde. Jena 1932

Held, David, Democracy and the Global Order: From the Modern State to Cosmopolitan Governance. Cambridge 1995

Held, David/McGrew, Anthony/Goldblatt, David/Perraton, Jonathan, Global Transformations: Politics, Economics and Culture. Cambridge 1999

Hellmann, Gunther, Für eine problemorientierte Grundlagenforschung. Kritik und Perspektiven der Disziplin »Internationale Beziehungen« in Deutschland. In: Zeitschrift für Internationale Beziehungen 1.1994,1. S. 65-90

Hermann, René, Technologietransfer als Sanktion: Technologische Kooperation zwischen Japan und den USA. In: Menzel, Ulrich (Hg.), Im Schatten des Siegers: Japan. Bd. 4: Weltwirtschaft und Weltpolitik. Frankfurt/M. 1989. S. 217-277

Herz, Dietmar, The American School of Decline. Anmerkungen zur Literatur über den Verfall amerikanischer Macht. In: Neue Politische Literatur 34.1989,1. S. 41-57

Herz, John H., Idealistischer Internationalismus und das Sicherheitsdilemma. In: Herz 1974. S. 39-56 [1950]

Herz, John H., Politischer Realismus und Politischer Idealismus. Eine Untersuchung von Theorie und Wirklichkeit. Meisenheim 1959

Herz, John H., Weltpolitik im Atomzeitalter. Stuttgart 1961

Herz, John H., Staatenwelt und Weltpolitik. Aufsätze zur internationalen
Politik im Nuklearzeitalter. Hamburg 1974

Hilferding, Rudolf, Das Finanzkapital. Eine Studie über die jüngste Entwicklung des Kapitalismus. Frankfurt/M. 1968 [1910]

Hirst, Paul, The Eighty Years' Crisis, 1919-1999. In: Review of International Studies 24.1998. Special Issue. S. 133-148

Hirst, Paul/Thompson, Grahame, Globalization in Question: The International Economy and the Possibilities of Governance. Cambridge 1996

Hobbes, Thomas, Leviathan oder Wesen, Form und Gewalt des kirch-
lichen und bürgerlichen Staates. Reinbek 1969 [1651]

Hobson, John Atkinson, Der Imperialismus. Köln 1968 [1902]

Hoffman, Mark, Critical Theory and the Inter-paradigm Debate. In: Millennium 16.1987,2. S. 231-249

Hoffman, Mark, Restructuring, Reconstruction, Reinscription, Rearticu-
lation: Four Voices in Critical International Theory. In: Millennium
20.1991,2. S. 169-185

Hoffmann, Stanley (Hg.), Contemporary Theories of International Relations. Englewood Cliffs, N. J. 1960

Hoffmann, Stanley, Gulliver's Troubles oder die Zukunft des internationalen Systems. Bielefeld 1970

Hoffmann, Stanley, An American Social Science: International Relations.
In: Daedalus 106.1977,3. S. 41-60

Hollis, Martin/Smith Steve, Explaining and Understanding International
Relations. Oxford 1990

Holsti, Kalevi J., Retreat from Utopia: International Relations Theory,
1945-1970. In: Canadian Journal of Political Science 4.1971,2. S. 165-
177

Holsti, Kalevi J., The Dividing Discipline: Hegemony and Diversity in
International Relations Theory. Boston 1989

Honig, Jan Willem, Totalitarism and Realism: Hans Morgenthau's German
Years. In: Frankel 1996a. S. 283-313

Hopf, Ted, The Promise of Constructivism in International Relations
Theory. In: International Security 23.1998,1. S. 171-200

Howard, Michael/Paret, Peter (Hg.), Carl von Clausewitz, On War.
Princeton, N. J. 1976

Howe, Paul, The Utopian Realism of E. H. Carr. In: Review of International Studies 20.1994,3. S. 277-297

Hüttig, Christoph, Die Analyse internationaler Regime. Forschungspro-
grammatische »Sackgasse« oder Aufbruch zu neuen Ufern einer Theorie

der Internationalen Beziehungen? In: Neue Politische Literatur 35.1990,1. S. 32-49

Hummel, Hartwig, Der neue Westen. Der Handelskonflikt zwischen den USA und Japan und die Integration der westlichen Gemeinschaft. Münster 2000

Hummel, Hartwig/Menzel, Ulrich (Hg.), Die Ethnisierung der internationalen Wirtschaftsbeziehungen. Münster 2001

Huntington, Samuel P., The U. S. – Decline or Renewal? In: Foreign Affairs 67.1988/89,2. S. 76-96

Huntington, Samuel P., The Third Wave: Democratization in the Late Twentieth Century. Norman 1993

Huntington, Samuel P., Kampf der Kulturen. Die Neugestaltung der Weltpolitik im 21. Jahrhundert. München 1996

Huntington, Samuel P., The Lonely Superpower. In: Foreign Affairs 78. 1999,2. S. 35-49

Hurwitz, Roger, Strategic and Social Fictions in the Prisoner's Dilemma. In: Der Derian/Shapiro 1989. S. 113-134

Ikenberry, G. John, The Myth of Post-Cold War Chaos. In: Foreign Affairs 75.1996,3. S. 79-91

Iklé, Fred C./Wohlstetter, Albert C./Kissinger, Henry A. u. a. (Hg.), Discriminate Deterrence: Report of the Commission on Integrated Longterm Strategy. Washington D. C. 1988

Jäckh, Ernst (Hg.), Politik als Wissenschaft. Zehn Jahre Deutsche Hochschule für Politik. Berlin 1930

Jäckh, Ernst/Suhr, Otto, Geschichte der Deutschen Hochschule für Politik. Berlin 1952

Jaeger, Hans-Martin, Konstruktionsfehler des Konstruktivismus in den Internationalen Beziehungen. In: Zeitschrift für Internationale Beziehungen 3.1996,2. S. 313-340

Jalée, Pierre, Die Dritte Welt in der Weltwirtschaft. Frankfurt/M. 1969

James, Paul, Postdependency? In: Darby 1997. S. 61-83

Jarvis, D. S. L, International Relations and the Challenge of Postmodernism: Defending the Discipline. Columbia, S. C. 2000

Jarvis, D. S. L/Crawford, R. (Hg.), International Relations: Still an American Social Science? Hegemony and Diversity in International Thought. New York 1998

Jervis, Robert, The Illogic of American Nuclear Strategy. Ithaca, N. Y. 1984

Jervis, Robert, The Meaning of the Nuclear Revolution: Statecraft and the Prospects of Armageddon. Ithaca, N. Y. 1989

Jervis, Robert, Hans J. Morgenthau, Realism, and the Scientific Study of International Politics. In: Social Research 61.1994,4. S. 853-876

Jervis, Robert/Lebow, Richard Ned/Stein, Janice Gross, Psychology and Deterrence. Baltimore 1985

John, Ieuan/Wright, Moorhead/Garnett, John C., International Politics at Aberystwyth, 1919-1969. In: Porter 1972. S. 86-102

Johnson, Chalmers, Japan: Who Governs? The Rise of the Developmental State. New York 1995

Johnson, Chalmers, Ein Imperium verfällt. Wann endet das Amerikanische Jahrhundert? München 2000

Jones, Charles, E. H. Carr and International Relations: A Duty to Lie. Cambridge 1998

Jones, Eric Lionel, Das Wunder Europa. Tübingen 1991 [1981]

Jones, Roy E., The English School of International Relations: A Case for Closure. In: Review of International Studies 7.1981,1. S. 1-13

Junne, Gerd, Spieltheorie in der internationalen Politik. Die beschränkte Rationalität strategischen Denkens. Düsseldorf 1972

Kahler, Miles, International Relations: Still an American Social Science? In: Miller, Linda B./Smith, Michael Joseph (Hg.), Ideas and Ideals: Essays on Politics in Honour of Stanley Hoffmann. Boulder, Col. 1993. S. 395-414

Kahler, Miles, Rationality in International Relations. In: Katzenstein/Keohane/Krasner 1998. S. 919-941

Kahn, Herman, On Thermonuklear War. Princeton, N. J. 1960

Kahn, Herman, Thinking About the Unthinkable. New York 1962

Kahn, Herman, On Escalation: Metaphors and Scenarios. New York 1965

Kant, Immanuel, Zum Ewigen Frieden. Ein philosophischer Entwurf. In: ders., Werke in zehn Bänden. Hg. von Wilhelm Weischedel. Darmstadt 1970. Bd. 9. S. 191-251 [1795]

Kaplan, Fred M., The Wizards of Armageddon. New York 1983

Kaplan, Morton A., System and Process in International Politics. New York 1957. ²1967

Kaplan, Morton A., The New Great Debate: Traditionalism vs. Science in International Relations. In: Knorr/Rosenau 1969. S. 39-61 [1966]

Kaplan, Morton A., Systemtheoretische Modelle des Internationalen Systems. In: Haftendorn 1975. S. 297-317

Katz, Barry, Foreign Intelligence: Research and Analysis in the Office of Strategic Services, 1942-1945. Cambridge, Mass. 1989

Katzenstein, Peter (Hg.), The Culture of National Security: Norms and Identity in World Politics. New York 1996

Katzenstein, Peter J./Keohane, Robert O./Krasner, Stephen D. (Hg.), International Organization at Fifty: Exploration and Contestation in the Study of World Politics = Special Issue of International Organization 52.1998,4

Kaufmann, William W. (Hg.), Military Policy and National Security. Port Washington, N. Y. 1972 [1956]

Kaufmann, William W., The McNamara Strategy. New York 1964

Kaul, Inge/Grunberg, Isabelle/Stern, Marc A., Global Public Goods: International Cooperation in the 21st Century. New York 1999

Kauppi, Mark V./Viotti, Paul R., The Global Philosophers: World Politics in Western Thought. New York 1992

Kautsky, Karl, Der Imperialismus. In: Die Neue Zeit 32/II.1914.21. S. 908-922

Keck, Otto, Rationales kommunikatives Handeln in den internationalen Beziehungen. Ist eine Verbindung von Rational-Choice-Theorie und Habermas' Theorie des kommunikativen Handelns möglich? In: Zeitschrift für Internationale Beziehungen 2.1995,1. S. 5-48

Kegley, Charles W. (Hg.), Controversies in International Relations Theory: Realism and the Neo-liberal Challenge. London 1995

Kegley, Charles W., The Neoidealist Moment in International Studies? Realist Myths and the New International Realities. In: International Studies Quarterly 37.1993,2. S. 131-146

Kelman, Herbert C. (Hg.), International Behaviour: A Social-psychological Analysis. New York 1965

Kemp, Tom, Theories of Imperialism. London 1967

Kennan, George F., Moscow Embassy Telegram # 511: »The Long Telegram«. In: Etzold/Gaddis 1978. S. 50-63 [1946]

Kennan, George F. (alias »X«), The Sources of Soviet Conduct. In: Foreign Affairs 25.1947,4. S. 566-582

Kennan, George F., Realities of American Foreign Policy. Princeton, N.J. 1954

Kennedy, Paul M., The Rise and Fall of British Naval Mastery. London 1976

Kennedy, Paul M., Aufstieg und Fall der großen Mächte. Ökonomischer Wandel und militärischer Konflikt von 1500 bis 2000. Frankfurt/M. 1989

Kent, Randolph/Nielsson, Gunnar P. (Hg.), The Study and Teaching of International Relations: A Perspective on Midcareer Education. New York 1980

Keohane, Robert O., Inflation and the Decline of American Power. In: Lombra, Raymond E./Witte, Willard E. (Hg.), Political Economy of International and Domestic Monetary Relations. Ames 1982. S. 7-38

Keohane, Robert O., After Hegemony: Cooperation and Discord in the World Political Economy. Princeton, N.J. 1984

Keohane, Robert O. (Hg.), Neorealism and Its Critics. New York 1986

Keohane, Robert O., International Institutions and State Power: Essays in International Relations Theory. Boulder, Col. 1989 (Keohane 1989a)

Keohane, Robert O., The Theory of Hegemonic Stability and Changes in International Economic Regimes, 1967-1977. In: Keohane 1989a. S. 74-100 (Keohane 1989b) [1980]

Keohane, Robert O., Institutionalist Theory and the Realist Challenge After the Cold War. Cambridge, Mass. 1992

Keohane, Robert O./Nye, Joseph S. (Hg.), Transnational Relations and World Politics. Cambridge, Mass. 1972

Keohane, Robert O./Nye, Joseph S., Power and Interdependence. New York 1977. [2]1989

Keynes, John Maynard, Die wirtschaftlichen Folgen des Friedensvertrages. Berlin 1920 [1919]

Keynes, John Maynard, Der Friedensvertrag von Versailles. Berlin 1921

Keynes, John Maynard, Revision des Friedensvertrages. Eine Fortsetzung von »Die wirtschaftlichen Folgen des Friedensvertrages«. München 1922

Kim Woosang, Power Transitions and Great Power War from Westphalia to Waterloo. In: World Politics 45.1992,1. S. 153-172

Kindermann, Gottfried-Karl, Philosophische Grundlagen und Methodik der realistischen Schule von der Politik. In: Oberndörfer, Dieter (Hg.), Wissenschaftliche Politik. Eine Einführung in Grundfragen ihrer Tradition und Theorie. Freiburg 1962. S. 251-296

Kindermann, Gottfried-Karl (Hg.), Grundelemente der Weltpolitik. Eine Einführung. München 1977

Kindleberger, Charles P., The World in Depression, 1929-1939. Berkeley, Cal. 1973. Überarb. Aufl. 1986

Kindleberger, Charles P., Germany's Overtaking of England, 1806 to 1914. In: ders., Economic Response: Comparative Studies in Trade, Finance, and Growth. Cambridge, Mass. 1978. S. 185-236 [1975]

Kindleberger, Charles P., Dominance and Leadership in the International Economy: Exploitation, Public Goods, and Free Riders. In: International Studies Quarterly 25.1981,2. S. 242-254

Kindleberger, Charles P., International Public Goods without International Government. In: American Economic Review 76.1986,1. S. 1-13

Kindleberger, Charles P. World Economic Primacy: 1500 to 1990. New York 1996

Kirk, Grayson Louis, The Study of International Relations in American Colleges and Universities. New York 1947

Kissinger, Henry A., Das Gleichgewicht der Großmächte. Metternich, Castlereagh und die Neuordnung Europas 1812-1822. Zürich 1986 [1957]

Kissinger, Henry A., Kernwaffen und Auswärtige Politik. München 1959

Kjellén, Rudolf, Der Staat als Lebensform. Leipzig 1917

Kleinschmidt, Harald, Geschichte der internationalen Beziehungen. Ein systemgeschichtlicher Abriß. Stuttgart 1998

Klotz, Audie, Norms in International Relations: The Struggle Against Apartheid. Ithaca, N. Y. 1995

Knorr, Klaus E., Theories of Imperialism. In: World Politics 4.1952,3. S. 402-431

Knorr, Klaus E./Rosenau, James N. (Hg.), Contending Approaches to International Politics. Princeton, N. J. 1969

Knox, Paul N./Taylor, Peter J. (Hg.), World Cities in a World System. Cambridge 1995

Knutsen, Torbjoern L., A History of International Relations Theory. Manchester 1992

Koch, Jutta, Pax Americana for Ever? Über Wunsch und Vermögen der USA, die Weltpolitik zu führen. In: Berthold Meyer (Hg.), Eine Welt oder Chaos? Frankfurt/M. 1996. S. 153-177

Kohler-Koch, Beate (Hg.), Regime in den internationalen Beziehungen. Baden-Baden 1989

Kondratieff, Nikolai, The Long Wave Cycle. New York 1984

Kost, Klaus, Die Einflüsse der Geopolitik auf Forschung und Theorie der Politischen Geographie von ihren Anfängen bis 1945. Ein Beitrag zur Wissenschaftsgeschichte der Politischen Geographie und ihrer Terminologie unter besonderer Berücksichtigung von Militär- und Kolonialgeographie. Bonn 1988

Krasner, Stephen D., State Power and the Structure of International Trade. In: World Politics 28.1976,3. S. 317-347

Krasner, Stephen D., Defending the National Interest: Raw Materials, Investments, and U. S. Foreign Policy. Princeton, N. J. 1978

Krasner, Stephen D., American Policy and Global Economic Stability. In: Avery/Rapkin 1982. S. 29-48

Krasner, Stephen D. (Hg.), International Regimes. Ithaca, N. Y. 1983 (Krasner 1983a)

Krasner, Stephen D., Structural Causes and Regime Consequences: Regimes as Intervening Variables. In: Krasner 1983a. S. 1-21 (Krasner 1983b) [1982]

Krasner, Stephen D., Westphalia and All That. In: Goldstein, Judith/Keohane, Robert O. (Hg.), Ideas and Foreign Policy: Beliefs, Institutions and Political Change. Ithaca, N. Y. 1993. S. 235-264

Kratochwil, Friedrich V., Rules, Norms, and Decisions: On the Conditions of Practical and Legal Reasoning in International Relations and Domestic Affairs. Cambridge 1989

Krauthamer, Charles, The Unipolar Moment. In: Foreign Affairs 70.1990/91,1. S. 23-33

Kreft, Heinrich, China – die kommende Großmacht. Vom Objekt zum Akteur der internationalen Politik. In: Aus Politik und Zeitgeschichte Bd. 51/2000. S. 21-29

Krell, Gert, Weltbilder und Weltordnung. Einführung in die Theorie der internationalen Beziehungen. Baden-Baden 2000

Krippendorff, Ekkehart, The Dominance of American Approaches in International Relations. In: Millennium 16.1987,2. S. 207-214

Kruger, Daniel H., Hobson, Lenin, and Schumpeter on Imperialism. In: Journal of the History of Ideas 16.1955,2. S. 252-259

Kubálková, Vendulka/Onuf, Nicholas/Kowert, Paul (Hg.), International Relations in a Constructed World. Armonk 1998

Kühnlein, Gertrud, Die Entwicklung der kritischen Friedensforschung in der Bundesrepublik Deutschland. Untersuchung und Kritik einer neuen Wissenschaft. Frankfurt/M. 1978

Kupchan, Charles A., The Vulnerability of Empire. Ithaca 1994

Lacoste, Yves, Geographie und politisches Handeln. Perspektiven einer neuen Geopolitik. Berlin 1990

Landes, David S., Der entfesselte Prometheus. Technologischer Wandel und industrielle Entwicklung in Westeuropa von 1750 bis zur Gegenwart. Köln 1973 [1969]

Landes, David S., Wohlstand und Armut der Nationen. Warum die einen reich und die anderen arm sind. Berlin 1999

Lange, Peer H., Militärpolitik. In: Klaus Ziemer (Hg.), Sozialistische Systeme. Politik-Wirtschaft-Gesellschaft. München 1986. S. 281-288. = Pipers Wörterbuch zur Politik. Bd. 4

Lapid, Yosef, The Third Debate: On the Prospects of International Theory in a Post-positivist Era. In: International Studies Quarterly 33.1989,3. S. 235-254

Lasswell, Harold D., The Analysis of Political Behaviour: An Empirical Approach. London 1947

Lauterpacht, Hersh, An International Bill of the Rights of Man. New York 1945

Lawrence, Robert Z., Emerging Regional Arrangements: Building Blocs or Stumbling Blocs? In: O' Brian, Richard (Hg.), Finance and The International Economy. Oxford 1991. S. 23-35

Layne, Christopher, The Unipolar Illusion: Why New Great Powers Will Rise. In: International Security 17.1993,4. S. 5-51

Layne, Christopher, From Preponderance to Offshore Balancing: America's Future Grand Strategy. In: International Security 22.1997,1. S. 86-124

Lebow, Richard Ned, Nuclear Crisis Management: A Dangerous Illusion. Ithaca, N. Y. 1987

Lebow, Richard Ned/Risse-Kappen, Thomas (Hg.), International Relations Theory and the End of the Cold War. New York 1995

Lehmkuhl, Ursula, Theorien der internationalen Politik. Einführung und Texte. München 1996

Lemke, Christiane, Internationale Beziehungen. Grundkonzepte, Theorien und Problemfelder. München 2000

Lenin, Wladimir Iljitsch. Der Imperialismus als höchstes Stadium des Kapitalismus. In: ders., Werke. Bd. 22. Berlin (Ost) 1967, S. 189-309 [1916]

Leonhard, Robert J., Creating a Context for Game Theory. In: Weintraub 1992. S. 29-76

Lepsius, Rainer M., Denkschrift zur Lage der Soziologie und der Politischen Wissenschaft. Im Auftrage der Deutschen Forschungsgemeinschaft verfaßt. Wiesbaden 1961

Levathes, Louise, When China Ruled the Seas: The Treasure Fleet of the Dragon Throne, 1403-1433. New York 1994

Levine, Robert/Schelling, Thomas C./Jones, William, Crisis Games 27 Years Later: Plus s'est déjà vu. Santa Monica, Cal. 1991 = RAND Paper Nr. 7719

Levy, Jack S., Domestic Politics and War. In: Journal of Interdisciplinary History 18.1988,4. S. 653-673

Link, Werner, Die Neuordnung der Weltpolitik. Grundprobleme globaler Politik an der Schwelle zum 21. Jahrhundert. München 1998

Linklater, Andrew, Beyond Realism and Marxism: Critical Theory and International Relations. New York 1989

Lippmann, Walter, Die Außenpolitik der Vereinigten Staaten. Zürich 1944

List, Friedrich, Das nationale System der Politischen Ökonomie. Jena 1920 [1841]

Little, Richard, International System, International Society, and World Society: A Re-evaluation of the English School. In: Roberson 1998. S. 59-79

Locke, John, Über die Regierung. (The Second Treatise of Government). Reinbek 1966 [1689]

Long, David/Wilson, Peter (Hg.), Thinkers of the Twenty Year's Crisis: Inter-war Idealism Reassessed. Oxford 1995

Lotta, Raymond/Shannon, Frank, America in Decline: An Analysis of the Developments Toward War and Revolution in the U. S. and Worldwide in the 1980s. Bd. 1. Chicago 1984

Luhmann, Niklas, Die Weltgesellschaft. In: Archiv für Rechts- und Sozialphilosophie 57.1971,1. S. 1-35

Luke, Thimoty, W., Screens of Power: Ideology, Domination, and Resistance in International Society. Urbana, Ill. 1989

Luttwak, Edward N., The Endangered American Dream: How to Stop the United States from Becoming a Third World Country and How to Win the Geo-economic Struggle for Industrial Supremacy. New York 1993

Lutz-Bachmann, Matthias/Bohman, James (Hg.), Frieden durch Recht. Kants Friedensidee und das Problem einer neuen Weltordnung. Frankfurt/M. 1996

Luxemburg, Rosa, Die Akkumulation des Kapitals. Ein Beitrag zur ökonomischen Erklärung des Imperialismus. In: dies., Gesammelte Werke. Bd. 5. S. 5-411. Berlin (Ost) 1975 [1913]

Lynch, Cecilia, E. H. Carr, International Relations Theory, and the Social Origins of International Legal Norms. In: Millennium 23.1994,3. S. 589-619

Lyons, Gene M., The Study of International Relations in Great Britain: Further Connections. In: World Politics 38.1986,4. S. 626-645

Lyons, Gene M./Mastanduno, Michael (Hg.), Beyond Westphalia? State Sovereignty and International Intervention. Baltimore 1995

Lyotard, Jean-François, Das postmoderne Wissen. Ein Bericht. Wien 1994

Machiavelli, Niccolò, Der Fürst. Frankfurt/M. 1990 [1592]

Mackinder, Halford L., The Geographical Pivot of History. In: The Geographical Journal 23.1904,4. S. 421-444

McKeown, Timothy, Hegemonic Stability Theory and the 19th Century Tariff Levels in Europe. In: International Organization 37.1983,1. S. 73-91

MacMillan, John, On Liberal Peace: Democracy, War and the International Order. London 1998

MacMillan, John/Linklater, Andrew (Hg.), Boundaries in Question: New Directions in International Relations. London 1995

Magdoff, Harry, Das Zeitalter des Imperialismus. Die ökonomischen Hintergründe der US-Außenpolitik. Frankfurt/M. 1970

Maghroori, Ray/Ramberg, Bennet (Hg.), Globalism Versus Realism: International Relations' Third Debate. Boulder, Col. 1982

Mahan, Alfred Thayer, Der Einfluß der Seemacht auf die Geschichte 1660-1812. Überarb. u. hg. von Gustaf-Adolf Wolter. Herford 1967 [1890]

Mahan, Alfred Thayer, »The Great Illusion«. In: North American Review 195.1912,676. S. 319-332

Mann, Michael (Hg.), The Rise and Decline of the Nation State. Oxford 1990

Manning, Charles A. W., The University Teaching of Social Sciences: International Relations. A Report Prepared on Behalf of the International Studies Conference. Paris 1954

Manning, Charles A. W., The Nature of International Society. London 1962

Mansbach, Richard W./Vasquez, John A., In Search of Theory: A New Paradigm for Global Politics. New York 1981

Markwell, Don J., J. M. Keynes, Idealism and the Economic Bases of Peace. In: Long/Wilson 1995. S. 189-213

Marrin, Albert, Sir Norman Angell. Boston 1979

Martin, Lisa M./Simmons, Beth, Theories and Empirical Studies of International Institutions. In: Katzenstein/Keohane/Krasner 1998. S. 729-757

Marx, Karl/Engels, Friedrich, Manifest der Kommunistischen Partei. In: dies, Werke. Bd. 4. Berlin (Ost) 1971. S. 459-493 [1848]

Masala, Carlo/Roloff, Ralf (Hg.), Herausforderungen der Realpolitik. Beiträge zur Theoriedebatte in der internationalen Politik. Köln 1998

Mastanduno, Michael, Economics and Security in Statecraft and Scholarship. In: Katzenstein/Keohane/Krasner 1998. S. 825-854

Mathias, Maik, Internet Governance. Der Wandel des Domain Name Service. Braunschweig 2000 = Forschungsberichte aus dem Institut für Sozialwissenschaften, TU Braunschweig Nr. 38

Mayer, Arno J., Politics and Diplomacy of Peacemaking: Containment and Counterrevolution at Versailles, 1918-1919. New York 1967

Mearsheimer, John J., Back to the Future: Instability in Europe after the Cold War. In: International Security 15.1990,1 u.2. S. 5-56, 194-199

Mearsheimer, John J., The False Promise of International Institutions. In: International Security 19.1994/95,3. S. 5-49

Mearsheimer, John J., A Realist Reply. In: International Security 20.1995,1. S. 82-93

Menzel, Ulrich, Auswege aus der Abhängigkeit. Die entwicklungspolitische Aktualität Europas. Frankfurt/M. 1988 (= Habilitationsschrift von 1982)

Menzel, Ulrich, Jenseits des Ost-West-Konflikts: Heißt die neue Trilaterale USA–Japan–Deutschland? In: Prokla 21.1991,3. S. 400-416

Menzel, Ulrich, Das Ende der Dritten Welt und das Scheitern der großen Theorie. Frankfurt/M. 1992. ⁴1997

Menzel, Ulrich, Geschichte der Entwicklungstheorie. Einführung und systematische Bibliographie. Hamburg, 3. überarb. Aufl. 1995

Menzel, Ulrich, Lange Wellen und Hegemonie. Ein Literaturbericht. Braunschweig 1996 = Forschungsberichte aus dem Seminar für Politikwissenschaft und Soziologie, TU Braunschweig Nr. 13

Menzel, Ulrich, Globalisierung versus Fragmentierung. Frankfurt/M. 1998

Menzel, Ulrich (Hg.), Vom Ewigen Frieden und vom Wohlstand der Nationen. Dieter Senghaas zum 60. Geburtstag. Frankfurt/M. 2000 (Menzel 2000a)

Menzel, Ulrich, Die postwestfälische Konstellation, das Elend der Nationen und das Kreuz von Globalisierung und Fragmentierung. In: Menzel 2000a. S. 158-187 (Menzel 2000b)

Menzel, Ulrich/Varga, Katharina, Theorie und Geschichte der Lehre von den Internationalen Beziehungen. Einführung und systematische Bibliographie. Hamburg 1999

Merkel, Reinhard/Wittmann, Roland (Hg.), »Zum Ewigen Frieden«. Grundlagen, Aktualität und Aussichten einer Idee von Immanuel Kant. Frankfurt/M. 1996

Messner, Dirk, Die Netzwerkgesellschaft. Wirtschaftliche Entwicklung und internationale Wettbewerbsfähigkeit als Problem gesellschaftlicher Steuerung. Köln 1995

Messner, Dirk (Hg.), Die Zukunft des Staates und der Politik. Möglichkeiten und Grenzen politischer Steuerung in der Weltgesellschaft. Bonn 1998

Messner, Dirk/Nuscheler, Franz, Global Governance. Organisationsele-

mente und Säulen einer Weltordnungspolitik. In: dies. (Hg.), Weltkon-
ferenzen und Weltberichte. Ein Wegweiser durch die internationale Diskussion. Bonn 1996. S. 12-36

Meyers, Reinhard, Die Lehre von den internationalen Beziehungen. Ein
entwicklungsgeschichtlicher Überblick. Düsseldorf 1977. 2. Aufl. Königstein 1981

Meyers, Reinhard, Virtuelle Scheingefechte im ontologischen Cyberspace?
Nachfragen zum Duktus und Gehalt einer Theoriedebatte. In: Zeitschrift für Internationale Beziehungen 1.1994,1. S. 127-137

Meyers, Reinhard, Theorien der internationalen Beziehungen. In: Wichard
Woyke (Hg.), Handwörterbuch Internationale Politik. 8. aktual. Aufl.
Opladen 2000. S. 416-448

Miller, J. D. B., Norman Angell and the Futility of War: Peace and the Public Mind. London 1986

Milner, Helen V., Interests, Institutions and Information: Domestic Politics and International Relations. Princeton 1997

Milner, Helen V., Rationalizing Politics: The Emerging Synthesis of International, American, and Comparative Politics. In: Katzenstein/Keo-
hane/Krasner 1998. S. 759-786

Mitrany, David, A Working Peace System: An Argument for the Functional Development of International Organization. Chicago 1966 [1943]

Modelski, George, The Long Cycle of Global Politics and the Nation State.
In: Comparative Studies in Society and History 20.1978,2. S. 214-235

Modelski, George, (Hg.), Exploring Long Cycles. Boulder, Col. 1987 (Modelski 1987a)

Modelski, George. Long Cycles in World Politics. London 1987 (Modelski
1987b)

Modelski, George/Thompson William R., Seapower in Global Politics,
1494-1993. Houndmills 1988

Modelski, George/Thompson, William R., Leading Sectors and World
Powers: The Coevolution of Global Politics and Economics. Columbia,
S. C. 1996

Mohr, Arno, Politikwissenschaft als Alternative. Stationen einer wissenschaftlichen Disziplin auf dem Wege zu ihrer Selbständigkeit in der Bundesrepublik Deutschland 1945-1965. Bochum 1988

Morgan, Patrick M., Theories and Approaches to International Politics:
What Are We to Think? New Brunswick, N. J. 1987

Morgenstern, Oskar, The Cold War Is Cold Poker. In: The New York
Times Magazine vom 5. 2. 1961, Section 6. S. 14, 21-22

Morgenstern, Oskar, Strategie heute. Frankfurt/M. 1962 [1959]

Morgenthau, Hans Joachim, Scientific Man Versus Power Politics. Chicago 1946

Morgenthau, Hans Joachim, Politics Among Nations: The Struggle for
Power and Peace. New York 1948. [6]1978, bearb. von Kenneth W.

Thompson. Deutsch: Macht und Frieden. Grundlegung einer Theorie der internationalen Politik. Gütersloh 1963 (= Übersetzung der 3. Aufl. von 1960)

Morgenthau, Hans Joachim, In Defense of the National Interest: A Critical Examination of American Foreign Policy. New York 1951

Morgenthau, Hans Joachim, Another »Great Debate«: The National Interest of the United States. In: American Political Science Review 46.1952,4. S. 973-976

Morgenthau, Hans Joachim, The Decline of Democratic Politics. Chicago 1958 = Politics in the 20th Century I

Morgenthau, Hans Joachim, The Impasse of American Foreign Policy. Chicago 1962 = Politics in the 20th Century II

Morgenthau, Hans Joachim, The Restoration of American Politics. Chicago 1958 = Politics in the 20th Century III

Müller, Harald, Die Chance der Kooperation. Regime in den internationalen Beziehungen. Darmstadt 1993

Müller, Harald, Internationale Beziehungen als kommunikatives Handeln. Zur Kritik der utilitaristischen Handlungstheorien. In: Zeitschrift für Internationale Beziehungen 1.1994,1. S. 15-44

Müller, Harald, Spielen hilft nicht immer. Die Grenzen des Rational-Choice-Ansatzes und der Platz der Theorie kommunikativen Handels in der Analyse internationaler Beziehungen. In: Zeitschrift für Internationale Beziehungen 2.1995,2. S. 371-391

Müller, Harald, Vom Dissensrisiko zur Ordnung der internationalen Staatenwelt. Zum Projekt einer normativ gehaltvollen Theorie der internationalen Beziehungen. In: Zeitschrift für Internationale Beziehungen 3.1996,2. S. 367-379

Müller, Harald, Das Zusammenleben der Kulturen. Ein Gegenentwurf zu Huntington. Frankfurt/M. 1998

Muir, Ramsay, The Interdependent World and Its Problems. Port Washington, N. Y. 1971 [1933]

Murray, Alistair, Reconstructing Realism. Edinburgh 1997

Myers, Robert J., Hans J. Morgenthau: On Speaking Truth in Power. In: Society 29.1992,2. S. 65-71

Navari, Cornelia, Hobbes and the »Hobbesian Tradition« in International Thought. In: Millennium 11.1982,3. S. 203-221

Navari, Cornelia, The Great Illusion Revisited: The International Theory of Norman Angell. In: Review of International Studies 15.1989,4. S. 341-358

Navari, Cornelia, David Mitrany and International Functionalism. In: Long/Wilson 1995. S. 214-246

Nerlich, Uwe (Hg.), Krieg und Frieden im industriellen Zeitalter. 2 Bde. Gütersloh 1966

Neumann, Iver B./Waever, Ole (Hg.), The Future of International Relations: Masters in the Making? London 1997

Neumann, John von, Zur Theorie der Gesellschaftsspiele. In: Mathematische Annalen 100.1928. S. 295-320 [1926]

Neumann, John von/Morgenstern, Oskar, Theory of Games and Economic Behavior. Princeton, NJ. 1944. Deutsch: Spieltheorie und wirtschaftliches Verhalten. Würzburg 1961

Nicholson, Michael, The Continued Significance of Positivism? In: Smith/Booth/Zalewski 1996. S. 128-145

Niebuhr, Reinhold, Moral Man and Immoral Society: A Study in Ethics and Politics. New York 1932

Niebuhr, Reinhold, Die Kinder des Lichts und die Kinder der Finsternis. Eine Rechtfertigung der Demokratie und eine Kritik ihrer herkömmlichen Verteidigung. München 1947 [1944]

Niebuhr, Reinhold, Christlicher Realismus und politische Probleme. Wien 1957

Nobel, Jaap W., Morgenthau's Theory and Practice: A Response to Peter Gellman. In: Review of International Studies 15.1989,3. S. 261-271

Nobel, Jaap W., Morgenthau's Struggle with Power: The Theory of Power Politics and the Cold War. In: Review of International Studies 21.1995,1. S. 61-85

Noel-Baker, Philip J., Disarmament. London 1926

Noel-Baker, Philip J., The League of Nations at Work. London 1926

Nordlinger, Eric A., Isolationism Reconfigured: American Foreign Policy for a New Century. Princeton 1995

Nye, Joseph S., Bound to Lead: The Changing Nature of American Power. New York 1990

Nye, Joseph S., Die Debatte über den Niedergang der Vereinigten Staaten. In: Europa Archiv 45.1990,13-14. S. 421-427

O'Brien, William V./Langan, John, The Nuclear Dilemma and the Just War Tradition. Lexington, Mass. 1986

Ohmae, Kenichi, The Borderless World: Power and Strategy in the Interlinked Economy. New York 1990

Ohmae, Kenichi, Der neue Weltmarkt. Das Ende des Nationalstaates und der Aufstieg der regionalen Wirtschaftszonen. Hamburg 1996

Olson, Mancur, The Logic of Collective Action: Public Goods and the Theory of Groups. Cambridge, Mass. 1965

Olson, Mancur, Aufstieg und Niedergang von Nationen. Ökonomisches Wachstum, Stagflation und soziale Starrheit. Tübingen 1985 [1982]

Olson, William/Groom, A. J. R., International Relations Then and Now: Origins and Trends in Interpretation. London 1992

Oncken, August, Adam Smith und Immanuel Kant. Der Einklang und das

Wechselverhältnis ihrer Lehren über Sitte, Staat und Wirtschaft. Leipzig 1877

Onuf, Nicholas Greenwood, World of Our Making: Rules and Rule in Social Theory and International Relations. Columbia, S. C. 1989

Osiander, Andreas, The State System of Europe, 1640-1990: Peacemaking and the Conditions of International Stability. Oxford 1994

Oye, Kenneth A., Explaining Cooperation Under Anarchy: Hypotheses and Strategies. In: World Politics 38.1985,1. S. 1-24

Oye, Kennet A. (Hg.), Cooperation Under Anarchy. Princeton, N. J. 1986

Paige, Glenn D., The Korean Decision: June 24-30, 1950. New York 1968

Palmer, Norman D., The Study of International Relations in the United States. In: International Studies Quarterly 24.1980,3. S. 343-364

Parkinson, Frank, The Philosophy of International Relations: A Study in the History of Thought. Beverly Hills, Cal. 1977

Parsons, Talcott, The Social System. New York 1952

Pawelka, Peter, Systemtheoretische Beiträge zu einer Taxonomie intra- und intersystemischen Verhaltens in den internationalen Beziehungen. In: Gantzel 1973. S. 17-60

Penn, William, Ein Essay zum gegenwärtigen und zukünftigen Frieden von Europa durch Schaffung eines europäischen Reichstags, Parlaments oder Staatenhauses. In: Raumer 1953. S. 321-341 [1693]

Pijl, Kees van der, Vordenker der Weltpolitik. Einführung in die internationale Politik aus ideengeschichtlicher Perspektive. Opladen 1996

Polanyi, Karl, The Great Transformation. Politische und ökonomische Ursprünge von Gesellschaften und Wirtschaftssystemen. Frankfurt/M. 1978 [1944]

Porter, Brian (Hg.), The Aberystwyth Papers: International Politics 1919-1969. London 1972

Poundstone, William, Prisoner's Dilemma. New York 1992

Rapkin, David P. (Hg.), World Leadership and Hegemony. Boulder, Col. 1990 = Yearbook of International Political Economy 5

Rapoport, Anatol (Hg.), Game Theory as a Theory of Conflict Resolution. Boston 1974

Rapoport, Anatol, Kämpfe, Spiele und Debatten. Drei Konfliktmodelle. Darmstadt 1976 [1960]

Rapoport, Anatol, Two-person Game Theory: The Essential Ideas. Ann Arbor, Mich. 1966

Rapoport, Anatol, N-person Game Theory: Concepts and Application. Ann Arbor, Mich. 1970

Rapoport, Anatol/Chammah, Albert M., Prisoner's Dilemma: A Study in Conflict and Cooperation. Ann Arbor, Mich. 1965

Rasler, Karen A./Thompson, William R., The Great Powers and Global Struggle 1490-1990. Lexington, Ken. 1994

Ratzel, Friedrich, Politische Geographie oder die Geographie der Staaten, des Verkehrs und des Krieges. München 1897. Neudruck 1974

Raumer, Kurt von, Ewiger Friede. Friedensrufe und Friedenspläne seit der Renaissance. München 1953

Ray, James Lee, Democracy and International Conflict: An Evaluation of the Democratic Peace Proposition. Columbia, S. C. 1995

Reid, Anthony, Southeast Asia in the Age of Commerce 1450-1680. Vol. 1: The Lands Below the Winds. Vol. 2: Expansion and Crisis. New Haven 1993

Reinhard, Wolfgang, Geschichte der europäischen Expansion. Bd. 1: Die Alte Welt bis 1818. Stuttgart 1983

Rengger, Nicholas J., On Cosmopolitanism, Constructivism and International Society. In: Zeitschrift für Internationale Beziehungen 3.1996,1. S. 183-199

Rengger, Nicholas J./Hoffman, Mark (Hg.), Critical Theory and International Relations: A Reader. Hemel Hempstead 1993

Ricardo, David, Grundsätze der politischen Ökonomie und der Besteuerung. Frankfurt/M. 1972 [1817]

Rice, Condoleezza, Promoting the National Interest. In: Foreign Affairs 79.2000,1. S. 45-62

Rich, Paul, Alfred Zimmern's Cautious Idealism: The League of Nations, International Education, and the Commonwealth. In: Long/Wilson 1995. S. 79-99

Risse-Kappen, Thomas, Reden ist nicht billig. Zur Debatte um Kommunikation und Rationalität. In: Zeitschrift für Internationale Beziehungen 2.1995,1. S. 171-184

Rittberger, Volker (Hg.), International Regimes in East-West Relations. London 1990 (Rittberger 1990a)

Rittberger, Volker (Hg.), Theorien der Internationalen Beziehungen. Bestandsaufnahme und Forschungsperspektiven. Opladen 1990 = Sonderheft 21 der Politische Vierteljahresschrift (Rittberger 1990b)

Rittberger, Volker, Research on International Regimes in Germany: The Adaptive Internalization of an American Social Science Concept. In: Rittberger/Mayer 1993. S. 3-22

Rittberger, Volker, Globalisierung und der Wandel der Staatenwelt. Die Welt regieren ohne Weltstaat. In: Menzel 2000a. S. 188-218

Rittberger, Volker/Hummel, Hartwig, Entwicklungsgeschichte und aktuelle Probleme der Disziplin »Internationale Beziehungen« im deutschsprachigen Raum. In: Rittberger 1990b. S. 17-47

Rittberger, Volker/Mayer, Peter (Hg.), Regime Theory and International Relations. Oxford 1993

Rittberger, Volker/Zürn, Michael (Hg.), Forschung für neue Friedensregeln. Rückblick auf zwei Jahrzehnte Friedensforschung. Stuttgart 1990

Rittberger, Volker/Zürn, Michael, Antwort auf Dieter Senghaas. In: Politische Vierteljahresschrift 33.1992,1. S. 101-104

Roberson, Barbara Allen (Hg.), International Society and the Development of International Relations Theory. London 1998

Rode, Reinhard, Die Zeche zahlen wir. Der Niedergang der amerikanischen Wirtschaft. München 1988

Rössler, Mechthild, »Wissenschaft und Lebensraum«. Geographische Ostforschung im Nationalsozialismus. Ein Beitrag zur Disziplingeschichte der Geographie. Berlin 1990

Rommen, Hans, Realism and Utopianism in World Affairs. In: Review of Politics 6.1944. S. 193-215

Rose, Gideon, Neoclassical Realism and Theories of Foreign Policy. In: World Politics 51.1998,1. S. 144-172

Rose, Margaret A., The Post-modern and the Post-industrial. Cambridge 1991

Rosecrance, Richard N. (Hg.), America as an Ordinary Country: U.S. Foreign Policy and the Future. Ithaca, N.J. 1976

Rosenau, James N., The Study of Global Interdependence: Essays on the Transnationalization of World Affairs. London 1980

Rosenau, James N./Czempiel, Ernst-Otto (Hg.), Governance Without Government: Order and Change in World Politics. Cambridge 1992

Rosenau, Pauline Marie, Post-modernism and the Social Sciences: Insights, Inroads and Intrusions. Princeton, N.J. 1992

Rufin, Jean-Christophe, Das Reich und die neuen Barbaren. Berlin 1993

Ruggie, John Gerard, International Responses to Technology: Concepts and Trends. In: Ruggie/Haas 1975. S. 557-583

Ruggie, John Gerard (Hg.), The Antinomies of Interdependence: National Welfare and the International Division of Labor. New York 1983

Ruggie, John Gerard (Hg.), Multilateralism Matters: The Theory and Praxis of an Institutional Form. New York 1993

Ruggie, John Gerard, The False Promise of Realism. In: International Security 20.1995,1. S. 62-70

Ruggie, John Gerard, Constructing the World Polity: Essays on International Institutionalization. London 1998 (Ruggie 1998a)

Ruggie, John Gerard, What Makes the World Hang Together? Neo-utilitarianism and the Social Constructivist Challenge. In: Ruggie 1998a. S. 1-39 (Ruggie 1998b)

Ruggie, John Gerard/Haas, Ernst B. (Hg.), International Responses to Technology: Regimes, Institutes and Technocrats = International Organization 29.1975,3

Ruloff, Dieter, Weltstaat oder Staatenwelt? Über die Chancen globaler Zusammenarbeit. München 1988

Rummel, Rudolph J., Power Kills: Democracy as a Method of Nonviolence. New Brunswick 1997

Russell, Greg, Hans J. Morgenthau and the Ethics of American Statecraft. Baton Rouge, Louis. 1990

Russell, Greg, Hans J. Morgenthau and the National Interest. In: Society 31.1994,2. S. 80-84

Russett, Bruce M., America's Continuing Strenghts: The Mysterious Case of Vanishing Hegemony; or, Is Mark Twain Really Dead? In: International Organization 39.1985,2. S. 207-231

Russett, Bruce M., Controlling the Sword: The Democratic Governance of National Security. Cambridge, Mass. 1990

Russett, Bruce M., Grasping the Democratic Peace: Principles for a Postcold War World. Princeton, N. J. 1993

Said, Edward W., Orientalismus. Frankfurt/M. 1981 [1978]

San Juan, Epifanio, Beyond Postcolonial Theory. New York 1998

Sanderson, Stephen K., Social Transformations: A General Theory of Historical Development. London 1999

Sandler, Todd M./Loehr, William/Cauley, Jon T., The Political Economy of Public Goods and International Cooperation. Denver, Col. 1978

Sarup, Mada, An Introductory Guide to Poststructuralism and Postmodernism. New York 1993

Sassen, Saskia, The Global City: New York, London. Tokyo. Princeton, N. J. 1991

Saurin, Julian, The End of International Relations? The State and International Theory in the Age of Globalization. In: MacMillan/Linklater 1995. S. 244-261

Schaber, Thomas/Ulbert, Cornelia, Reflexivität in den Internationalen Beziehungen. Literaturbericht zum Beitrag kognitiver, reflexiver und interpretativer Ansätze zur dritten Theoriedebatte. In: Zeitschrift für Internationale Beziehungen 1.1994,1. S. 139-169

Scharpf, Fritz W., Die Handlungsfähigkeit des Staates am Ende des zwanzigsten Jahrhundert. In: Politische Vierteljahresschrift 32.1991,4. S. 621-634

Scharpf, Fritz W., Konsequenzen der Globalisierung für die nationale Politik. In: Internationale Politik und Gesellschaft Nr. 2, 1997. S. 184-192

Schellhorn, Kai M., Krisen-Entscheidung. Der geheime amerikanische Entscheidungsprozeß zur Bombardierung Nord-Vietnams 1964/65. München 1974

Schelling, Thomas, The Strategy of Conflict. Cambridge, Mass. 1960

Schelling, Thomas, Arms and Influence. New Haven, Conn. 1966

Schelling, Thomas/Halperin, Morton H., Strategy and Arms Control. New York 1961

Schmidt, Brian C., The Political Discourse of Anarchy: A Disciplinary History of International Relations. Albany, N. Y. 1998

Schneider, Gerald, Rational Choice und kommunikatives Handeln. Eine Replik auf Harald Müller. In: Zeitschrift für Internationale Beziehungen 1.1994,2. S. 357-366

Schröder, Hans-Christoph, Sozialistische Imperialismusdeutung. Studien zu ihrer Geschichte. Göttingen 1973

Schroeder, Paul W., Metternich's Diplomacy at Its Zenith, 1820-1823. New York 1962

Schroeder, Paul W., Austria, Great Britain, and the Crimean War. Ithaca, NY. 1972

Schücking, Walter, Die Organisation der Welt. Leipzig 1909

Schuman, Frederick L., International Politics: Anarchy and Order in World Society. 7. Aufl. New York 1969 [1933]

Schumpeter, Joseph A., Zur Soziologie der Imperialismen. In: Archiv für Sozialwissenschaft und Sozialpolitik 46.1918/19,1 u. 2. S. 1-39, 275-310

Schwarz, Hans-Peter, Die Zentralmacht Europas. Deutschlands Rückkehr auf die Weltbühne. Berlin 1994

Schwarzenberger, Georg, Machtpolitik. Eine Studie über die internationale Gesellschaft. Tübingen 1955 [1941]

Schweigler, Gebhard, Contemporary International Studies in the Federal Republic of Germany. Bonn 1975

Seitz, Konrad, Die japanisch-amerikanische Herausforderung. Deutschlands Hochtechnologie-Industrien kämpfen ums Überleben. München 1990

Seitz, Konrad, China. Eine Weltmacht kehrt zurück. Berlin 2000

Senghaas, Dieter, Kybernetik und Politikwissenschaft. Ein Überblick. In: Politische Vierteljahresschrift 7.1966,2. S. 252-276

Senghaas, Dieter, Systembegriff und Systemanalyse. Analytische Schwerpunkte und Anwendungsbereiche der Politikwissenschaft. In: Zeitschrift für Politik 15.1968,1. S. 50-64

Senghaas, Dieter, Abschreckung und Frieden. Studien zur Kritik organisierter Friedlosigkeit. Frankfurt/M. 1969. [3]1981

Senghaas, Dieter (Hg.), Zur Pathologie des Rüstungswettlaufs. Beiträge zur Friedens- und Konfliktforschung. Freiburg 1970

Senghaas, Dieter (Hg.), Imperialismus und strukturelle Gewalt. Analysen über abhängige Reproduktion. Frankfurt/M. 1972

Senghaas, Dieter (Hg.), Kapitalistische Weltökonomie. Kontroversen über ihren Ursprung und ihre Entwicklungsdynamik. Frankfurt/M. 1979

Senghaas, Dieter, Von Europa Lernen. Entwicklungsgeschichtliche Betrachtungen. Frankfurt/M. 1982

Senghaas, Dieter, Europa 2000. Ein Friedensplan. Frankfurt/M. 1990

Senghaas, Dieter, Von Struktur- zur Regimeanalyse und zurück. Analytische Heuristik als Falle und das Erfordernis synthetischer Urteile. Kommentar zu Volker Rittberger und Michael Zürn »Transformation der Konflikte in den Ost-West-Beziehungen. Versuch einer institutionalistischen Bestandsaufnahme« In: Politische Vierteljahresschrift 33.1992,1. S. 93-100

Senghaas, Dieter, Wohin driftet die Welt? Über die Zukunft friedlicher Koexistenz. Frankfurt/M. 1994

Senghaas, Dieter (Hg.), Den Frieden denken: Si vis pacem, para pacem. Frankfurt/M. 1995

Senghaas, Dieter (Hg.), Frieden machen. Frankfurt/M. 1997

Shannon, Thomas Richard, An Introduction to the World-system Perspective. Boulder, Col. 1989

Shapiro, Michael, Reading the Postmodern Polity: Political Theory as Textual Practice. Minneapolis, Minn. 1992

Shotwell, James T., War as an Instrument of National Policy and Its Renunciation in the Pact of Paris. New York 1929

Shubik, Martin (Hg.), Spieltheorie und Sozialwissenschaften. Hamburg 1965

Shubik, Martin, Game Theory, Behavior, and the Paradox of the Prisoner's Dilemma: Three Solutions. In: Journal of Conflict Resolution 14.1970,2. S. 181-194

Shubik, Martin, Games for Society, Business, and War: Towards a Theory of Gaming. New York 1975

Shubik, Martin, Game Theory in the Social Sciences. Bd. 1: Concepts and Solutions. Bd. 2: A Game-theoretic Approach to Political Economy. Cambridge, Mass. 1991 [1982, 1984]

Siedschlag, Alexander, Neorealismus, Neoliberalismus und postinternationale Politik. Beispiel internationale Sicherheit – Theoretische Bestandsaufnahme und Evaluation. Opladen 1997

Siedschlag, Alexander, Politische Institutionalisierung und Konflikttransformation. Leitideen, Theoriemodelle und europäische Praxisfälle. Opladen 2000

Simonis, Georg, Kritischer Vergleich einiger systemtheoretischer Ansätze internationaler Beziehungen. In: Gantzel 1973. S. 61-85

Simonis, Georg, Außenpolitik und Abschreckung. Aufsätze zu einer kritischen Theorie des internationalen Systems. Frankfurt/M. 1977

Simonis, Georg, Abschreckung. In: Boeckh, Andreas (Hg.), Internationale Beziehungen. Theorien – Organisationen – Konflikte. München 1984. S. 19-26 = Pipers Wörterbuch zur Politik Bd. 5

Singer, J. David, Deterrence, Arms Control, and Disarmament: Toward a Synthesis in National Security Policy. Columbus, Ohio 1962

Singer, J. David, The Incomplete Theorist: Inside Without Evidence. In: Knorr/Rosenau 1969. S. 62-86

Singer, J. David, The Scientific Study of Politics: An Approach to Foreign Policy Analysis. Morristown, N. J. 1972

Singer, J. David, Die szientifische Methode. Ein Ansatz zur Analyse Internationaler Politik. In: Politische Vierteljahresschrift 14.1973,4. S. 471-498 u. 15.1974,1. S. 3-32

Sjolander, Claire Turenne/Cox, Wayne S. (Hg.), Beyond Positivism: Critical Reflections on International Relations. London 1994

Skidelsky, Robert J. A., Retreat from Leadership: The Evolution of British Foreign Policy, 1870-1939. In: Benjamin M. Rowland (Hg.), Balance of Power or Hegemony: The Interwar Monetary System. New York 1976. S. 147-192

Small, Melvin/Singer, J. David, The War-proness of Democratic Regimes, 1816-1865. In: The Jerusalem Journal of International Relations 1.1976,1. S. 50-69

Small, Melvin/Singer, J. David, Resort to Arms: International Civil Wars, 1816-1980. Beverly Hills, Cal. 1982

Smith, Adam, Eine Untersuchung über Wesen und Ursachen des Volkswohlstandes. 2 Bde. Jena 1923 [1776]

Smith, Bruce L., The RAND-Corporation. Wissenschaftliche Politikberatung in den USA. Düsseldorf 1971

Smith, Michael Joseph, Realist Thought from Weber to Kissinger. Baton Rouge, Louis. 1986

Smith, Steve, Positivism and Beyond. In: Smith/Booth/Zalewski 1996. S. 11-44

Smith, Steve/Booth, Ken/Zalewski, Marysia (Hg.), International Theory: Positivism and Beyond. Cambridge 1996

Smoke, Richard, National Security and the Nuclear Dilemma: An Introduction to the American Experience. New York ²1987

Snidal, Duncan, Public Goods, Property Rights, and Political Organization. In: International Studies Quarterly 23.1979,4. S. 532-566

Snidal, Duncan, The Game Theory of International Politics. In: World Politics 38.1985,1. S. 25-57 (Snidal 1985a)

Snidal, Duncan, The Limits of Hegemonic Stability Theory. In: International Organization 39.1985,4. S. 579-614 (Snidal 1985b)

Snyder, Glenn H., Prisoner's Dilemma and »Chicken« Models in International Politics. In: International Studies Quarterly 15.1971,1. S. 66-103

Snyder, Glenn H., Alliance Politics. Ithaca, N. Y. 1997

Snyder, Richard C./Bruck, H. W./Sapin, Burton M. (Hg.), Foreign Policy Decision Making: An Approach to the Study of International Politics. Princeton, N. J. 1954

Söllner, Hans, Deutsche Politikwissenschaftler in der Emigration. Studien zu ihrer Akkulturation und Wirkungsgeschichte. Mit einer Bibliographie. Opladen 1996

Soja, Edward W., Postmodern Geographies: The Reassertion of Space in Critical Social Theory. London 1989

Somit, Albert/Tanenhaus, Joseph, American Political Science: A Profile of a Discipline. New York 1964

Somit, Albert/Tanenhaus, Joseph, The Development of American Political Science: From Burgess to Behavioralism. New York 1982

Spegele, Roger D., Political Realism in International Theory. Cambridge 1996

Sprengel, Rainer, Kritik der Geopolitik. Ein deutscher Diskurs 1914-1944. Berlin 1996

Sprinker, Michael (Hg.), Edward Said: A Critical Reader. Oxford: Blackwell 1992

Spykman, Nicholas J., America's Strategy in World Politics: The United States and the Balance of Power. New York 1942

Steinbruner, John D., The Cybernetic Theory of Decisions: New Dimensions of Political Analysis. Princeton, N. J. 1974

Stichweh, Rudolf, Die Weltgesellschaft. Soziologische Analysen. Frankfurt/M. 2000

Stoessinger, John G., The Might of Nations: World Politics in Our Time. New York 1961

Strange, Susan, The Persistent Myth of Lost Hegemony. In: International Organization 41.1987,4. S. 551-574

Strange, Susan, Presidential Address: ISA as a Microcosm. In: International Studies Quarterly 39.1995,3. S. 289-295

Strausz-Hupé, Robert/Possony, Stefan T., International Relations: In the Age of the Conflict Between Democracy and Dictatorship. New York 1950

Streeck, Wolfgang, Öffentliche Gewalt jenseits des Nationalstaats? Das Beispiel der Europäischen Union. In: Jahrbuch für Arbeit und Technik 1997. S. 311-325

Suganami, Hidemi, The Structure of Institutionalism: An Anatomy of British Mainstream International Relations. In: International Relations 7.1983,5. S. 2363-2381

Sunkel, Osvaldo, Transnationale kapitalistische Integration und nationale Desintegration. Der Fall Lateinamerika. In: Senghaas 1972. S. 258-315

Suprina, Philip D., The Norman Angell Peace Campaign in Germany. In: Journal of Peace Research 9.1972,2. S. 161-164

Sylvester, Christine, Feminist Theory and International Relations in a Postmodern Era. Cambridge 1994

Tannenbaum, Frank, The Balance of Power Versus the Coordinate State. In: Political Science Quarterly 67.1952,2. S. 173-197

Taylor, Paul, Functionalism: The Approach of David Mitrany. In: Groom, Arthur J. R./Taylor, Paul (Hg.), Frameworks for International Co-operation. London 1990. S. 125-138

Taylor, Peter, Political Geography: World-system, Nation-state and Locality. New York 1985

Thompson, Kenneth W., Political Realism and the Crisis of World Politics: An American Approach to Foreign Policy. Princeton, N. J. 1960

Thompson, Kenneth W., Schools of Thought in International Relations: Interpreters, Issues, and Morality. Baton Rouge 1996

Thornton, Archibald P., Doctrines of Imperialism. New York 1965

Thukydides, Geschichte des Peloponnesischen Krieges. Reinbek 1965 [~ 404 v. Chr.]

Tickner, J. Ann, Gender in International Relations: Feminist Perspectives on Achieving Global Security. New York 1992

Tönnies, Ferdinand, Gemeinschaft und Gesellschaft. Grundbegriffe der reinen Soziologie. Darmstadt 1988 [1887]

Triepel, Heinrich, Die Hegemonie. Ein Buch von führenden Staaten. Aalen 1974 [1938]

Tucker, Robert W., Professor Morgenthau's Theory of Political »Realism«. In: American Political Science Review 46.1952,1. S. 214-224

Vasquez, John A., The Post-positivist Debate: Reconstructing Scientific Enquiry and IR Theory after Enlightenment's Fall. In: Booth/Smith 1995. S. 217-240

Vasquez, John A., The Power of Politics: From Classical Realism to Neo-traditionalism. Cambridge 1998

Vincent, R. John, The Hobbesian Tradition in Twentieth-century International Thought. In: Millennium 10.1981,2. S. 91-101

Vincent, John R., Edmund Burke and the Theory of International Relations. In: Review of International Studies 10.1984,3. S. 205-218

Viotti, Paul R./Kauppi, Mark V., International Relations Theory: Realism, Pluralism, Globalism. New York 1993

Waever, Ole, The Sociology of a Not so International Discipline: American and European Developments in International Relations. In: International Organization 52.1998,4. S. 687-727

Walker, Robert B. J., Inside/Outside: International Relations as Political Theory. Cambridge 1993

Wallerstein, Immanuel, The Modern World System. Bd. 1: Capitalist Agriculture and the Origins of the European World-economy in the Sixteenth Century. Bd. 2: Mercantilism and the Consolidation of the European World-economy, 1600-1750. Bd. 3: The Second Era of Great Expansion of the Capitalist World-economy, 1730-1840s. New York 1974, 1980, 1989

Wallerstein, Immanuel, Aufstieg und künftiger Niedergang des kapitalistischen Weltsystems. Zur Grundlegung vergleichender Analyse. In: Senghaas 1979. S. 31-67

Wallerstein, Immanuel, The West, Capitalism, and the Modern World-System. In: Review 15.1992,4. S. 561-619

Walt, Stephen M., The Origins of Alliances. Ithaca, N. Y. 1987

Waltz, Kenneth N., Man, the State and War: A Theoretical Analysis. New York 1959

Waltz, Kenneth N., Theory of International Politics. Reading, Mass. 1979

Walworth, Arthur C., Wilson and His Peacemakers: American Diplomacy at the Paris Peace Conference, 1919. New York 1986

Warren, Bill, Imperialism: Pioneer of Capitalism. London 1980

Wasmuht, Ulrike C., Geschichte der deutschen Friedensforschung. Entwicklung – Selbstverständnis – politischer Kontext. Münster 1998

Webb, Michael C./Krasner, Stephen D., Hegemonic Stability Theory: An Empirical Assessment. In: Review of International Studies 15.1989,2. S. 183-198

Weinroth, Howard, Norman Angell and »The Great Illusion«: An Episode in pre-1914 Pacifism. In: The Historical Journal 17.1974,3. S. 551-574

Weintraub, E. Roy (Hg.), Toward a History of Game Theory. Durham, N. C. 1992

Weltman, John J., Systems Theory in International Relations: A Study in Metaphoric Hypertrophy. Lexington, Mass. 1973

Wendt, Alexander, Anarchy Is What States Make of It: The Social Construction of Power Politics. In: International Organization 46.1992,2. S. 391-425

Wendt, Alexander, Constructing International Politics. In: International Security 20.1995,1. S. 71-81

Wendt, Alexander, Social Theory of International Politics. Cambridge 1999

Wiener, Norbert, Kybernetik. Regelung und Nachrichtenübertragung im Lebewesen und in der Maschine. Düsseldorf 1968 [1948]

Wiener, Norbert, The Human Use of Human Beings: Cybertnetics and Society. Boston 1954

Wiethoff, Bodo, Die chinesische Seeverbotspolitik und der private Überseehandel von 1368 bis 1567. Hamburg 1963

Wight, Martin, Why Is There No International Theory? In: Butterfield/Wight 1966. S. 17-35 [1959]

Wight, Martin, International Theory: The Three Traditions. Hg. von Gabriele Wight/Brian Porter. London 1991

Wilde, Jaap de, Saved from Oblivion: Interdependence Theory in the First Half of the Twentieth Century. A Study on the Causality Between War and Complex Interdependence. Aldershot 1991

Wilson, Peter, The Myth of the »First Great Debate«. In: Review of International Studies 24.1998, Special Issue. S. 1-15

Wittfogel, Karl August, Die Orientalische Despotie. Eine vergleichende Untersuchung totaler Macht. Frankfurt/M. 1977

Wohlstetter, Albert C., Das prekäre Gleichgewicht des Schreckens. In: Europa-Archiv 14.1959,9-10. S. 268-290

Wolf, Klaus Dieter, Internationale Regime zur Verteilung globaler Ressourcen. Eine vergleichende Analyse der Grundlagen ihrer Entstehung am Beispiel der Regelung des Zugangs zur wirtschaftlichen Nutzung des Meeresbodens, des geostationären Orbits, der Antarktis und zu Wissenschaft und Technologie. Baden-Baden 1991

Wolf, Klaus Dieter/Zürn, Michael, »International Regimes« und Theorien der Internationalen Politik. In: Politische Vierteljahresschrift 27.1986,2. S. 201-221

Wolfers, Arnold, Statesmanship and Moral Choice. In: World Politics 1.1949,1. S. 175-195

Wolfers, Arnold, Discord and Collaboration: Essays on International Politics. Baltimore 1962

Woolf, Leonard S., Utopia and Reality. In: Political Quarterly 11.1940,2. S. 167-182

Wright, Quincy, A Study of War. Chicago 1942

Wright, Quincy, Realism and Idealism in International Politics. In: World Politics 5.1952,1. S. 116-128

Wriston, Walter B., The Twilight of Sovereignty: How the Information Revolution Is Transforming Our World. New York 1992

Yergin, Daniel/Stanislaw, Joseph, The Commanding Heights: The Battle Between Government and the Marketplace That Is Remaking the Modern World. New York 1998

Yoffie, David B., Power and Protectionism: Strategies of the Newly Industrializing Countries. New York 1983

Yost, David S., Political Philosophy and the Theory of International Relations. In: International Affairs 70.1994,2. S. 263-290

Young, Oran R., Systems of Political Science. Englewood Cliffs, N. J. 1968

Zacher, Mark W., The Decaying Pillars of the Westphalian Temple: Implications for International Order and Governance. In: Rosenau/Czempiel, Ernst-Otto 1992. S. 58-101

Zangl, Bernhard/Zürn, Michael, Argumentatives Handeln in internationalen Verhandlungen. Moderate Anmerkungen zur post-realistischen Debatte. In: Zeitschrift für Internationale Beziehungen 3.1996,2. S. 341-366

Zehfuß, Maja, Sprachlosigkeit schränkt ein. Zur Bedeutung von Sprache in konstruktivistischen Theorien. In: Zeitschrift für Internationale Beziehungen 5.1998,1. S. 109-137

Zimmern, Alfred, Internationale Politik als Wissenschaft. Leipzig 1933 [1931]

Zimmern, Alfred, The League of Nations and the Rule of Law, 1918-35. London 1936

Zürn, Michael, Gerechte internationale Regime. Bedingungen und Restriktionen der Entstehung nicht-hegemonialer internationaler Regime untersucht am Beispiel der Weltkommunikationsordnung. Frankfurt/M. 1987

Zürn, Michael, Interessen und Institutionen in der internationalen Politik. Grundlegung und Anwendungen des situationsstrukturellen Ansatzes. Opladen 1992

Zürn, Michael, We Can Do Much better! Aber muß es auf amerikanisch sein? Zum Vergleich der Disziplin »Internationale Beziehungen« in den USA und in Deutschland. In: Zeitschrift für Internationale Beziehungen 1.1994,1. S. 91-114

Zürn, Michael, Regieren jenseits des Nationalstaats. Globalisierung und Denationalisierung als Chance. Frankfurt/M. 1998

Zürn, Michael, Von Nationalstaat lernen. Das zivilisatorische Hexagon in der Weltinnenpolitik. In: Menzel 2000a. S. 19-44

Autorenregister

Aufgeführt werden in diesem Register nur solche Autorinnen und Autoren, die als Personen oder mit ihren Schriften im Text oder in den Fußnoten erwähnt werden und insofern für *Die Lehre von den Internationalen Beziehungen* von Bedeutung sind. Nicht aufgenommen wurden alle Namen, die nur in Kurzform als Hinweis auf Literatur dienen.